本书为教育部人文社会科学一般项目"美国社会公正观念的演变：从进步运动到民权运动"（项目批准号：10XJA770010）的成果。

原祖杰◎著

PROGRESS AND EQUALITY
The Republic Experiments in Early America
and the Challenges that They Encountered
during the Industrialization Era

进步与公正：
美国早期的共和实验
及其在工业化时代遭遇的挑战

中国社会科学出版社

图书在版编目(CIP)数据

进步与公正：美国早期的共和实验及其在工业化时代遭遇的挑战／原祖杰著．—北京：中国社会科学出版社，2020.6（2023.1 重印）
ISBN 978-7-5203-6292-4

Ⅰ.①进⋯　Ⅱ.①原⋯　Ⅲ.①政治思想史—研究—美国—近代　Ⅳ.①D097.124

中国版本图书馆 CIP 数据核字（2020）第 059415 号

出 版 人	赵剑英
策划编辑	王　茵
责任编辑	王　琪
责任校对	季　静
责任印制	王　超

出　　版	中国社会科学出版社
社　　址	北京鼓楼西大街甲 158 号
邮　　编	100720
网　　址	http://www.csspw.cn
发 行 部	010-84083685
门 市 部	010-84029450
经　　销	新华书店及其他书店

印　　刷	北京明恒达印务有限公司
装　　订	廊坊市广阳区广增装订厂
版　　次	2020 年 6 月第 1 版
印　　次	2023 年 1 月第 2 次印刷

开　　本	710×1000　1/16
印　　张	19.75
插　　页	2
字　　数	275 千字
定　　价	99.00 元

凡购买中国社会科学出版社图书，如有质量问题请与本社营销中心联系调换
电话：010-84083683
版权所有　侵权必究

目　　录

导　言 ………………………………………………………（1）

第一章　美国社会公正观念的历史演变 ……………………（7）
　一　清教殖民地建立的初衷 ………………………………（9）
　二　独立建国时期的承诺 …………………………………（14）
　三　移民潮推动下的接纳与认同 …………………………（18）
　小结 …………………………………………………………（23）

第二章　美国社会构建中的实验室效应 ……………………（26）
　一　孕育"山巅之城" ………………………………………（26）
　二　早期清教殖民地的性质 ………………………………（32）
　三　清教殖民地内部的宗教和政治矛盾 …………………（43）
　四　通往人民共同体之路 …………………………………（48）
　五　从上帝选民到社区公民 ………………………………（62）
　小结 …………………………………………………………（70）

第三章　美国国家构建中的理想与现实 ……………………（73）
　一　自治能力的养成 ………………………………………（73）
　二　独立建国 ………………………………………………（77）
　三　被革命遗忘的角落 ……………………………………（89）

四　欧洲人眼中的美国 …………………………………………（91）
　　小结 ……………………………………………………………（96）

第四章　工业化大潮中失意的农民 ……………………………（97）
　　一　19世纪农业美国的拓展 …………………………………（99）
　　二　西部农民遭遇的困难与困惑 ……………………………（109）
　　三　平民主义——农民的抗议文化 …………………………（116）
　　四　追求社会公正还是纵容愤世嫉俗？ ……………………（126）
　　五　平民主义与进步主义的合与分 …………………………（132）
　　小结 ……………………………………………………………（135）

第五章　当工匠沦为工人 ………………………………………（138）
　　一　观察美国劳工的不同视角 ………………………………（138）
　　二　美国工人阶级的前世今生 ………………………………（144）
　　三　从睦邻到仇敌 ……………………………………………（151）
　　小结 ……………………………………………………………（162）

第六章　豆萁相煎：美国劳工队伍中的种族、文化差异 ……（164）
　　一　美国劳工运动中的本土主义 ……………………………（164）
　　二　"劳联"——具有中产阶级情结的工人阶级 ……………（170）
　　三　塞缪尔·龚帕斯与美国劳工联合会 ……………………（173）
　　四　"劳联"与移民问题 ………………………………………（180）
　　五　公正的限度 ………………………………………………（184）
　　小结 ……………………………………………………………（186）

第七章　现代城市分两半 ………………………………………（188）
　　一　19世纪崛起的美国城市 …………………………………（188）
　　二　老邻居与新邻居 …………………………………………（189）

三　城市社区中的新移民 …………………………………… (194)
　　四　隔离但平等？ …………………………………………… (201)
　　五　城市中的另一半 ………………………………………… (203)
　　六　城市之耻 ………………………………………………… (206)
　　小结 …………………………………………………………… (210)

第八章　谁来主持公正 ………………………………………… (212)
　　一　知识分子与媒体人的使命 ……………………………… (212)
　　二　政府改革举措 …………………………………………… (225)
　　小结 …………………………………………………………… (230)

第九章　转型社会中的妇女权利 ……………………………… (232)
　　一　建国初期女权主义的先驱们 …………………………… (235)
　　二　卢克丽霞——废奴运动中崛起的女权主义者 ………… (239)
　　三　伊丽莎白·凯迪·斯坦顿与《情感宣言》 …………… (246)
　　四　苏珊·安东尼与妇女选举权 …………………………… (257)
　　小结 …………………………………………………………… (269)

第十章　从奴隶到公民：美国黑人权利与地位的变化 ……… (271)
　　一　早期的黑人奴隶制问题 ………………………………… (271)
　　二　重建后南方黑人的困境 ………………………………… (275)
　　三　达尔文主义与科学种族主义 …………………………… (281)
　　四　进步与公正 ……………………………………………… (285)
　　小结 …………………………………………………………… (288)

主要参考文献 …………………………………………………… (291)

后　记 …………………………………………………………… (309)

导　　言

1971年，时任哈佛大学教授的约翰·罗尔斯出版了他的划时代名著《正义论》，引发了政治哲学、社会伦理等各个领域围绕社会公正问题的广泛讨论，迄今已有五千余部著作问世，也成为近年来中国政治哲学研究关注的热点。罗尔斯的《正义论》触发了笔者对美国历史长期思考并时常感到困惑的一个问题，即美国建国之父们所标榜的社会公正在不同时期的美国人心中是如何演化的，其适用范围是怎样形成的，依据在哪里。围绕这些问题，笔者在2010年申请了教育部人文社会科学研究项目"美国社会公正观念的演变"，并获得立项，本书即是在该项目结项成果的基础上完成的。

包括前期准备和结项后的补充完善，围绕该课题的研究和写作历时近十年之久，其间有些部分作为阶段性成果修改发表在《中国社会科学》《世界历史》和《南开学报》等重要期刊，但大部分内容还是在本书中呈现。由于公正与正义的运用涉及一个社会的方方面面，对其所做的历史性考察会更加复杂，本书只能选择一些对美国社会影响最为深远、最为突出的主题加以重点探索，因此在结构上不求面面俱到，只希望通过局部的切入反映一个存在于美国历史上的相对普遍的社会问题。

本书的第一章实际上是全书的概论，着重分析了何以美国建国之初所标榜的人人生而平等原则只是在一小部分人中实现，大部分人并没有享受到充分的政治权利，而且这种局面延续了将近一个半世纪。

纵观这段历史中美国人对社会公正的理解及其适用的社会群体，可以看出其演变主要表现在两个层面：一是主流社会内部公正与平等意识的演进；二是主流社会认可的共同体范围的扩展。早期的新英格兰殖民地是按照清教徒理想建立起来的，公正与怜悯的道德要求只适用于少数教会成员，只是在殖民地世俗化的过程中才变成整个主流社会的理想追求。美国独立以后，其社会公正观念的演变有时体现为主流社会内部的自我更新，但更多的时候则体现为社会公正作为一种文明标准，其适用范围的不断扩大，即由早期清教徒到其他少数民族和具有多元文化背景的新移民。

第二章则从以马萨诸塞为核心的新英格兰殖民地入手，阐释了清教殖民地建立之初的排他性。在这个被称为"山巅之城"或"上帝之城"的共同体中，享有充分政治权利的是经过严格筛选的教会成员，即所谓上帝选民。敢于对这一制度提出异议的宗教反对派不是被驱逐就是遭迫害。然而，随着时间的推移，原来的宗教热情在第二代、第三代移民身上已经淡化，而清教教义和实践本身所具有的某些特征，也为逐步世俗化的殖民地社会中民主思想和个人主义的发展奠定了基础。随着欧洲启蒙思想的涌入和各殖民地之间交流的增多，源于宗教热忱的选民观逐步为基于理性的公民观所取代，新英格兰殖民地也由早期的清教社会转变为美国独立战争之前的公民社会。

第三章主要介绍了美国建国的过程中所体现的社会公正的意义和范围。首先是自治能力的养成，其基础是在各殖民地起到宪法作用的特许状和部分殖民地自己制定的基本法，在此基础上，接受了启蒙思想洗礼的殖民地精英在独立战争结束之前就开始谋划未来的共和政府，17世纪和18世纪的殖民地经验培养了他们的参与意识和契约精神。美国的建国之父们在勾画合众国蓝图的历史关头恰好具备了启蒙思想和殖民地经验两方面知识。如果说《独立宣言》只是建国之父们向世人昭示他们拥抱启蒙思想和现代观念的立场，体现了他们为启蒙思想所激发的理想主义的一面，那么《美利坚合众国宪法》的制定就意味着他们决心把这些思想融汇到他们赖以生存的社会制度中去，具有更多的现实主义考量。尽管《独立宣言》向全世界宣布了"人人生而平等"的原则，但美国宪法却并没有给妇女、黑人和贫穷的白人提供基本的政治权利。

第四章关注的是工业化浪潮中失意的农民。美国在19世纪内战前后经历了两次工业革命，第一次规模较小，影响也不是很大；真正推动了美国社会转型，也就是从农业国转化为工业国的，是内战后的第二次工业革命。如果说美国农民还能从第一次工业革命产生的农业机械化和运输蒸汽化中获益的话，那么第二次工业革命及其所伴随的工业和金融垄断的出现给农民带来的更多的是灾难。开发商们制造的西进运动的凯歌遮蔽了困苦农民的哀叹，最终引发了农民的反抗。发生在19世纪末的美国平民党运动，是以农场主为主的工业化进程中的弱势群体，针对大银行、大公司等垄断企业以及支持和包庇它们的联邦政府发起的一场民众抗议运动。在工业革命中逐渐被边缘化的农业居民发现他们所面临的并不是一个公平的市场经济。土地投机和价格垄断都让农民损失惨重，而铁路和金融巨头又趁火打劫，迫使农民组织起来，在互助合作的同时，也向政府和社会表达了他们的改革诉求。

第五章侧重于分析美国工人阶级的构成特点。美国建国之初，数量有限的城市居民主要是工匠，因此美国著名史学家尚·威兰茨将1825年以前的纽约称为"工匠共和国"。然而，经历了19世纪三四十年代的第一次工业革命，美国的工匠阶层开始分化，一部分条件优越的师傅逐步上升为资本家，而大部分条件较差的下层工匠就沦落为雇佣工人，他们构成了美国早期的熟练工人。曾经比邻而居的工匠们在阶级分化中由睦邻变为仇敌。在第二次工业革命时期，大批以新移民为主力的产业工人的加入让劳资冲突越演越烈，一波又一波的罢工浪潮席卷全国。以熟练工人的为主的美国劳工联合会（劳联）和以产业工人和新移民为主的世界产业工人联盟（世界产联）在组织形式和斗争方式上分别代表了美国劳工运动中保守与激进的两个方向。

第六章进一步探讨了美国劳工队伍内部的分歧和劳工运动存在的诸多问题，尤其是本土主义影响下的早期移民对新移民、非熟练工人的排斥。19世纪后期美国劳工组织的崛起，在很大程度上依赖于内战后大批新移民的加入。然而到19世纪末，劳工组织却成为排斥新移民的主要政治力量。同处于社会底层的新老移民劳工之间形成同根相煎的局面：新移民为了生存的需要纷纷加入劳工队伍，而以较早移民为主的美国劳工联合会等劳工组织，却为了自身的地位和利益对后者力加排斥，并参与、推动了《排华法案》等限制移民立法的出台，从而形成延续至今的美国劳工组织排斥新移民的传统。这一传统掺杂了文化、种族、阶级等多种因素，也反映了美国劳工运动的特殊性与复杂性。

第七章以城市为场景，全面分析了19世纪美国城市化进程中的各种社会矛盾和不公平现象。迅速扩张的城市中集中了文化背景各异、社会地位悬殊的各色人等，上演着光怪陆离的明争暗斗。城市化改变了人们原来的生产和生活方式，也重新塑造了人与人之间的关系。一方面，来自不同族群、不同环境的新老移民在城市相遇，制造出种种社会矛盾和问题，对旧秩序构成挑战；另一方面，迅速增加的社会财富，冲击着建国后形成的相对简单的市政管理系统，让很多城市成为贪污腐败的温床。这些矛盾和问题很多是人类现代化过程中不可避免的，但在19世纪的美国城市中表现得尤为突出，除了制度上的原因之外，种族与阶级界限的经常性重合也是导致社会矛盾尖锐化的根源之一。

第八章选取了身处美国社会转型中的知识分子，尤其是新闻媒体工作者为考察对象，力图透视他们对上述不公正现象的个人感受和群体反应。知识分子经常扮演社会良心的角色，在现代社会尤其如此。对于19世纪后期也就是所谓"镀金时代"中出现的诸多社会问题，敏感的知识分子是最早被触动的阶层之一。他们通过自身所掌握的媒体，一方面保持着对各种社会不公和社会疾苦的敏感度，另一方面积极揭露社会阴暗面，发出改革的呼声。但知识分子只能从舆论上影响政府和社会，实际的改革还要依靠联邦、各州和地方政府。面对不断上演的文化冲突、种族对立和阶级矛盾，政府不得不顺应民情和舆论压力，推出一系列改革措施，包括西奥多·罗斯福总统的"公平施政"和威斯康星政府的民主试验，多少缓解了社会矛盾，增进了社会公正度。

第九章聚焦于美国社会转型中妇女权利的变化，尤其是从建国初期开始，中产阶级妇女为女性权利而进行的抗争。本章选取了不同时期的美国女权运动的几位代表人物，包括弗兰西斯·赖特、卢克丽霞·莫特、伊丽莎白·凯迪·斯坦顿和苏珊·安东尼等，通过分析她们的背景、生平、经历和主张，比较不同时期美国女权运动的特点。一向被认为是现代民主标杆的美国在妇女选举权问题上却相对滞后，对妇女选举权的认可甚至比英国还落后了两年，足以说明男权文化在19世纪的美国社会中仍然根深蒂固。冲破性别藩篱的妇女选举权抗争经历了一个世纪之久才最终取得胜利，这场胜利是几代美国女权主义者接力奋斗的结果。

第十章揭示的是美国人民追求社会公正努力中最为悲壮的一幕，也就是黑人权利和地位问题，主要着眼于两个方面：一是美国建国后是怎样在制度设计和国家机器运转上忽视甚至践踏黑人应该享有的基本人权的；二是美国从精英到一般民众是怎样看待奴隶制问题和黑人权利问题的，前后有什么样的变化。本章讨论的焦点问题是为什么进步时代已经在内战后获得解放的美国黑人处境更加恶化，一直高举改革旗帜的许多进步派知识分子面对黑人的灾难忽然变得麻木不仁，纷纷服膺于主导着主流文化的科学、进步和理性。科学主义的甚嚣尘上让主张社会、种族和文化平等的改革派哑口无言，只是到20世纪70年代罗尔斯《正义论》的出版，才引发了学者们对社会公正问题的重新认识。

本书将进步与公正看作一种对立统一关系、一对矛盾组合。公正有益于社会稳定，暗示着一种静态关系；而进步意味着打破原来的稳定体系，是动态的。历史上很多进步是通过牺牲公正而取得的；但需要追问的是，牺牲公正的进步是否还有意义。历史发展的目标到底是建立一个稳定的公正社会还是追求科学技术、管理水平和物质生活上的不断进步？这是贯穿于本书的思考，也是希望通过相关讨论加以解决的问题。

第一章　美国社会公正观念的历史演变

从北美殖民地创立到美利坚合众国成立，美国的建国之父们总是将建立一个公正社会作为号召大众、凝聚人心的政治理想。然而，他们对社会公正的理解与我们今天的社会公正概念还是存在着不小的差距。不仅如此，不同历史时期身处不同社会阶层的美国人民对社会公正的理解也往往大相径庭。美国历史学家埃里克·方纳在向我们描述美国自由的故事时指出了自由的内涵在美国历史上的差异与变化，他指出："我不打算讨论抽象意义上的自由，我希望把自由放在特定的历史背景之中，展现在美国历史上不同时期内，不同内容的自由思想是如何产生的和实践的以及占主导地位的和被斥为异见的自由观之间存在的那种对立和冲突时如何持续不断地重新界定了美国自由的内涵。"[①] 另一位著名当代历史学家肖恩·威兰茨（Sean Wilentz）在其《美国民主的兴起》一书中则重新审视了美国民主的兴起过程，认为美国建国之时虽然确定了人民主权原则，但以我们现在衡量民主的投票权标准来看，其一直到19世纪中期还算不上是一个民主国家："所有阶级和肤色的妇女没有政治和公民权利；大多数黑人还是奴隶；自由黑人发现他们一度拥有的政治权利不是被减少了就是被取消了；东

---

① ［美］埃里克·方纳：《美国自由的故事》，王希译，商务印书馆2003年版，第10—11页。

部各州劫后残存的印第安人口被迫迁往西部，没有公民权利。……民主只是在大批从前被排斥在外的普通人，即18世纪称之为'大众'（the many）的人掌握权力之后才出现，他们不仅仅是可以选择他们的统治者，而且可以作为公职人员和公民来监视政府机构。民主从来不是仁慈而富有远见的统治者为了加强他们政治合法性而赏赐的礼物。它总是必须通过斗争，通过跨越财富、权力和利益的政治联合来取得。"①

与"自由""民主"这些较为具体、稳定的人类经验相比，"正义"或者"社会公正"的内涵就更为笼统、模糊并具有相对性；处于不同历史阶段、具有不同社会地位的人对之有不同的理解。然而，正如克罗齐所言，"一切真历史都是当代史"。我们要衡量美国历史上社会公正达到了何种水平，就不能不参照当代社会公正的标准。以我们今天的眼光看，社会公正至少包含以下几个方面：第一是政治公正，尤其是作为公民基本政治权利的选举权和被选举权是否得到普及；第二是经济公正，主要包括经济活动的游戏规则是否公正以及能否建立一个财富再分配机制，以调剂初级财富分配中存在的不公正现象；第三是法律公正，能否保持司法独立，保证法律面前人人平等，是检验社会公正的最基本标准；第四是教育公正，保证每个人有平等的受教育机会，既是公正社会的重要尺度，也是培育公正社会的最好路径；第五是媒体的公正，只有媒体拥有不受权力干预和驱使的独立性，才能保证对公共权力和公共资源使用的有效监督。我们以这些标准为参照，考察从殖民地初创到20世纪60年代美国社会公正观念的演变，就会加深对美国历史和美国当今社会的理解。

---

① Sean Wilentz, *The Rise of American Democracy: Jefferson to Lincoln*, New York: W. W. Norton & Company, 2005, pp. xviii – xix.

一 清教殖民地建立的初衷

追求社会公正的努力在美国要上溯到殖民地初建之时,自认为在英国没有得到公平对待的一批清教徒乘坐"五月花号"远涉重洋,来到北美。他们对社会公正的向往首先体现在其著名的《"五月花号"公约》之中。在登上北美大陆之前,这批以清教徒为核心的英国移民首先想到的是他们要在新世界建立一个什么样的社会。而共同签署的这份公约就是基于全体人民共识的制度安排。他们在这份公约中宣称:"我们在上帝面前和彼此之间共同而神圣地宣布:为了建立良好的秩序,保护我们的生命,推进上述的目的,我们在此立约组成一个公民政体;我们将不时地实施、制定和建立那些(在我们)看来是最有效的和最有利于殖民地共同利益的公平的法律、法令、宪法及官员,我们承诺将服从和遵守这些法律和官员的管理。"[1] 这份被认为是美国宪法雏形的公约比约翰·洛克的《政府论》早了70年,比卢梭的《社会契约论》早了将近一个半世纪。作为一份社会实践蓝图,《"五月花号"公约》所关注的主要是如何构建和维持一个公平合理的社会。对新大陆社会蓝图的构想来自他们作为"分离主义者"而推动的清教主义运动在英国乃至荷兰所积累的社会实践经验。

无疑,清教徒在新社区的构建中起了主导作用,但无论是普利茅斯殖民地还是稍后建立的马萨诸塞湾殖民地,其成员都不是同质的,不同的宗教信仰和利益诉求时刻威胁着社区的团结与完整。通过签署一个公约可以在法律上将人们组织在一个社会框架之中,但不同的声

---

[1] "May flower Compact: 1620", in Francis Newton Thorpe, ed., *The Federal and State Constitutions Colonial Charters, and Other Organic Laws of the States, Territories, and Colonies Now or Heretofore Forming the United States of America*, Washington, D.C.: Government Printing Office, 1909, posted online by Lillian Goldman Law Library, 2008 (http://avalon.law.yale.edu/17th_century/mayflower.asp).

音从登岸开始就一直存在。根据耶鲁大学美国早期史专家约翰·迪莫斯（John Demos）的观察："某些个别的'陌生人'（strangers）和'特殊分子'（particulars）可以被信任而成为公民，而其他那些却一直表现得与众不同，多少有些可疑。他们形成一个'外人群体'（out-group），并一直为殖民地内可能出现的造反运动储备着潜在的人力资源。"[1] 即便如此，经过20年的努力，普利茅斯殖民地还是形成了一套比较稳定的政府管理体系。政治参与的主要成员是个体的自由人（freemen），所有成年男性的家庭主人都可以申请自由人身份，审查主要考虑的是其性格和能力。这一点与马萨诸塞湾殖民地有所区别，后者参政的主要成分是教会成员（church membership），申请教会成员的资格审查也更为严苛。[2]

同样关注共同体内部稳定与和谐的还有比"五月花号"的"朝圣者们"晚十年来到北美的由约翰·温斯洛普（John Winthrop）率领的清教徒殖民队伍。也同样是在登岸之前，已经被选为马萨诸塞湾殖民地总督的温斯洛普告诫他的追随者们说，按照上帝的意志，所有清教徒们必须团结一致，将个人利益置于公共事业支配之下，在"公正"与"怜悯"的原则下结为一体："为了这一目标我们要团结如一人；我们要以兄弟般热情互相款待；我们要愿意节约剩余以满足别人的需求；我们必须以全部的顺从、温和、耐心和大方来支持一项熟悉的事业；我们要彼此取悦、推己及人、休戚与共、同甘共苦，把我们的委派和我们作为成员一起组成的社区放在首位，这样，我们才能团结在和平的精神之下。"[3] 温斯洛普构想的未来社会是以宗教热情联结在一起的，所有成员都是兄弟、姐妹，为了荣耀上帝、昭示世人而加入到

---

[1] John Demos, *A Little Commonwealth: Family Life in Plymouth Colony*, Oxford and New York: Oxford University Press, 2000, p. 6.

[2] Ibid., pp. 6 – 7.

[3] Alden T. Vaughan, ed., *The Puritan Tradition in America, 1620 – 1730*, New York: Harper & Row, Publishers, 1972, pp. 145 – 146.

一场伟大的实验之中。因此，只要是教会成员就是这个社区的一员，也就能享受到这个社区的"公正"和"怜悯"。

温斯洛普等人有效利用了英王授给马萨诸塞湾殖民公司的特许状中为殖民地保留的权利空间，试图在这个宽松的框架下将清教徒的社会理想付诸实践，建立一个"虔信者的国家，公民身份与教会成员身份并行"，或者说马萨诸塞殖民地早期的公民身份是体现在教会成员身份中，因为按照温斯洛普等人的设计，只有教会成员才能够享受选举权和被选举权等公民权利。清教徒们就是要在这样一个"神圣共同体"中构建"人民与教会"的新生活。①

以马萨诸塞湾殖民地为核心的新英格兰殖民地的建立，是一场带有神学试验性质的冒险。温斯洛普所指出的"新英格兰道路"，是要将新英格兰当作一个承载着清教徒理想与希望的"实验室"，在这里可以构建清教徒们一直向往的"山巅之城"。②按照温斯洛普的解释，为实现与上帝的契约而建立的这个共同体，并没有刻意关照其成员们的世俗目的，更没有将自由、平等作为制度设计的原则。事实上，温斯洛普的马萨诸塞湾殖民地是一个等级社会，精英与平民肩负的使命是不同的，他们拥有的社会地位和享受的财富也存在差异。诚如佩里·米勒（Perry Miller）所指出的，新英格兰清教殖民地在其建立之初是一个以基督教正统道德为基础的"中世纪国家"："依据上帝固定不变的意志，致力于明晰的正义、善良和诚实。人们被安置在不同的社会等级之中，下层的服从上层的，处于顶端的是地方长官和学者。"③

尽管温斯洛普总是以"公正"和"怜悯"来标榜他所领导的这

---

① 参见原祖杰《从上帝选民到社区公民：新英格兰殖民地早期公民意识的形成》，《中国社会科学》2012年第1期。

② Perry Miller, *The New England Mind: From Colony to Province*, Cambridge: Harvard University Press, 1962, p. 26.

③ Ibid., p. 47.

个新社区，并试图以共同的信仰和公共的事业来凝聚人心，却还是难以避免清教徒内部的紧张和不满。来自内部的挑战包括罗杰·威廉斯（Roger Williams，约1603—1683）、安妮·哈钦森（Anne Hutchinson，1591—1643）对于殖民地制度设计和信仰形式的质疑，也包括教友派到来后为宗教信仰自由而展开的抗争。这些挑战导致的后果之一是清教殖民地在分化中扩展，在普利茅斯、马萨诸塞湾之外又建立起罗德岛、康涅狄格和宾夕法尼亚等殖民地。一方面，我们看到，新的思想元素被加入到这场宗教试验当中，造成的内部反应使试验逐步偏离了最初的设计；另一方面，随着殖民地范围的扩展和宗教影响的淡化，逐步由原来的教民社会向公民社会转变。清教共同体虽然不够平等，不能容忍不同政见，给民主政治预留的空间也非常有限，但其契约观、秩序观、上帝面前人人平等的神学逻辑、对世俗权利的制约以及其包含公共意识和民主政治元素的公理会实践，都为人民共同体的构建铺平了道路。如果我们把最初的普利茅斯、马萨诸塞湾、罗德岛、康涅狄格和宾夕法尼亚等殖民地当作新制度的实验室，就会看出这种在新大陆的自治社区实践，对于其居民政治参与意识的养成起到了关键作用。当1643年马萨诸塞湾、普利茅斯、康涅狄格和纽黑文四个殖民地结成"新英格兰联合殖民地"（The United Colonies of New England）之后，为减少内部分歧，各殖民地原来的宗教色彩被刻意淡化了，而关注世俗生活的制度建设则成为共同的发展目标。

在这场试验中，变化既有赖于以清教文化为主的内部的思想交流和经验积累，也得益于17世纪后期兴起于欧洲的启蒙思想。从霍布斯、哈林顿到洛克、卢梭，欧洲的知识精英身处人类社会转型的中流，开始以理性的标准为人类社会寻找一种最好的制度，他们的思想推动了一个新时代的来临。北美各殖民地精英们在设计和构建自己的社会制度的过程中，显然受到正在兴起的欧洲启蒙思想的影响；而北美殖民地的广阔天地也成为这些以制度设计为核心的新思想、新观念的试验场。

所谓制度设计，就是要为北美大陆上诞生的新社会制定行为规则。应该说，旨在制约和划分权力的规则意识主要来自英国的传统，至少可以追溯到1215年英国议会为限制王权而制定的《大宪章》。而在新大陆，从《"五月花号"公约》开始，经过一系列特许状、基本法，到革命时期的《独立宣言》和《美利坚合众国宪法》，契约精神、法治观念和权利意识已经深入人心；公民权利的享有者也由最初的少数教会成员扩大为拥有财产权的全体男性成年白人。美国革命将启蒙时代孕育的国家和社会理想变成现实，完成了人类制度史上的一次重大飞跃。

建立一个不受专制权力支配的共和政体是革命时期从精英到普通民众的共识。李剑鸣曾对美国建国时期流行的共和思想做过系统分析，认为当时美国人奉行的共和主义主要源于古典共和理论，即认为"共和政体的根本合理性在于它把公共利益置于最高地位，相信社会的公共福祉高于任何社会群体和个人的特殊利益，而设立政府的目的就是要维护公共福祉，追求'全体公民的最大幸福'"。共和主义在当时的语境中可以理解为一种在自由、平等和美德的支持下实现共同福祉（common good）的社会政治理想。而公共福祉则表现为社会成员对财富、机会和权利的享有状况；享有的普遍和平等的程度，集中体现为社会公正的实现程度。[①] 美国的建国之父们毫无疑问视美国为当时世界上最平等的国家；就连络绎不绝的欧洲造访者们也惊奇于这个国家从事不同职业的民众在彼此相处中所表现出的平等与和谐。然而，人们对于社会公正的理解以及由此决定的对于社会公正的满意程度并不是固定不变的；也正因为如此，美国人民对于社会公正的追求从建国开始从未停止过。

[①] 李剑鸣：《"共和"与"民主"的趋同——美国革命时期对共和政体的重新界定》，《史学集刊》2009年第5期。

二 独立建国时期的承诺

托马斯·杰斐逊在美国革命之初起草的《独立宣言》中明确宣布这场革命的首要追求是"人人生而平等"。然而，到革命取得胜利，美国获得独立后制定的"1787年宪法"，却并没有赋予人人以平等的权利。即使两年后作为修正案补充进宪法的权利法案，所特别提出保护的也不过是人的基本权利，而更高层次的政治参与权并没有得到扩大。土著美洲人、黑人、妇女，甚至贫穷白人的选举权和被选举权都被剥夺，所谓"人人平等"也就成为一句空话。从美国建国开始，历时近两个世纪，上述弱势群体和后来加入这个群体的新移民为争取平等的权利进行了不懈的努力，共和试验的范围也在各社会群体争取自身权利的斗争中逐渐获得扩大。弱势群体争取平等权利的道路从来都是崎岖不平的；无论是黑人、妇女还是少数民族，都是通过不屈不挠的斗争，有时甚至是要付出血的代价才获得这些迟到的权利的。美国弱势群体为争取平等地位在过去两百年间的斗争经验应该成为全人类追求社会公正的宝贵财富。

作为一个移民国家的美国的创建总是被追溯到来自旧大陆的各支移民队伍。然而，黑人作为一支特殊的移民，其贡献在美国建国之初却被长期忽略了。除了南方奴隶主们担心解放了黑人奴隶会给他们的种植园经济带来巨大损失这样一些实际考虑之外，更重要的原因恐怕还在于美国的建国之父们对于黑人奴隶是否应该享有正常人的自然权利持模棱两可的态度。

18世纪后期被认为是欧美历史上的"民主革命时代"，在西方历史上，特权阶层拥有统治大众的天赋权利的假设第一次受到质疑和挑战。从此确立了一个说法，就是社会的每个成员都享有作为一个公民的不可剥夺的自然权利。经启蒙运动的理论家们首先阐明的一些有关自由、平等和人民主权的新理想成为改革和革命运动的集体诉求，然而对于殖民地的革命领袖们来说，这些自然权利是一把双刃剑，他们可以运用这些理论为北美脱离母国辩护，却无法对存在于北美殖民地和新生的共和国中公然践踏人的自然权利的黑人奴隶制度做出解释。① 根据奥斯卡和玛丽·汉德林夫妇（Oscar and Mary F. Handlin）的研究，非洲黑人被贩卖到美洲的最初数十年中，他们并没有被确定为奴隶身份。在 17 世纪的大部分时间，弗吉尼亚的黑奴（Negroes）只是被解释为"非自由"（unfree），而不是"奴隶"（slave）。只是到了 17 世纪后期，"奴隶"才在北美殖民地有了明确界定。1670 年弗吉尼亚殖民地通过一条法令，规定从海上带来的"所有非基督徒佣工"将终身为奴；差不多同时还规定，皈依基督教也不能让一名奴隶获得解放。② 到 18 世纪中期，南卡罗来纳、佐治亚等南方殖民地纷纷确立了奴隶制，让这样一个与普世价值和基本道德相悖的罪恶制度以法律的形式固定下来，并持续了百年之久。

让后来的很多历史学家感到困惑的是，崇尚自由的北美殖民地人民何以要把人类历史上最反自由的奴隶制枷锁加诸一个无冤无仇的种族？毫无疑问，奴隶贸易和奴隶制带来的巨大利益是各殖民地在奴隶制问题上纵容、放任的主要原因。有学者注意到，奴隶制度在各殖民地的作用和重要性是不同的。但是，"尤其是对新英格兰地区，大西洋奴隶贸易对经济发展做出关键性贡献。因此，拥有或者买卖奴隶远非受人尊敬的障碍，事实上，很多第一代的新英格兰家庭参与了非洲奴隶贸易。世纪中叶，在部分殖民地如纽约、新泽西和宾夕法尼亚，奴隶劳工的重要性并没有减弱而是加强了"。③ 这或许可以印证马克思的那句名言："资本来到世间，从头到脚，每个毛孔都滴着血和肮脏

---

① George M. Fredrickson, *White Supremacy: A Comparative Study in American & South African History*, Oxford: Oxford University Press, 1981, p. 140.
② Daniel J. Boortin, *The Americans: The National Experience*, New York: Random House, 1965, pp. 181 – 182.
③ Matthew Mason, *Slavery and Politics in Early American Republic*, Chapel Hall: The University of North Carolina Press, 2006, p. 10.

的东西。"① 一方面，我们看到资本主义带来的市场经济和与之相配的自由、民主思想等积极因素；另一方面，我们也发现，在资本主义初级阶段，人们对经济利益的追逐往往是不择手段的。

经济驱动与道德关怀之间的紧张也在美国的建国之父们身上体现得淋漓尽致。坚守奴隶制的弗吉尼亚州恰恰是拥护启蒙思想的建国之父杰斐逊、麦迪逊等人的故乡。杰斐逊在弗吉尼亚的农场是以黑人奴隶为主要劳动力的，因此他是以大奴隶主的身份投入美国革命的。他曾在《独立宣言》中加入谴责乔治三世对于北美殖民地奴隶制泛滥的内容，却被南方奴隶主们制止。1779年他曾向弗吉尼亚州议会提议有组织地培训和安置奴隶，三年后他又起草了一部立法，准许奴隶主释放他们自己的奴隶。在1784年的《弗吉尼亚笔记》中，杰斐逊在怀疑黑人奴隶是否具备足够的智力参与政治活动的同时，也对奴隶制给白人奴隶主带来的影响表示担忧，认为这样的制度对于奴隶主和奴隶都是有害的，因而不能永久维持下去。但无论是杰斐逊还是其他革命领袖都没有考虑让黑人奴隶作为美国的公民加入美国社会中来，而是指望将黑人送回非洲大陆或其他地方。丹尼尔·布尔斯廷写道："对于杰斐逊来说，由于将黑人移民同化到弗吉尼亚白人人口当中是一件不可想象的事，最为理想的解决方案是将他们殖民化，比如移殖到西印度群岛，最好是非洲——'将这一部分从我们人口中剔除，不仅对我们，对他们也是最有利的'。"② 1806年他正式提出反奴隶制立法，终止进出口奴隶，翌年获国会通过，1818年生效。杰斐逊死前留下遗嘱释放他农场中的几名奴隶，也可以看出奴隶制问题是他死不瞑目的心病。

从杰斐逊等人对黑人奴隶制问题的反应可以看出，美国建国之初

---

① 马克思：《资本论》第1卷，人民出版社2004年版，第871页。
② Daniel J. Boortin, *The Americans: The National Experience*, New York: Random House, 1965, p. 182.

最激进的民主领袖也没有把黑人的公民权利视为他们奋斗的目标。被排除在外的还有北美的土著印第安人。如果说黑人的智力和知识在革命领袖眼中尚不足以让他们行使正常的公民权利的话,因家园之争被殖民者视为敌人的印第安人则直接被列入野蛮人的行列。"非我族类,其心必异",以盎格鲁—萨克森为主的欧洲白人殖民者长期以来未能接纳其他族群加入他们开启的现代文明进程,领导美国革命的建国之父们也并没有摆脱这种文化偏见,这是美国建国以后长期存在种族、文化歧视的根本原因。

奴隶制问题让美国人付出了惨重的代价,经过一场充满血腥的内战,南方的黑人奴隶终于获得解放。经过林肯1863年的《解放奴隶宣言》以及战后重建时期先后出台的"宪法第十四、第十五条修正案",规定"各州不得因肤色和种族的原因拒绝黑人选举权",而事实上,"各州仍可通过其他方式的限制(如财产、税收、文化程度和居住期限等)来取消黑人的选举权"[①]。在内战之后将近一个世纪的时间里,黑人在美国社会中并没有取得与白人同等的地位和权利。19世纪后期,美国经历了第二次工业革命。这一时期,由于社会达尔文主义与主流美国社会的进步观念相契合,黑人的处境不仅没有任何实质性的改善,反而在南方各州与联邦最高法院的联合打压下更为悲惨;即便是在进步运动时期,追求公平正义成为美国社会的主旋律,但黑人的人权问题却无人问津,成为被美国主流社会遗忘的角落。

通观美国历史,黑人问题一直是美国社会进步的重要指标。换句话说,只有在这个国家有过奴隶经历的广大黑人真正享受到美国先哲们承诺的自由、民主、平等之时,美国人民的人权状况才能得到实质性改善。

黑人问题再一次引起全美国社会的关注已经是几代人以后的"新

[①] 王希:《原则与妥协:美国宪法的精神与实践》,北京大学出版社2000年版,第305页。

政"时期。作为学者、诗人的杜波依斯（W. E. B. Du Bois）既是泛非主义运动的发起者又是全国有色人种协会的创建者，早年曾致力于让黑人以平等的公民身份融于美国社会，在意识到白人主导的主流社会不会以平等的身份接纳黑人之后，他在20世纪30年代放弃了原来的努力，号召建立"国中之黑人国家"（A Negro Nation within a Nation）。他指出："黑人们今天有一个机会在他们自己的团体中组织一个合作性国家，让黑人农民喂养黑人艺术家，黑人技师指导黑人家乡的工业，黑人思想家计划这项一体化合作，同时黑人的艺术家们将这一努力戏化和美化，经济独立就指日可待了。"[1] 杜波依斯的"国中之国"计划并没有实现，但他的努力连同其他民权运动斗士们的呼声显然博得了具有理想主义情怀的新政派（New Dealers）的同情和支持，其中既包括第一夫人安娜·埃莉诺·罗斯福（Anna Eleanor Roosevelt）这样一些在当时的政府中颇有影响的人物，也包括约翰·F. 肯尼迪、林登·约翰逊和厄尔·沃伦（Earl Warren）这样一些当时很年轻但后来却成为美国总统或最高法院首席大法官的新政派，他们作为开明的国家领袖，对50—60年代美国黑人民权运动的成功发挥了至关重要的作用。

三 移民潮推动下的接纳与认同

如果说美国建国初期只是把黑人奴隶看作共和国和公民社会的异类，到19世纪末，已经有更多的"异类"加入进来，也对美国的社会公平带来新的挑战。一方面，随着美国版图的扩展和人口的增多，社会成分越来越复杂；另一方面，经历两次工业革命和诸多外部因素

---

[1] W. E. B. Du Bois, "A Negro Nation within a Nation" (1935), in Eric Foner, *Voice of Freedom: A Documentary History*, Volume Two, New York: W. W. Norton & Company, 2005, pp. 153 – 156.

的影响，美国的各种社会矛盾在19世纪后期得到了充分暴露。社会公正度正是在这些新因素的冲击下，在各种矛盾、冲突和抗争中逐步向前推进。

除了黑人奴隶制带来的固有的种族问题，19世纪初期以来一拨接一拨的新移民的到来也打破了美国社会原有的平衡，造成新的不公平。直到19世纪40年代，涌进城市的居民大多来自美国农村。从40年代以后，欧洲移民开始大批抵达东海岸的港口城市，在美国开始他们的新生活。内战前后到来的北欧和西欧移民中，来自德国和斯堪的纳维亚的移民经济条件相对较好，他们大多选择离开拥挤的港口城市深入内地创业，而很多被饥荒打击得一文不名的爱尔兰裔移民则只能选择蜗居在大城市里。1821—1850年有400多万爱尔兰人移民美国，其中1/3的爱尔兰移民生活在当时的15个较大的城市中，包括13.4万人生活在纽约，7.2万人在费城，3.5万人在波士顿。[1]

新移民的到来加剧了19世纪上半叶已经逐步显现的贫富分化，财富越来越聚集到少数人手中，这种状况在城市中更为明显。有钱人在致富热潮中占尽优势，而工人则步步失利。商人、经纪人、律师、银行家、制造商控制了越来越多的城市财富，他们离开原来的街道，搬进坐落于富人区的宽敞住宅，而穷人则不得不租赁价格便宜的简陋住房，并且因为要经常搬迁，互相之间也缺乏照应，在城市中的生活就更加艰难。[2] 当然，导致社会不公和社会矛盾加剧的不仅仅是新移民问题，更突出的是产业结构的变化带来的新的不平等。争取社会公正的努力既包括农民的抗议和平民党运动的兴起，也包括此起彼伏的工人运动。19世纪最后30年是美国劳工运动最为活跃的时期，形成劳工骑士团、美国劳工联合会（"劳联"）和世界产业工人联合会

---

[1] 关于爱尔兰移民在美国的早期经历，参见原祖杰《1840—1850年天主教爱尔兰移民及其在美国的政治参与》，《世界历史》2007年第4期。

[2] Gary B. Nash, et al., *The American People, Creating a Nation and a Society*, Volume One, New York: Harper Collins College Publishers, 1994, pp. 337-338.

("产联")等劳工组织，罢工频繁，劳资冲突连绵不断。

总的来看，19世纪最后30年美国经历了从农业国到工业国的社会转型，国家在繁荣发展的同时也发生了无数社会动荡，各种社会运动风起云涌，对社会不公的抗议之声此起彼伏，知识分子勇敢地站出来揭露黑幕、抨击腐败，各级政府顺势而为，推出一系列改革方案，所有这一切都回应着一个主旋律，那就是追求公平正义。19世纪末20世纪初的进步运动，就是一场以美国主流社会为核心，由联邦、州和地方政府参与的社会改革运动。在这场运动中，美国人原有的社会公正观获得了一次巨大调整，以适应工业化时代的社会现实，其中包括对资本主义初期自由放任信条的重新界定，对劳资关系的重新审视，对政府干预的重新认知，以及对工业化带来的诸多社会问题和自然环境问题的重新估计，在一定程度上满足了主流社会群体的社会公正诉求。进步主义运动包含了从国家到社会的不同层面的社会改革诉求，"对工业化和城市化的不满和恐慌"，激发了各阶层民众"对集体行动和公共利益的强调"，从而证明"公民能够通过政治的和道德的积极干预来改善社会环境"[1]。

美国的社会公正观念在主流社会内部的自我更新可以通过妇女选举权运动等女权主义运动获得诠释。众所周知，美国妇女在独立时期就对美国的革命事业贡献卓著，但对独立革命的参与同时也提醒了广大妇女，她们不仅在英王那里受到奴役，在她们的夫君那里也同样没有得到善待。艾比盖尔·亚当斯（Abigail Adams）早在1776年3月就提醒她的丈夫约翰·亚当斯说，独立后应该有新的立法，男性立法者们应该考虑到妇女的权利以及她们遭受的来自男性的奴役。[2] 然而，革命成功后，革命妇女的贡献并没有得到应有的政治回报，她们长期

---

[1] John Mack Faragher, et al., *Out of Many: A History of the American People*, Volume Two, Upper Saddle River, N. J.: Prentice Hall, 2000, p. 612.

[2] Gary B. Nash, et al., *The American People, Creating a Nation and a Society*, Volume One, p. 167.

没能享有公民权利。从建国初期到美国内战,美国长期被笼罩在男权统治的氛围之下:男人就应该去占领公共领域,在日益壮大的市场经济和民主政治中大显身手;而对女性来说,她们的合适空间是私人领域,她们合适的工作是在家庭经济领域,包括抚养子女、道德教化和基本的保健护理等。她们有限的社会活动一般与慈善事业和教会活动这些体现传统道德的领域联系在一起,往往也只有白人中上层妇女才有资格参与。①

推动妇女走出家门的常常是大规模的战争或者社会运动,正因为如此,在美国内战前后迎来了女权运动的第一个高峰,涌现出伊丽莎白·凯迪·斯坦顿(Elizabeth Cady Stanton)和苏珊·安东尼(Susan B. Anthony)这样较为激进的女权主义者,她们在战后一二十年的时间里持之不懈地推动妇女选举权运动,长期致力于各阶层妇女政治地位的提高。②让妇女选举权问题真正进入全体美国人视线的是1868年通过的作为国会重建方案中最为激进的改革措施的"宪法第十四条修正案"。这项旨在"为法律面前人人平等提供国家保障"的修正案,③却首先激怒了美国的女权主义者们,因为它承诺的"普遍"选举权仍然只是针对男性,黑人妇女被排斥在外了。斯坦顿和安东尼从"宪法第十四条修正案"对"男性"的强调中看到了争取妇女选举权的新的障碍。④有史学家注意到,带有性别歧视倾向的"宪法第十四条修正案""让男人和妇女都亲身感受到侮辱:作为受过教育、土生土长的白人,他们认为自己比那些前黑人男性奴隶更有资格享有投票权。然而当妇女们号召不仅要给黑人投票权也要给妇女投票权时,白人男

---

① Ross Evans Paulson, *Liberty, Equality, and Justice: Civil Rights, Women's Rights, and the Regulation of Business, 1865–1932*, Durham & London: Duke University Press, 1997, p. 41.

② Ibid., pp. 42–48.

③ Eric Foner, *A Short History of Reconstruction, 1863–1877*, New York: Harper & Row Publishers, 1990, p. 116.

④ Ross Evans Paulson, *Liberty, Equality, and Justice: Civil Rights, Women's Rights, and the Regulation of Business, 1865–1932*, Durham & London: Duke University Press, 1997, p. 44.

人们更倾向于将二者都拒绝"①。当女权主义者们的政治诉求遇到种族问题，他们的公正观就打了折扣。先前的联盟开始动摇，斯坦顿的声音越来越接近种族主义和精英主义观点，就是在有财产、有文化的妇女被排斥在外的时候也不要给黑人男性以选举权。为狭隘的种族情结所困扰，原来致力于黑人和妇女选举权的平等权利联盟的1869年年会在相互怨恨中黯然解散。②

当全国性妇女选举权运动因为种族分歧而进退维谷时，区域性的妇女选举权运动却进展迅速。在新教与天主教分野不明显的西部各州，各种形式的妇女选举权以法律形式建立起来，其中包括怀俄明州（1869）、犹他州（1870）、科罗拉多州（1893）、爱达荷州（1896）、华盛顿州（1910）、加利福尼亚州（1911）、亚利桑那和俄勒冈州（1912）以及蒙大拿州和内华达州（1914）。美国参与第一次世界大战给妇女选举权运动带来新的契机，全国美国妇女选举权协会（NAWSA）在凯丽·查普曼·凯特（Carrie Chapman Catt）的领导下，由早期的反战到1917年以后转而支持美国参战，在爱国主义的口号下游说美国国会通过宪法修正案，给全国妇女以选举权。而另一支更具战斗精神的女权主义团体——全国妇女党（NWP）在爱丽丝·保罗（Alice Paul）的领导下通过激进的抗议方式打动了总统伍德罗·威尔逊。最终，在威尔逊总统的推动下，以妇女选举权立法为核心的"宪法第十九条修正案"被当作一项战争措施而获得国会和各州议会的先后批准，在1920年8月成为美国宪法的组成部分，标志着美国人民在通往社会公正的道路上又迈出一大步。③

同世界很多国家的现代化道路不同，美国的民主化在以种族、文

---

① Suzanne M. Marilley, *Women Suffrage and the Origins of Liberal Feminism in the United States, 1820–1920*, Cambridge: Harvard University Press, 1996, p. 67.
② Eric Foner, *A Short History of Reconstruction, 1863–1877*, New York: Harper & Row Publishers, 1990, p. 193.
③ John Mack Faragher, et al., *Out of Many: A History of the American People*, Volume Two, Upper Saddle River, N. J.: Prentice Hall, 2000, pp. 660–661.

化和移民先后为主要特征的社会各群体之间并不是同步的；不仅如此，在一些群体为自身权益的改善而欢呼雀跃之时，很可能是其他族群遭受歧视最严重、处境最悲惨的时候。众所周知，美国政府的排华法案和部分社区对华人的迫害就是在进步运动的凯歌声中越演越烈的。有着相似经历的是美国南方的广大黑人群体，同样是在进步时代，"南部实施了大规模的剥夺黑人选举权的运动（这个过程从1890年自密西西比州开始，到1908年至佐治亚州结束），与此同时，一条宪法修正案又将选举权授予妇女——这是美国历史上最大的一次民主扩展"[①]。这些经常被归于美国例外论的案例正是美国历史的吊诡之处。缺乏明确的阶级意识让很多以阶级矛盾存在的社会不公难以沿着纯粹的阶级路线获得解决；而种族、文化、性别乃至新老移民之间的明显差异经常成为社会公正适用范围的断裂带。也就是说至少在历史上，美国社会的政治、经济权利并不总是沿着阶级界限由上而下分配的，在很多时候是沿着种族、文化和性别等自然界限，依据获得实质性公民权利的早晚而横向分配的。这样的历史事实决定了美国的现代化道路的特殊性，从社会公正观念的角度看，不同时期居于不同社会群体的美国人对社会公正的理解存在程度不等的差异，美国的社会进步有赖于这种非理性差异的消减。

小 结

什么样的社会才是公正社会？如何辨析某一社会群体的"公正"诉求是否正当？对于这些问题，政治学领域的学者们多年来的思考可供借鉴。约翰·罗尔斯（John Rawls）试图通过"综合和提升洛克、卢梭和康德的传统社会契约理论的要点"，"为系统阐释正义提供一种

[①] [美] 埃里克·方纳：《美国自由的故事》，王希译，商务印书馆2003年版，第225页。

优于在传统意义上居于统治地位的功利主义的选择"。① 在他看来，"我们设想那些参与社会合作的人通过一项共同的行动，一起选择一些原则，以指导我们设定基本权利和义务以及决定社会福利的划分"。他指出，"这些原则将规划所有进一步的协议；它们指定哪些社会合作可以加入、什么形式的政府可以建立。这种有关正义的原则我将称之为公平的正义（justice as fairness）"。人在选择这些正义原则时"并不知道他在社会中的位置、他的阶级地位和社会地位"，他是在"无知之幕"的背后做出的选择。② 很显然，罗尔斯的"无知之幕"只是一种理论假设，选择了美国国家制度的建国之父们不可能不知道他们在社会中的位置，他们不知道的只是未来哪些人将受惠于他们的设计，哪些人会被排斥在社会福利之外。

围绕人类社会不平等现象存在的前提问题，罗尔斯提出其著名的论断："社会和经济的不平等应该满足两个条件：第一，它们所从属的公职和职位应该在公平的机会平等条件下对所有人开放；第二，它们应该有利于社会之最不利成员的最大利益（差别原则）。"③ 问题是如何界定一个国家的历史上哪些人属于社会成员，哪些人可以被排斥在外。罗尔斯还不厌其烦地解释了公民的基本自由，包括"政治自由（投票和担任公职的权利）以及言论和集会的自由；信仰与思想的自由；个人自由条件下拥有财产的权利；法制概念下免于被任意逮捕拘禁的自由"等，这些都属于一个社会应该提供的基本权利。④ 当然，享有这些基本权利的前提就是享用者必须是这个社会的公民。罗尔斯的着眼点主要放在一个社会内部的权利更新上，而对尚未取得公民身份的新移民和印第安人那样的社会边缘人则语焉不详。

---

① John Rawls, *A Theory of Justice*, Cambridge: Harvard University Press, 1971, p. xviii.
② Ibid., pp. 11 – 12.
③ [美] 约翰·罗尔斯：《作为公平的正义：正义新论》，姚大志译，中国社会科学出版社2011年版，第56页。
④ John Rawls, *A Theory of Justice*, Cambridge: Harvard University Press, 1971, p. 61.

然而，处于不同历史阶段的不同社会阶层对社会公正应用范围的理解是不尽相同的。殖民地建立之初约翰·温斯洛普对山巅之城的构想是以清教徒为主要成员的共同体，其核心是教会成员；通过赋予每位成员较为充分的政治权利，在教会内部实现一定程度的民主、平等，是美国历史上共和试验的起点。此后，这个试验的范围不断扩大，社会成分也越来越复杂，但总的思路是一贯的，那就是通过小范围的示范作用，逐步建立一个自由、民主的共和国。美国的建国之父们在独立和制宪时都做出这样的承诺，就是要建立一个人民主权国家，然而，要兑现这些承诺，却要投入长期的努力，这个过程既包含属于原来成分的白人新教徒在社会转型中维护自己公民权益、追求公平正义的内容，也包含不断加入的新成分，其中包括早就生活在北美却未被纳入这场试验的土著美国人和非裔美国人，如何在他们身上实现公平正义的问题，因此需要横向考察不同社会阶层在追求社会公正过程中的不同经历。从这种意义上说，美国历史上的社会公正观念是一种动态的、不断演变的观念，适用的范围也在不断扩大。

第二章　美国社会构建中的实验室效应

一　孕育"山巅之城"

15世纪末新大陆发现以后，整个世界连为一体，人类的命运也为之改变；与中世纪的传统社会相比，人们有了更多的选择。在西班牙、葡萄牙等老牌殖民者纷纷投身于在非洲和中南美洲的掠夺性殖民活动并赚得盆满钵满的时候，后知后觉的英国人只能感叹自己生不逢时。16世纪后期英国人开始热衷于海外殖民事业，却发现西班牙、葡萄牙的殖民模式在北美洲难以复制，同样怀着发财梦的殖民者们面对北美洲广袤的大地有些不知所措。1607年，一批英国商人获得英王詹姆斯一世授予的特许状，成立了弗吉尼亚合股公司，在他们后来命名弗吉尼亚的詹姆斯敦建立了英国第一个永久性殖民地。然而，这批缺乏经验的殖民者在新大陆的生存能力十分脆弱，恶劣的自然环境加上各种疾病的侵袭，让这支以男性为主的殖民队伍迅速凋零，从1607年到1609年来到詹姆斯敦的超过900人的殖民者，只有60人幸存下来。[①] 欧洲人在北美大陆立足之艰难可见一斑。

16世纪后期的英国，带有垄断性质的合股公司（Joint-Stock Com-

[①] Gary B. Nash, et al., *The American People: Creating a Nation and a Society*, Volume One, New York: Harper Collins College Publishers, 1994, p. 39.

panies)作为一种新的经济形式得到朝野各界的逐步认可,成为对外贸易、投资的主要载体。最早的合股公司是 1553 年获得特许状的新大陆商业合营公司(Company of Merchant Adventurers to New Lands),其后成立的莫斯科公司(Muscovy Company)在 1555 年获得特许状,最著名的是 1600 年 12 月 31 日获得特许状的东印度公司,享有英国与新大陆的一切贸易垄断权。

这种被授予特许状的合股公司所拥有的垄断权不仅吸引了怀揣发财梦的投资者,也吸引了英格兰当时的一个特殊的社会群体清教徒。马丁·路德和加尔文在欧洲大陆领导的宗教改革波及英伦诸岛后已经成为强弩之末,1534 年英国议会通过《至尊法令》,割断了英国教会与罗马教廷的宗属关系,规定英王为英国教会之首领,有权任命教职,解释教义,英国国教由此确立。1558 年伊丽莎白女王即位以后,宣布新教为英国国教,这样,至少在名义上,英国完成了宗教改革,成为一个新教国家。然而,对于一些热衷于宗教改革的英国人来说,英国的新教仍然保存着很多令人厌恶的天主教成分,包括一些与教阶制度相关的宗教仪式。因此,他们期望净化英国国教,实现真正的宗教改革。为清教运动所吸引的不仅有宗教改革者,还包括对于当时急剧变化的英国社会感到不安和恐惧的男男女女,他们希望能在宗教中找到精神慰藉。见证了都铎王朝时期英国快速的商业化、城市化以及与之相伴的贫富分化、物价飞涨,他们对未来充满不安。总之,习惯于生活在绅士控制的由教会、行会和地方政府构成的中世纪体制下的他们,不能接受正在增长的自由。因此,"他们追求的目标不仅是要净化英国国教,而且是要改革社会"[1]。

公开从英国国教分离的清教徒们,号称他们的"宗教改革无所留恋"(reformation without tarrying for any),在美国历史上又被称为"朝

---

[1] Gary B. Nash, et al., *The American People: Creating a Nation and a Society*, Volume One, New York: Harper Collins College Publishers, 1994, p.46.

圣者"（the pilgrims），意思是他们的迁移不是为了世俗的目的，而是一场带有宗教追求的朝圣之旅。他们首选的目的地并不是新大陆，而是在当时有着自由世界声誉的荷兰。1609年一批清教徒为了逃避英国国教对他们清教信仰的压制，来到荷兰寻求他们的宗教梦想。然而，在那儿生活了十来年后，一部分人客死他乡，剩下的人则越来越清楚地意识到，这个自由的国度不是他们的归宿，他们又开始计划新的旅程，他们希望到达一个名义上属于英国而在实际上国王和教会的权力都鞭长莫及的地方。[1] 在与伦敦的商人经过几轮谈判之后，终于在1620年达成协议，当年9月，35名清教徒和67名其他英格兰人共计102名雄心勃勃的开拓者搭乘一艘叫作"五月花号"的轮船向新大陆起航，因为风向关系，他们没能到达预定地点弗吉尼亚，却于当年11月到达了偏北方向的科德角。在登陆之前，他们订立了被后来历史学家认为具有划时代意义的《"五月花号"公约》（Mayflower Compact），以合约的形式规定了他们即将建立的新社会需要遵守的原则。登陆以后，他们在普利茅斯建立了一个新的定居点，这是清教徒在北美建立的第一块殖民地。

1629年8月29日，十几位作为马萨诸塞湾公司持股人的清教徒齐集在英格兰的剑桥镇，签订了一个协议，即《剑桥协议》。[2] 根据这个协议，打算移民到新世界的持股人要买下其他不想移民的持股人手中的股份，原因是他们即将在新大陆建立的马萨诸塞湾殖民地不再

---

[1] John Demos, *A Little Commonwealth: Family Life in Plymouth Colony*, Oxford and New York: Oxford University Press, 2000, p. 4.

[2] 《剑桥协议》的签署者共12人，包括理查德·索顿斯托尔（Richard Saltonstall），托马斯·达德利（Thomas Dudley），威廉·瓦萨尔（William Vassall），尼克·韦斯特（Nich West），艾萨克·约翰逊（Isaac Johnson），约翰·汉弗莱（John Humphrey），托马斯·夏普（Thomas Sharp），英克里斯·诺埃尔（Increase Nowell），约翰·温斯洛普（John Winthrop），威廉·平琼（William Pynchon），凯拉姆·布朗（Kellam Browne），威廉·科尔布隆（William Colbron）。他们是马萨诸塞湾殖民地的第一批移民中的精英，其中有些人，如约翰·温斯洛普、托马斯·杜德利等成为殖民地的领导人；也有一些人，如贵族出身的理查德·萨尔通斯塔奥1630年下半年曾经在马萨诸塞湾殖民地领导建立了第一批种植园，但因为忍受不了新英格兰寒冷的冬天，翌年就回到了英国，在母国支持北美的殖民事业。

由伦敦的公司董事会管辖,而是由新英格兰地方治理。剑桥协议确立了马萨诸塞湾殖民地的自治地位,从此殖民地与公司合二为一了。因此可以说,这个协议直接促成了一个新的共同体的诞生,这就是以波士顿为中心的马萨诸塞湾殖民地。

根据《剑桥协议》和商谈的结果,约翰·温斯洛普被推举为移民新大陆的领袖,1629年10月,他被选举为公司和殖民地的总督。怀揣着英王授予的特许状和他们自己订立的《剑桥协议》,温斯洛普带领约一千名新移民于1630年夏天到达马萨诸塞,建立了波士顿及其周围的居民点,开始了一场世界近代史上以清教主义为核心的伟大实验,这是后来人们将清教主义作为美国文化源头的原因。

约翰·温斯洛普何许人也?21世纪初,美国历史学家弗兰西斯·布莱莫尔(Francis J. Bremer)曾为温斯洛普作传,题目就叫《约翰·温斯洛普:美国被遗忘的建国之父》。他认为当代美国人,包括总统或总统候选人等政治精英,经常会说到温斯洛普"山巅之城"的名言,却鲜有提及温斯洛普本人。[①] 其实,从美国建国以来,有关温斯洛普的研究或者传记应不在少数,最著名的当属佩里·米勒(Perry Miller)的一系列著作。

温斯洛普在领导这场改变世界历史的移民运动之前是英格兰的一名收入不菲的清教律师。改变他命运的直接原因可能还是当时英国政局的变化。1624年英王查理一世即位,王后是一位罗马天主教徒。不出人们的所料,查理一世登基之后就采取了一系列措施支持英国国教,打击一切拒绝参加英国国教仪式的人,尤其是清教徒这样的教派组织。这让本来就对英国国教和王室抱有戒心的清教徒再次感受到在英国生存的压力而谋求向新世界移民以逃避宗教迫害。

与十年前到达新大陆建立普利茅斯殖民地的"五月花号"上的

---

① Francis J. Bremer, *John Winthrop: America's Forgotten Founding Father*, Oxford and New York: Oxford University Press, 2003, p. xv.

清教徒一样，企图逃离英国的这批清教徒也要寻求海外投资公司的支持。1628年成立的新英格兰公司在1629年获得特许状改名为马萨诸塞海湾公司（Massachusetts Bay Company），已经在为移民活动做准备。1629年3月查理一世解散议会，并加紧了对不服从国教者的排斥，温斯洛普也因此失去了在法庭的工作。他在当年5月15日给妻子的信中写道："如果主看到这些而同情我们，他会为我们和其他人提供一个庇护所。"① 当年4月，温斯洛普就开始参与移民公司的活动，并成为其中的活跃分子。8月26日《剑桥协议》签订，温斯洛普是签字者之一，也从此成为这次移民活动和未来殖民地的领导者。

美国的清教主义传统，一直是个备受争议的话题：首先，对于这一传统的特征就有不同说法。较早将清教主义与美国民主起源联系在一起的是托克维尔。在《论美国的民主》中，以外来者眼光欣赏美国制度的托克维尔一直在思索是什么因素让脱胎于欧洲文化的美国社会能够成为民主制度的肥沃土壤。② 他首先注意到的是导致清教徒移民北美并在早期殖民地社会制度和人民生活中起重要作用的清教主义，认为"清教主义不只是一种宗教教义，而且在许多方面与最为绝对的民主和共和理论相对应"③。托克维尔的发现正中那些正在寻求独立于欧洲传统的美国文化的学者们的下怀，他本人也首

---

① Robert C. Winthrop, *Life and Letters of John Winthrop*, Boston: Ticknor and Fields, 1864, p. 296.
② 有的当代学者认为托克维尔早在1831—1832年旅居美国之前，就已经形成了将美国作为民主的典范的观念体系："同英国相比，美国代表一个彻底的民主革命的模式，同法国相比，它是一个彻底非革命的民主范例"（参见《托克维尔评论》编委会"前言"，载雷蒙·阿隆、丹尼尔·贝尔编《托克维尔与民主精神》，陆象淦、金烨译，社会科学文献出版社2008年版，第3页）。他到美国的目的，是为了"对民主理念和革命理念之间区别的划分"，"为了探索完整的民主法规在什么条件下如何造就了美国的共和制度，即人民自己治理自己的政体"（参见弗朗索瓦·费雷《托克维尔思想的知识渊源》，载雷蒙·阿隆、丹尼尔·贝尔编《托克维尔与民主精神》，陆象淦、金烨译，社会科学文献出版社2008年版，第68、70页）。如果是这样的话，清教这种与法国革命关系甚微而又在美国得以发扬光大的文化因素自然会受到托克维尔的青睐。
③ Alexi de Tocqueville, *Democracy in America*, New York: Vintage Books, 1945, p. 33.

先以一个美国研究者的身份而声名鹊起。托克维尔的《论美国的民主》第一卷在1835年出版两年之后,拉尔夫·爱默生发表了他著名的《美国学者》演说,宣告美国文学已经独立于英国文学,号召美国学者不要盲目追求欧洲传统,而要重视自己的经验。在托克维尔的启发下,美国的知识分子开始从一个新的角度去诠释美国文化与欧洲文化之间的传承关系,而清教主义则成为建构美国传统的一块重要基石。

当然,美国学者对托克维尔的欢迎并不是没有保留的,许多人宁愿将美国的民主、自由和个人主义等观念追溯到欧洲的启蒙思想和北美的开拓经验,而不愿与背景复杂的清教主义有太多的瓜葛。这种趋向在进步运动之后更为明显。弗雷德里克·杰克逊·特纳(Frederick Turner, 1861—1932)、查尔斯·A. 比尔德(Charles A. Beard, 1874—1948)和弗农·路易斯·帕林顿(Vernon Louis Parrington, 1871—1929)等进步派史学家都在不同程度上将殖民地初期的清教主义看作神权政治的信奉者和维护者。[①]

然而,到了20世纪30年代,在大萧条的阴影里,当西方资本主义价值体系不断受到质疑和批评之时,一批美国学者起而回归和捍卫美国的传统,并将清教主义界定为这一传统的核心。清教研究的领军人物佩里·米勒(Perry Miller, 1905—1963)指出:清教主义作为一种人生哲学,被17世纪初的第一批殖民者带到了新英格兰,从此成为美国观念的起点,是美国人生活和思想中不可或缺的一部分。他写道:"如果要列举这些传统,我们当然不能不提到杰斐逊民主中的理性自由主义,汉密尔顿保守主义和政府理论,南方的种族贵族理论,

---

[①] 对此,曾任美国文物协会主席的克利福德·施普顿抱怨说:"上一代有关殖民时代的新英格兰的作者们对于清教职业冷嘲热讽,将马萨诸塞海湾殖民地看作一个自我中心的独裁政体,致力于将一种特殊的神学正统恒久化。"见 Clifford K. Shipton, "Authority and the Growth of Individualism", in George M. Waller, ed., *Puritanism in Early America*, Lexington: D. C. Heath and Company, 1973, p.68。相关述评另见张孟媛《关于美国民主的清教起源》,《世界历史》2007年第6期。

19世纪新英格兰的超验主义,以及通常所称的边疆个人主义。在所有这些因素当中,清教主义是最为明显、最为持久,也是最为丰富的。"[1] 在强调清教主义在美国传统文化中的重要性的同时,米勒又把它追溯到英国的宗教改革,认为清教徒的宗教和政治主张实际上与他们在英国的对立面——国教徒基本一致,不同的是清教徒们在基本的新教主张之外,还有一个他们自己的改革计划。[2] 虽然米勒对于清教主义思想的过分强调也招致其他美国学者的批评,他对马萨诸塞海湾殖民地的描述也被一些后来学者认为"过于理智、静态和美国中心"[3],但米勒和他的同道学者对美国清教主义所做出的系统研究,的确为"美国传统文化"的倡导者们提供了更多的依据。

美国学者对清教主义传统莫衷一是的评价,也反映在中国的美国文化研究之中。有的学者强调早期的马萨诸塞湾殖民政府的神权性质,是清教徒"上帝政府"的实践,具有很强的政治封闭性,其实质是"清教徒垄断政治、宗教";而另有学者则否定马萨诸塞湾殖民地所具有的神权特征,甚至不承认早期马萨诸塞湾殖民地存在着一定程度的"政教合一"。[4] 通过对马萨诸塞湾殖民地政府双重特征的分析和该殖民地前后两阶段所呈现的政府和社会性质变化,可以看到殖民地人民由"选民"到"公民"的政治理念的发展。

二 早期清教殖民地的性质

过去有一种说法,认为早期英国清教徒移民美洲是为了反抗英国

---

[1] Perry Miller, "The Puritan Way of Life", in George M. Waller, ed., *Puritanism in Early America*, Lexington: D. C. Heath and Company, 1973, pp. 35 – 36.
[2] Ibid., p. 41.
[3] Ibid., p. 35.
[4] 前者较早见于毕健康的《清教对殖民地初期马萨诸塞政治的影响》(《世界历史》1991年第5期),董爱国在《清教主义与美国民主》(《世界历史》2000年第1期)中进一步阐释了新英格兰清教主义的专制特征;而后者则常见于过去10年来发表的有关美国清教主义传统的诸多论文,较集中表现于前引张孟媛的《关于美国民主的清教起源》一文。

当局的宗教迫害，追求宗教信仰的自由，因此，移民美洲这一行为本身就成了追求民主制度的源起。而事实远不如后人想象得那样简单，在英格兰受到的迫害只是促使早期移民迁徙新世界的直接和表面原因，真正的原因是清教徒对"上帝之城"的追求。也许有人会说，从英格兰出发前往荷兰的被称为朝圣者（Pilgrims）的分离派清教徒，开始主要是为了逃脱在英国面临的迫害。然而，之后他们从荷兰启程前往新世界却明显与迫害无关。当今美国史学界趋于一致的观点是，促成早期北美移民的宗教原因多于经济等方面的原因，但这既不意味着清教徒们当年在英国承受了多么大的宗教迫害，也不意味着他们移民北美是为了建立一个信仰自由的新世界。相反，清教徒们为了实现自己的乌托邦梦想，事实上是放弃了自己的信仰自由。正如有的美国学者所注意到的那样，"清教在英国是一种反抗的意识形态，而在北美洲却变成了一种控制的意识形态（an ideology of control）"[1]。

迁居新大陆的意愿起源于旧约《圣经》，书中说，离开巴比伦是到达新耶路撒冷的前提条件——只有那些离开了巴比伦的人，最终才能成为上帝之城的选民。从这个角度看，他们迁往新世界是一种和平的宗教迁徙。一方面是出于信任上帝对选民的承诺，即在尘世为他们选定一个住所；另一方面则是出于实现对上帝的承诺，即在世间为上帝传播福音，并为此而远离有罪的过去和腐败的人类传统。[2] 参与策划了"五月花号"旅行的罗伯特·库什曼（Robert Cushman，1579—1625）1621年在普利茅斯向立足未稳的殖民者们所做的布道中说：

> 普天之下，众生皆是漂泊尘世居无定所的陌生人与朝圣者，旅行者与寄居者。我们的迁居只不过是一次流浪，也是一次短暂

---

[1] Gary B. Nash, et al., *The American People: Creating a Nation and a Society*, Volume One, New York: Harper Collins College Publishers, 1994, p. 48.

[2] Avihu Zakai, *Exile and Kingdom: History and Apocalypse in the Puritan Migration to America*, Cambridge: Cambridge University Press, 1992, p. 9.

的逗留；总之，我们的家乡不是别处，正是天堂；那儿的房子并非双手建造，而是上帝为我们建造；所有的朝圣者都将在那里热爱我主耶稣的降临。①

普利茅斯殖民地的设计依据的是朝圣者们登陆之前签署的《"五月花号"公约》，这是一个基于全体人民共识的制度安排。他们在这份公约中宣称："为了荣耀上帝、传播基督信仰以及我们国君的荣誉而远涉重洋，在弗吉尼亚北部地区建立第一个殖民地；我们在上帝面前和彼此之间共同而神圣地宣布：为了建立良好的秩序，保护我们的生命，推进上述的目的，我们在此立约组成一个公民政体（civilbody politic）；我们将不时地实施、制定和建立那些（在我们）看来是最有效的和最有利于殖民地共同利益的公平的法律、法令、宪法及官员，我们承诺将服从和遵守这些法律和官员的管理。"② 这份公约在美国宪政史上一直受到史家的重视，被认为是清教理念在北美的最初体现。就公约本身的形式和内容来看，《"五月花号"公约》更像是一份社会实践蓝图，所关注的主要是世俗政府的公平与权力制约。③

普利茅斯殖民地后来合并到晚它十年建立的马萨诸塞湾殖民地，而后者则成为新英格兰清教殖民地的核心。与抵达普利茅斯的移民相似，马萨诸塞湾殖民地移民的领导者约翰·温斯洛普也将清教徒从英格兰向新英格兰的迁徙之旅解释为一场"意愿之举"。马萨诸塞海湾不仅是那些寻求利益与机遇的移民的栖息地，也被寄托着一种积极的

---

① Robert Cushman, "Reasons and Considerations Touching the Lawfulness of Removing out of England into Parts of America" (1622), Quoted in Avihu Zakai, *Exile and Kingdom: History and Apocalypse in the Puritan Migration to America*, Cambridge: Cambridge University Press, 1992, p. 75.

② "Mayflower Compact: 1620", in Francis Newton Thorpe, ed., *The Federal and State Constitutions Colonial Charters, and Other Organic Laws of the States, Territories, and Colonies Now or Heretofore Forming the United States of America*, Washington, D. C.: Government Printing Office, 1909.

③ 李剑鸣认为："这个协议标志着政治社会的起源，此后经常为人援引，名称是《普利茅斯联合协议》或《联合协议》；直到1793年，才出现《"五月花号"公约》的说法。"参见李剑鸣《美国通史第1卷：美国的奠基时代（1585—1775）》，人民出版社2002年版，第116页。

使命。这些清教徒们的蓄意迁徙，为的是实现在英格兰和欧洲尚未完成的改革。正如佩里·米勒所观察的那样，"他们并非被驱逐出英格兰，而是在按自己的计划行事"①。

帕林顿在其《美国思想的主要流派》一书中，分析了普利茅斯殖民地与马萨诸塞湾殖民地的继承关系。他认为，朝圣者清教徒们到达美洲时，带来了一种有意识的"民主教会秩序"（democratic church order）。"这种教会政府的民主模式"，如他所述，"从船上起草的人民政府的殖民契约（the plantation covenant of civil government）中得到自动补充，后者是这个新共同体的基本法"②。帕林顿进而指出：

> "五月花号"给新英格兰带来了两条原则（从根本上说是一条）：一条是民主教会的原则，另一条是民主国家的原则。十年后当波士顿的领袖们面临建立社会秩序的问题时，他们接受了普利茅斯模式中的公理教会制度（Congregationalism），却拒绝了拓殖契约（plantation covenant）。③

温斯洛普等人觉得他们有特许状作为基本法，没有必要采用《"五月花号"公约》。为了贸易上的便利，授给马萨诸塞海湾公司的特许状让管理者获得了很大权力。④ 帕林顿认为：普利茅斯的契约与马萨诸塞海湾的特许状宪法有着鲜明的不同。这种约束很少的自治权力让马萨诸塞公司的管理者们构建了一种"政治寡头制度"（political oligarchy）。⑤

---

① Perry Miller, *Errand into the Wilderness*, Cambridge: The Belknap Press of Harvard University Press, 1956, p. 5.

② Vernon Louis Parrington, *Main Currents in American Thought*, Volume One, Norman: University of Oklahoma Press, 1987, p. 17.

③ Ibid..

④ 参见李剑鸣《美国通史第1卷：美国的奠基时代（1585—1775）》，人民出版社2002年版，第120页。

⑤ Vernon Louis Parrington, *Main Currents in American Thought*, Volume One, Norman: University of Oklahoma Press, 1987, p. 17.

总之，1630年建立的马萨诸塞湾殖民地是一个近乎政教合一的社会，也就是说，教会权力与世俗权力之间没有明确的界限。有的学者甚至认为它是一个"教会团体"（church estate）。[1] 我们姑且不去争论这种说法是否可信，但马萨诸塞湾殖民地教会与世俗政府关系密切是不容置疑的。从设计上，温斯洛普等人就是要建立一个"虔信者的国家，公民身份本身就与教会成员身份并行"[2]。一般认为"波士顿的前50年是一个单一的清教社区，在那里马萨诸塞海湾公司的领导者们可以按他们自己的意志行事。除了清教徒执政官在第一个50年中控制的政府，还有一个受过高等教育的神职人员阶层，他们在教会讲堂的宗教权威支持和加强了执政官的世俗权力。而且这些神职人员都是终身制的"[3]。基于这些安排，殖民地领袖约翰·温斯洛普号召大家建立一种"人民与教会"的新生活，一个新型的政府，一个神圣共同体（Holy Commonwealth），这个神圣共同体的蓝图是从以下几个方面构建的。

首先，它应该是神圣的，是一个神学实验。清教徒要在此蛮荒之地建立的新秩序，是基于他们与上帝订立的特殊契约：他们将自己安全抵达新世界的目的地看作上帝批准这项契约的标志。作为立约团体的成员，这些清教徒将效法神权制的古代以色列。这个新的以色列是由上帝的选民组成的，他们认为自己肩负着将蛮荒开垦成希望之乡——新世界的人间天堂的重任。[4] 与上帝的心理约定在新英格兰殖民地建立后被付诸文字，成为多种版本的教会契约（Church

---

[1] David Chidester, *Patterns of Power: Religion and Politics in American Culture*, Englewood Cliffs: Prentice-Hall, Inc., 1988, p. 22.

[2] John Fiske, *The Beginning of New England: The Puritan Theocracy in Its Relation to Civil and Religious Liberty*, Boston and New York: Houghton Mifflin Company, 1889, p. 146.

[3] E. Digby Baltzell, *Puritan Boston and Quaker Philadelphia: Two Protestant Ethics and the Spirit of Class Authority and Leadership*, Boston: Beacon Press, 1979, p. 125.

[4] David Chidester, *Patterns of Power: Religion and Politics in American Culture*, Englewood Cliffs: Prentice-Hall, Inc., 1988, p. 25.

Covenant)。载于《温斯洛普文件集》中的波士顿教会契约较为详细地规定了教会成员的义务。[1] 在这份"更新"了的契约中,清教徒们承诺:"我们将自己交付给主,并按照上帝的旨意,交付给彼此,通过自由约定结为一体,在有序的公理会和耶稣教堂中,遵循按上帝之言定下的神圣准则,行动一致、全心全意地尊奉他;我们承诺要以兄弟友爱,忠实地互相监督彼此的灵魂,服从教会的纪律和管理。"[2]

作为马萨诸塞湾政治精神领袖的温斯洛普本人在进行这项伟大实验之前只是一名普通教徒、一名律师。然而,在清教徒眼中,所有的清教徒都承担着同等的在世间服务于上帝的义务。清教徒伦理要求他们不能放弃现世,而是要"在尘世过着纯洁、磨难与勤勉的生活"[3]。所以,温斯洛普是以一个普通教徒的身份在到达马萨诸塞海湾的船上发布了那篇被认为是确立了"清教思想"和"新英格兰道路"主要特征的布道词的,并在其中要求他的同道们无论相距多远,也要团结在一起。诚如佩里·米勒所注意到的,他们是将新英格兰作为"一个实验场所"。它不是对英王的"效忠义务",而是"一个实验室"。米勒认为,"它虽然不是作为美国化的发动机而设计的",最终却变成了美国化的发动机(an engine of Americanization)。[4]

然而,清教徒的生活不是为了完成任何世俗的目标,也没能引领

---

[1] 现存的新英格兰教会契约至少包括:*The Salem Covenant*(1629),*The Enlarged Salem Covenant*(1636),*The Covenant of the Charles-Boston Church*(1630),*The Watertown Covenant*(1630),*The Dedham Covenant*(1636),*The Covenant of Exeter, New Hampshire*(1639)。在温斯洛普日记(1636年2月25日)转载的扩充后的波士顿教会契约在内容上是一个较为丰富、完善的版本。见 Robert C. Winthrop, *Life and Letters of John Winthrop*, Volume Two, Boston: Little, Brown, and Company, 1864, pp. 138–139。

[2] Robert C. Winthrop, *Life and Letters of John Winthrop*, Volume Two, Boston: Little, Brown, and Company, 1864, p. 139.

[3] David Chidester, *Patterns of Power: Religion and Politics in American Culture*, Englewood Cliffs: Prentice-Hall, Inc., 1988, pp. 28–29.

[4] Perry Miller, *The New England Mind: From Colony to Province*, Cambridge: Harvard University Press, 1962, p. 26.

他们投入生财之道。据说，温斯洛普和他的同伴们成功地抵制了英格兰的法制文化，除了高利贷等不正当收益之外，还包括诉讼与反诉、律师与代理、信贷和交易。① 换句话说，这些新世界的清教徒领袖们排斥了新生资本主义制度的大部分成果。既然是个神学实验，现实生活中的一切都只不过是验证过程中设置的道具，所以也就当真不得。温斯洛普告诫他的追随者们说：我们加入了与上帝的明白无误的约定，"我们已经宣布让行为符合约定的目标"，我们与万能的上帝是有契约的，如果我们成功，不让自己陷入生财之道，他会奖励我们。如果我们失败，如果"误入歧途地去拥抱这个现实的世界而妨害我们的基本目标，为自己和后代谋求财富，上帝必将震怒于我们，并报复这样一个不守诚信的民族，让我们知道违背契约要付出的代价"②。

其次，它是一个糅合了宗教与政治的共同体。用温斯洛普的话说，这个政府"既是人民的，也是教会的"。对此，佩里·米勒解释说：

> 温斯洛普所谓教会政府的应有模式：他指的是《新约》中详加阐述的纯粹的教会政体，其形式在后来日趋混淆，最后被称作公理会。但对温斯洛普而言，它并没有宗派特色，而是有组织的基督教的本质内涵。这样，人民政府的含义就变得十分明白清晰了：它是一种拥有权力的政治制度，其主要功能在于建立、保护与保存这一政体形式。这个政府的首要职责就是制压异端，征服或是设法去除反对派——简而言之，就是深思熟虑地、积极进取地与自始至终地排斥异议。③

---

① Francis J. Bremer and L. A. Botelho, "Introduction", in Francis J. Bremer and L. A. Botelho, eds., *World of John Winthrop: England and New England, 1588 – 1649*, Charlottesville: University of Virginia Press, 2005, p. 12.

② Perry Miller, *Errand into the Wilderness*, Cambridge: The Belknap Press of Harvard University Press, 1956, p. 5.

③ Ibid..

在《权力的模式：美国文化中的宗教与政治》一书中，戴维·柴德斯特（David Chidester）将清教徒的政体性质阐述得更加明晰：

> 在清教徒的神权体系中，教会与国家是一种秩序的两个方面。永恒的宗教秩序由教会来保持，而现世的宗教秩序则由国家来维护。上帝的神谕在教会被传布，在大议会（court）被执行。宗教说服与政治高压在神权体系中并行不悖。①

为了证实他的观点，柴德斯特还引用了哈佛学院院长乌里安·奥克斯（Urian Oakes）的观点：教会与国家，理论上是两套不同的制度，但在实践中却合二为一。我们创始人的设计和他们制定的框架使得共同体中正义的利益与教会的神圣不可分割。共同体的人民政府要被置于这个框架中以满足教会的需要。人民的国家要被置于上帝的房子，即教会之中，而不是相反。② 米勒对这种带有政教合一色彩的历史现象表示理解，他写道："那时世界各地都相信教会是由国民政府维持和保护的，世界的某些地方认为政府受到基本法限制，并源于人民的同意。"③ 只不过，在马萨诸塞湾这块中心殖民地，基本法就是《圣经》。《圣经》中不仅规定了执政官、牧师与公民之间的关系，而且列举了对犯罪的不同惩罚手段。④

在当今的美国史学界，无论对早期北美殖民地的清教主义持何种态度，一般都认可一个事实，那就是："在温斯洛普的世界里，政治

---

① David Chidester, *Patterns of Power: Religion and Politics in American Culture*, Englewood Cliffs: Prentice-Hall, Inc., 1988, p. 32.
② Ibid..
③ Perry Miller, "The Puritan Way of Life", in George M. Waller, ed., *Puritanism in Early America*, Lexington: D. C. Heath and Company, 1973, p. 51.
④ Ibid., pp. 52 – 53.

没有也不能与宗教分离。"① 在马萨诸塞湾殖民地，居民的政治权利与教会成员资格是联系在一起的。在 1631 年 5 月大议会选举中规定，有选举人和被选举人资格的自由人必须具备一个宗教条件："除非是教会成员，并仅限于教会成员，没有人能够被认可而取得这个政体的自由（freedome）。"② 也就是说，要成为有选举权的自由人，必须首先是教会成员，并在教会中宣誓。不仅马萨诸塞湾如此，在稍后建立的康涅狄格殖民地，虽然世俗色彩较之于前者更为浓厚一些，但公理会的统治地位仍很明显：包括圣公会和浸礼会在内的其他教派的成员，都要为公理教会缴纳税收。其理由是"宗教保护着和平，所有人都要为这个保护制度贡献所得"③。

最后，它是等级社会。温斯洛普认为，财富分配的不公是上帝设计人类的前提。关于这一点，他在 1630 年前往马萨诸塞海湾殖民地的"阿贝拉"号上发表演讲时，就阐述得十分清楚：上帝已经将人间安排成等级社会，所以"一直以来，就有富人与穷人的存在，既有位高权重者，也有卑贱附庸者"。在这种安排之下，穷人要服务于统治他们的富人的权势和利益，而富人则要通过施舍来救助穷人。富人已被选定为尘世资源的管理人；他们负责通过施舍穷人来重新分配财富。宗教权力下的政治牵连，在很大程度上反映了财富分配的方式。此外，据温斯洛普所言，正是这些不公促使上帝以仁慈来管理他的道德政府。上帝的道德政府要求富人照顾穷人，穷人敬重显贵。为了维护富人与穷人之间的这种政治平衡，上帝为不同阶层的人设定了应该发展的美德：从社会地位来看，富人更适合发展仁爱、怜悯、谦逊、

---

① Francis J. Bremer and L. A. Botelho, "Introduction", in Francis J. Bremer and L. A. Botelho, eds., *World of John Winthrop: England and New England, 1588–1649*, Charlottesville: University of Virginia Press, 2005, p. 15.

② Daniel Wait Howe, *The Puritan Republic of the Massachusetts Bay in New England*, Indianapolis: The Bowen-Merrill Company, 1899, p. 36.

③ Richard L. Bushman, *From Puritan to Yankee: Character and the Social Order in Connecticut, 1690–1765*, New York: W. Norton & Company, 1967, p. 167.

温和的德行，而穷人则应该培养忠诚、忍耐与服从的美德。①

按照温斯洛普对"山巅之城"的构想，其居民应该是清一色的清教徒，是上帝的选民。在形式上，他们首先必须是教会的成员，然后才是社会的一员。根据后来历史学家的观察，神圣共同体内部存在一定程度的民主参与，但这种参与是预留给上帝选民的。只有成为上帝的选民，才有资格参与殖民地的政治生活，包括投票选举公职和担任公职。能否为教会接受，不在于其财富多寡，而在于其是否真正皈依上帝，道德上是否合格。

毫无疑问，马萨诸塞湾殖民地的政治设计是有悖民主原则的。早期马萨诸塞湾殖民地的政治设计在很大程度上来源于加尔文主义的理论和实践。② 而加尔文主义的基本政治设想被认为是糅合了"东方专制主义"、16 世纪的君主政治和中世纪城邦理念的。③ 佩里·米勒也指出："新英格兰清教殖民地在其建立之初是一个以基督教正统道德为基础的'中世纪国家'，依据的是上帝的固定不变的意志，致力于明晰的正义、善良和诚实。人们被安置在不同的社会等级之中，下层的服从上层的，处于顶端的是地方长官和学者"④。

诚然，经过宗教改革之后的新教总体上要比原来教阶森然的天主教民主了许多。对于清教来说，最为重要的是作为教会成员的圣者们可以直接面对上帝，在上帝面前，每个灵魂都是平等的。由于政教界限并不分明，这种民主特征也会延伸到他们的世俗生活之中。然而，清教徒们所追求的政体是基于他们与上帝之间的契约，是一种片面的私下的契约；而民主则是基于社会个体之间自愿达成的协议，是一种

---

① David Chidester, *Patterns of Power: Religion and Politics in American Culture*, Englewood Cliffs: Prentice-Hall, Inc., 1988, p. 31.
② Vernon Louis Parrington, *Main Currents in American Thought*, Volume One, Norman: University of Oklahoma Press, 1987, p. 42.
③ Ibid., p. 13.
④ Perry Miller, *The New England Mind: From Colony to Province*, Cambridge: Harvard University Press, 1962, p. 47.

社会契约，其范围覆盖整个社会。同时，民主意味着要把保留给上帝选民的这种特权扩展到一般平民身上，取消选民和弃民之间的差别，这就可能让那些自认为与上帝有约而享有特权的清教徒感到失望。所以，那些自认为是上帝选民而与众不同的清教徒是不愿接受民主理念的。正如波士顿牧师，也是马萨诸塞湾精神领袖之一的约翰·科顿（John Cotton，1585—1652）1636年给萨伊—赛奥勋爵（Lord Say and Seal）的信中所说："民主，我不觉得是上帝指定的政府形式，无论是对教会来说还是对共同体来说。如果人民是统治者，谁又是被统治者呢？"[①] 从政治理论发展的角度理解，温斯洛普对马萨诸塞所做的设计，是一种介于贵族制与民主制之间的体制。[②] 帕林顿认为，"温斯洛普关于执政官权力的理论和实践所依托的政治哲学是一种对于通常接受的英国'混合贵族制'（mixt aristocratie）理论的变通"。这种制度"既忽视国王，也拒绝人民代表的权力"。温斯洛普建立的是一种"神权执政模式"（the framework of a magisterial theocracy）。[③]

当然，对于马萨诸塞湾早期社会的设计者来说，是否接受这样的制度，殖民者可以做出自己的选择。对此，米勒总结说：

> 马萨诸塞政府，还有康涅狄格政府，是独裁政府，从来也没有要刻意伪装成别的样子。它不是一个暴君的独裁，不是一个经济阶级的独裁，也不是一个政治派别的独裁，而是圣徒和重生者（the holy and regenerate）的独裁。那些不抱有为正派人所喜欢的理想的人，那些认为上帝曾经宣扬其他原则的人，那些希望在宗教信仰、道德伦理和教会倾向中，所有人都可以获得他想要的自

---

① John Cotton, "Letter to Lord Say and Seal, 1636", in George M. Waller, ed., *Puritanism in Early America*, Lexington: D. C. Heath and Company, 1973, p. 12.
② 有关北美殖民地混合政体的更多讨论参见李剑鸣《美国革命时期民主概念的演变》，载李剑鸣编《世界历史上的民主与民主化》，上海三联书店2011年版，第256—264页。
③ Vernon Louis Parrington, *Main Currents in American Thought*, Volume One, Norman: University of Oklahoma Press, 1987, p. 44.

由的人［这样的人已经完全自由，如纳塞尼尔·瓦尔德（Nathaniel Ward，1578—1652）所说］，要远离新英格兰。如果他们来了，那就将他们的观点只保留给自己；如果他们公开讨论或者试图遵循而行，他们就会被放逐；如果他们坚持要回来，他们就会被重新赶出去；如果他们还是要回来，像四个教友派那样，他们就会被绞死在波士顿公园。①

米勒将康涅狄格与马萨诸塞湾等同而论，似乎也是一件值得商榷的事。康涅狄格殖民地与罗得岛殖民地一样，是从马萨诸塞湾殖民地衍生出来的，其民主色彩虽然不及罗得岛，但世俗化程度远较马萨诸塞湾殖民地为深。从居民点初建，到1662年取得特许状，康涅狄格殖民地奉行的准则主要是秩序和法律。② 而马萨诸塞湾殖民地从1630年建立到1686年变成皇家殖民地的半个世纪，基本上保持着上述这种单一的清教特征。

三 清教殖民地内部的宗教和政治矛盾

以马萨诸塞湾为中心的清教殖民地在最初几十年的确取得了一定的成功：除了清教徒所追求的社会和谐与安定之外，经济与文化也获得了初步繁荣，一种建立在农耕、捕鱼、伐木以及与印第安人毛皮贸易基础上的原始经济逐步发展起来。此外，英国殖民地的第一所印刷出版机构和大学也建立起来。建立学校系统既是为了满足清教主义神学探索和神职人员培养的需要，也是为了推动社会交流与文化进步。尽管取得了以上的这些成就，但是清教徒在新的环境下所进行的试验

---

① Perry Miller, "The Puritan Way of Life", in George M. Waller, ed., *Puritanism in Early America*, Lexington: D. C. Heath and Company, 1973, p. 50.
② Richard L. Bushman, *From Puritan to Yankee: Character and the Social Order in Connecticut, 1690–1765*, New York: W. Norton & Company, 1967, pp. 3–10.

还是引发了许多矛盾。

马萨诸塞湾殖民地早期所面临的挑战主要来自两个方面。

其一是对基督教内部有关信仰方式和政教关系的挑战。反对派的典型代表是罗杰·威廉斯（Roger Williams，约1603—1683）和安妮·哈钦森（Anne Hutchinson，1591—1643）。前者针对的主要是马萨诸塞湾政府与教会的关系，后者则对清教的传播方式提出异议。前文已经说过，温斯洛普等人对清教殖民地的设计中缺少宗教信仰和政治思想上的宽容，这是造成殖民地内部宗教和政治紧张关系的根本原因。

1633年，萨勒姆的清教牧师罗杰·威廉斯发表了对教会和政府政策的不同见解。他公开谴责强制性的崇拜，并认为执政官员的职责应当只局限于民政事务，而不应该干涉宗教事务。这击中了神圣共同体的要害，因为共同体的领导人认为民政和宗教事务是不可分离的。[1] 温斯洛普等人意识到威廉斯的言论可能使殖民地分裂并削弱政府的权威，就以将其遣送回英国相威胁，迫使他和他的追随者逃往普罗维登斯，他们在那里创建了罗得岛殖民地。[2] 继罗杰·威廉斯之后，安妮·哈钦森以另一种方式挑战了马萨诸塞湾的单一秩序。她发现在一些牧师的布道中缺少"圣灵"的内容，于是领导了一场重新解释清教教义的运动。据说，她的追随者包括了共同体内部大部分的不满者——受价格控制的商人、遭受男权压制的妇女、不满工资管制的工匠等。[3] 和威廉斯一样，哈钦森也被放逐。然而，这些不同的声音已经在神圣共同体内部播下了不满的种子。

如果说罗杰·威廉斯和安妮·哈钦森的挑战为清教教会内部的不

---

[1] Gary B. Nash, et al., *The American People: Creating a Nation and a Society*, Volume One, New York: Harper Collins College Publishers, 1994, p. 49.

[2] 参见李剑鸣《美国通史第1卷：美国的奠基时代（1585—1775）》，人民出版社2002年版，第122—123页。

[3] Gary B. Nash, et al., *The American People: Creating a Nation and a Society*, Volume One, New York: Harper Collins College Publishers, 1994, p. 50.

同观点树立了榜样并引导了政教分离倾向的话，教友派信徒的到来和后来对他们的驱赶和迫害则撕破了清教殖民地温情脉脉的面纱，并大大动摇了清教统治的根基。教友派是在乔治·福克斯（George Fox，1624—1691）领导下在英格兰创建的左翼清教。他们坚信，人们无须教会等中间环节的帮助，可以直接接近上帝。教友派信徒一到达新英格兰，就与那里的清教徒产生矛盾。他们对于内在启示的宣扬让新大陆上大多数的宗教领袖感到恐惧；即使是致力于宗教宽容的罗杰·威廉斯都觉得教友派的激情在神学理论上是难以接受的。[1] 在马萨诸塞湾，教友派信徒被视为具有巫术的异端。首批的两个传教士，玛丽·费希尔（Mary Fisher，1623—1698）和安·奥斯汀（Ann Austin）1656年刚到达波士顿就被逮捕并被驱逐出境。但过了不久其他追随者又接踵而至。执政官们于是起草了一系列反教友派信徒的法令。但这并不能阻止日益增加的教友派传教活动。不久，更加严厉的惩罚措施出台，进入马萨诸塞湾的教友派被割掉耳朵或者被用烙铁在舌头上穿洞，总督最终处决了一些活跃的教友派信徒。

对教友会信徒的迫害一直持续到1661年，在英国国王查理二世干预下才得以停止。国王禁止在各殖民地对教友派进行任何形式的体罚，这听起来颇具讽刺意味，那些为了摆脱英国当局迫害而来到新大陆的清教徒们转而对其他的宗教信仰实施迫害，而阻止这种迫害行为的却是英国国王。这位经历多年流亡生活的复辟国王据说是位"喜欢寻欢作乐，热爱生活"的"快乐的君主"，在1660年复辟之后更为关心自己王权的巩固，而不是纠缠不清的教派之争。面对议会中托利党人为恢复英国国教专制地位而做出的种种努力，这位对天主教心存好感的国王试图用宗教宽容政策消解国会的影响力，笼络更多的支持者。北美殖民地对新国王的即位反应不一。马萨诸塞湾是最后一个表

---

[1] David Chidester, *Patterns of Power: Religion and Politics in American Culture*, Englewood Cliffs: Prentice-Hall, Inc., 1988, p. 40.

示效忠的殖民地,但却最先与国王的宗教宽容政策形成冲突。① 执政官们曾往英国写信表达他们的不满,但新国王对于殖民地的忠诚十分敏感,不会容许马萨诸塞湾在宗教宽容政策上与他分庭抗礼,即便他本人对宗教宽容的热情非常有限。最终,殖民地的领袖们还是做出让步,搁置了迫害教友派的法令。② 这一现象足以说明,在一个宗教信仰和权力结构日趋多元的世界,要维持清教徒们原来设想的一元化社会已不太可能。

其二是来自世俗生活和外在环境的挑战。在英格兰,清教徒们不得不面对来自当局的压力和迫害,这迫使他们联合起来。而在新英格兰,"清教主义之所以能够生存正是由于缺少反对力量"③。有的美国学者更进一步指出:"在17世纪20年代后期至40年代初期的'大迁徙'中,数以万计的清教徒迁往新英格兰地区,这意味着他们不仅离开了英格兰数量众多并居支配地位的敌人,而且在新的家园获得了镇压亵渎者和适当地在教会、社会和国家的建立中加入他们自己的敬奉习俗的权力。"④ 温斯洛普的构思主要基于清教徒早期在英国的经历和体验。然而,在新大陆,置身一望无际的茫茫荒野,清教徒们发现,要控制他们作为人的贪婪本性,将他们的行为举止限制在社区规则允许的范围内并不是一件容易的事。

在马萨诸塞海湾殖民地,清教徒主义的精神统治主要是以源自设想中的契约和对上帝的敬畏之情的道德自律而实现的。为了使殖民地

---

[1] Richard Middleton, *Colonial America: A History, 1565 – 1776*, Malden, M. A.: Blackwell Publishers, Ltd., 2002, p. 111.

[2] David Chidester, *Patterns of Power: Religion and Politics in American Culture*, Englewood Cliffs: Prentice-Hall, Inc., 1988, p. 42.

[3] Francis F. Bremer and Lynn Botelho, "Introduction", in Francis F. Bremer and Lynn Botelho, eds., *World of John Winthrop: England and New England, 1588 – 1649*, Charlottesville: University of Virginia Press, 2005, p. 10.

[4] Mark Peterson, "The Practice of Piety in Puritan New England: Contexts and Consequences", in Francis F. Bremer and Lynn Botelho, eds., *World of John Winthrop: England and New England, 1588 – 1649*, Charlottesville: University of Virginia Press, 2005, p. 80.

处于宗教精神的控制之下，温斯洛普警告他的教民们要关注"神的愤怒的直接表现"①。马萨诸塞湾的清教徒们可以列举出一系列上帝发怒的征兆：作物歉收、疫情、蝗灾、虫害、酷暑、寒冬、飓风、海难、事故甚至是残疾儿童等，都被看作上帝对于违背契约的人的惩罚。②类似这样的对自然征兆的观察和解读在中国古代也很普遍，不同的是这些自然现象在帝制中国是被用来警告统治者的，而在马萨诸塞湾殖民地则被温斯洛普和其他清教领袖用来警告民众。

如同所有依靠某些道德准则来加以统治的社会一样，马萨诸塞湾的清教徒也不得不面临有可能破坏他们正常秩序的各种各样的道德腐败的威胁，如社区中的明争暗斗，对物质报酬的贪求，对酒精饮料的沉迷，以及裸露身体、男女混舞和私生子女比率上升等，均被认为是有伤风化的行为。对此，佩里·米勒做了如下概括：

> 有些变化是不可避免的，这包括环境适应、边疆扩展、豪宅兴建、商业冒险。有些活动在温斯洛普构建的纲领中并没有被具体地提及。美国人的经历将它们加诸社会；因为他们不只出自于需求，而且是精神刺激的需要，无论是赚钱、酗酒，抑或是通奸，都被证明是不可抗拒的。③

一个依靠道德控制的社会往往需要某些宗教仪式来提醒教众他们所承担的义务。契约要求清教徒们每星期都要参加礼拜活动并听取讲道。当第一代来到新英格兰的定居者相继死去以后，这些活动也随之日渐削弱。在时间的推移和空间的拓展中，第一代清教徒移民从旧大陆带来的清教狂热逐渐被洗涤殆尽，留下的是一条通往人民共同体的

---

① Perry Miller, *Errand into the Wilderness*, Cambridge: The Belknap Press of Harvard University Press, 1956, p. 6.
② Ibid..
③ Ibid., p. 9.

道路。而在这个共同体中，人们是以公民而非教民身份生活的。

四 通往人民共同体之路

温斯洛普构想的社会制度显然是一个全面控制的体系。对于这一点，即使对清教殖民地同情和理解多于贬抑和批判的佩里·米勒也不得不承认。他注意到，清教徒的观念与杰斐逊的最小的政府才是最好的政府的理论是截然相反的，新英格兰的设计者们认为，社会并非个人的集合，而是一个由"神圣的纽带捆绑在一起"的单位，"为了一个确定的目标而发挥着功能"，在社会中"部分要服从整体，所有成员都要贡献于一个明确的共同体，每个人都占有一个特殊的地位"。国家对于清教徒而然是一个领导、约束和必要时加以压制的工具，"它对人类行为的方方面面都要制定法律，不仅仅是要纠正错误行为，还要启迪和指导所有行为"[1]。

由此我们看出，除去其宗教目的，温斯洛普以教会成员之间团结友爱为黏合剂的神圣共同体多少有点像中国儒家理想中仁爱为本的等级社会。就像古代中国人谈及理想社会时言必称"三代"一样，新教徒总是把《旧约全书》中的大卫统治时期的古代以色列作为人类社会的典范。许多人并没有把民主、自由当作理想社会的标准，在他们眼中，由一个或者一批敬畏上帝的圣明的统治者治理的人类社会才是世俗社会的目标。不仅殖民地初期的温斯洛普如此，甚至独立前仍有许多人持这种观点。波士顿牧师查尔斯·昌西（Charles Chauncy, 1705—1787）在1747年的一篇著名的布道词中提出了基督教世界中的理想世俗政府的两个基本原则："第一，人类当中当然存在着一定的秩序，据此一些人被赋予权力去统治其他人。第二，那些统治者必

---

[1] Perry Miller, "The Puritan Way of Life", in George M. Waller, ed., *Puritanism in Early America*, Lexington: D. C. Heath and Company, 1973, pp. 49–50.

须公正，在统治时对上帝心存畏惧。"①

尽管神圣共同体是一个封闭的社区，为宗教异己和民主政治留下的空间很少，但它仍包含了可以使之转变成人民共同体的某些特征。清教殖民地是反对民主政治的，然而，清教徒的信仰仍然为民主制度的成长铺设了道路，因为对政治权力进行适当的限制是大部分清教徒所关心的基本问题之一。约翰·科顿曾说过：

> 对于教会和共同体内的执政官员来说，最为有益的事情是不要侵袭更多的自由和权利，这样做对他们和人民都有好处；因为超然的权力一旦被赋予，将必然会超出权力赋予者和接受者的限度；人的内心总会在某些时候超出正轨，除非上帝制止它，但冒这样的风险是无益的；因此就有必要对地球上的所有权力加以限制……②

一个想象中的超然力量无疑会对世俗的权力发挥制约作用。逻辑上，所有的人在上帝之下都是平等的。即使一条不完善的成文法也要比不受限制的独裁者的意志好得多。在马萨诸塞湾殖民地，基本法就是《圣经》。建立这个社会是为了《圣经》中所确立的目标，执政官为了这个特定的目标来统治人民，但是他们也受到这个目标的约束而不能为所欲为。如何符合《圣经》并履行上帝的意志，是靠生活在地球上的人们来理解和设计的。温斯洛普和科顿有他们自己的解释，而威廉斯和哈钦森也可以有不同的想法。因此，正如我们从马萨诸塞湾殖民地早期的试验中所看到的，不同的声音首先是在教会内部听到的。

---

① Charles Chauncy, "Civil Magistrates Must Be Just, Ruling in the Fear of God" (1747), in Ellis Sandoz, ed., *Political Sermons of the American Founding Era, 1730–1805*, Volume One, Indianapolis: Liberty Fund, 1998, p. 142.

② Daniel J. Boorstin, *The Americans: The Colonial Experience*, New York: Random House, 1958, p. 30.

（一）殖民公司及其特许状

对清教主义和殖民地精英的过分强调有可能掩盖另一个事实，那就是在殖民地建立过程中殖民公司的作用和教会成员之外大量非自由人的存在。新英格兰殖民地的建立虽然源于清教徒建立上帝之城的梦想，但在形式上还是通过马萨诸塞湾公司的募集、组织和安置来实现的。而马萨诸塞湾公司之所以能够完成此举，关键还要获得来自英国国王的特许状。[①] 如果说《圣经》在马萨诸塞湾殖民地早期发挥了基本法的作用，[②] 那么特许状则是唯一得到英国政府承认的真正意义上的基本法。因此，在清教教会之外，马萨诸塞湾公司在殖民地发展中的作用同样不可小觑。

要了解殖民公司及其特许状在殖民地早期历史中的地位和作用，有必要简单追溯一下殖民公司的创建过程。1623 年，杜切斯特公司在马萨诸塞湾东北部的安角（Ann Cape）建立了一小块殖民地。三年后公司解散，负责这块殖民地的罗杰·科南特（Roger Conant, 1592—1679）率领不足 50 人的残部迁到了萨勒姆一带，并向其远在英国的领主约翰·怀特提出放弃在马萨诸塞湾的所有殖民地。怀特回信说，如果他们能在那里继续坚持，他将很快为他们申请特许（patent）并输送人员和财物。经怀特的努力，1629 年 3 月 4 日，一份皇家特许状（Royal Charter）颁发给包括约翰·英迪克特（John Endicott, 1601—1664）在内的一批英国贵族和精英人物。[③]

1629 年 6 月，英迪克特率领一小支移民队伍离开了英国，并顺利到达萨勒姆。在那里他们很快建立了一个由 13 人组成的殖民地政府，

[①] 参见李剑鸣《美国通史第 1 卷：美国的奠基时代（1585—1775）》，人民出版社 2002 年版，第 120—121 页。

[②] 见前引佩里·米勒观点。Perry Miller, "The Puritan Way of Life", in George M. Waller, ed., *Puritanism in Early America*, Lexington: D. C. Heath and Company, 1973, pp. 52–53。

[③] George Lowell Austin, *The History of Massachusetts*, Boston: B. B. Russell, 1876, p. 28.

称作"伦敦新英格兰马萨诸塞海湾拓殖地总督和参事会"(The Governor and Council of London's Plantation in Massachusetts Bay, in New England),英迪克特被任命为总督,参事会包括了后来在罗得岛发迹的布朗兄弟等另外 12 人。值得一提的是,这个政府的成员最初并非从当地自由人中选出,而是完全隶属于伦敦的公司。

1629 年夏天,马萨诸塞海湾公司总督马修·克莱多克(Matthew Cradock)提议:为了殖民地的发展,需要鼓励贤明而有才能的人及其家人到殖民地定居,并将拓殖政府移交到定居者手中,而不再隶属于公司,这就是所谓的"特许状转移"(transfer of the charter)。这个变化给那些梦想着到新大陆建立上帝之城的清教徒精英们提供了机会,他们迅速加入并在翌年春天启程来到了马萨诸塞湾。约翰·温斯洛普以其卓著的人品和学问被自由人选为总督,从而也成为马萨诸塞湾第一位民选总督,其追随者大多来自英国的中产阶级,包括律师、牧师、地产商和大学教授等。[①] 由此我们看出,温斯洛普不仅是马萨诸塞清教徒的领袖,还是包括非自由人在内的全部马萨诸塞殖民者的领袖。

"特许状转移"改变了原来英国领主遥领殖民地的性质,使清教徒殖民地的创建成为可能。它将行政权力授予总督、副总督和 18 名助理或参事,其主要责任是在大议会休会期间处理殖民地事务。特许状要求:"总督、副总督和助理……应该或者可以每月,或者按其意愿更为频繁地召集、举办和保持一个公庭(Court),或者是他们自己的会议(Assemblie),以更好地组织和指导他们的事务。"[②] 这个由总

[①] George Lowell Austin, *The History of Massachusetts*, Boston: B. B. Russell, 1876, pp. 32 – 35.

[②] 特许状中所说的"公庭"(Court)显然有别于我们现代意义上的"法庭"(court),而更接近于中文里的"朝廷"(Court)或"政府"(government)。这段引文的下文中还特别注明:"七位或更多的助理,加上总督或者副总督,就足以组成一个公庭。"参见 William Macdonald, ed., *Selected Charters and Other Documents Illustrative of American History, 1606 – 1775*, New York: The Macmillan Company, 1899, p. 40。

督、副总督和助理们组成的参事会（Council）显然在殖民地管理上发挥了十分积极的作用。参事会可以随时制定"无悖于母国法律的各种形式的，有益并合乎理性的命令、法律、法规、条例、指示和说明"①。相关记录说明马萨诸塞参事会每周聚会两次，一般由总督召集。总督跟其他参事一样，只有一票表决权；但在支持和反对两派意见票数相同时，总督可以再投一票。② 特许状的用意非常明显，就是要在一个遥远的地方建立一个相对独立的殖民地政府。"在其授权的区域内居住或将要居住的居民被授予管辖权。其权力与管辖范围远远超出一个纯粹的贸易公司制定规则和经营商务所需。它们比通常授予当时英国城市公司和当今英美公司的权力与管辖更为宽泛。"③

一些美国早期史学家认为，这份特许状意义非同寻常，它"不仅仅是一部针对贸易或商人公司的法令，而是授权这个公司去深思熟虑地完善一个殖民地的拓殖"；特许状授权可以通过特许状转移，建立一个殖民地政府；"特许状授予殖民地充分的立法和行政权，包括按被授予者及其合作者所要求和实行的方式为宗教事务立法"；"特许状授权建立司法的法院，审核和决定诉讼，终审诉讼和执行判决，而不必上诉英国法院"。④ 因此我们看到，这份特许状为马萨诸塞湾殖民地政府的建立奠定了法律基础。

毫无疑问，从总督到一般助理或参事均是虔诚的清教徒，因为只有清教徒才有担任公职的权力。并且由于前文中强调的温斯洛普强烈的宗教热情和个人魅力，以及教会在社区生活中的核心作用，在第一

---

① William Macdonald, ed., *Selected Charters and Other Documents Illustrative of American History, 1606–1775*, New York: The Macmillan Company, 1899, p. 41.
② F. L. Riley, *Colonial Origins of New England Senates*, Baltimore: The John Hopkins Press, 1896, p. 12.
③ Daniel Wait Howe, *The Puritan Republic of the Massachusetts Bay in New England*, Indianapolis: The Bowen-Merrill Company, 1899, p. 32.
④ F. L. Riley, *Colonial Origins of New England Senates*, Baltimore: The John Hopkins Press, 1896, p. 9.

份特许状有效期间（1630—1691），这个成为后来美国国会参议院前身的参事会实际上把持了殖民地的一切权力。在"中央"政府层面，参事会独揽立法、行政和司法三权；在"中央"与地方关系上，参事会也表现强势。17世纪40年代，波士顿、查尔斯顿、坎布里奇、洛克斯布里和杜切斯特等市镇的议员（deputies）试图挑战参事会的权力，要求根据特许状加强市镇代表的参与权，由此展开了助理和议员们的权力之争，其结果则是两院制的形成：1644年3月25日，议员与参事的权力被重新划分，议员们被称作立法的民主院（the democratic branch of the legislature），而参事们则承担起上议院功能。[1]

在早期殖民地设计中，最大的缺陷是没能建立独立的司法系统，总督和助理们经常充当着法官的角色。[2] 然而，宗教热情随着新老交替而逐渐褪去，"山巅之城"的梦想渐行渐远，不同个人、团体和阶层之间的利益冲突日益明显，凡此种种都要求殖民地的建设朝着更为理性的方向发展，要求在特许状规定的原来权力构架基础上进一步健全殖民地的管理方式。1684年第一份马萨诸塞特许状被废止，为新的政治构架的出台提供了契机。1691年颁布的第二份特许状，将参事会成员扩大到28名，从大议会中选出并经总督批准而产生。第二份特许状最重要的突破是对"中央政府"权利进行了重新划分，在第一份特许状基础上扩展了司法方面的内容："总督经咨询并经参事会同意，可随时提名和任命听审裁判法官、和平时期审理重大案件的法官和其他官员……大议会可以创建审理民事和刑事案子的法院，但遗嘱检验和管理事务保留给总督和助理们。"[3] 这样我们看到，授予马萨诸塞湾殖民地的第二份特许状已经将司法和立法、行政剥

---

[1] F. L. Riley, *Colonial Origins of New England Senates*, Baltimore: The John Hopkins Press, 1896, pp. 6, 13, 21.

[2] Ibid., p. 16.

[3] William Macdonald, ed., *Selected Charters and Other Documents Illustrative of American History, 1606–1775*, New York: The Macmillan Company, 1899, pp. 209–210.

离开来,让权力趋于平衡,也让原来清教徒通过参事会甚至教会控制的司法审理具备了更为广泛的政治基础,为共和制的发展拓宽了道路。

(二) 康涅狄格经验

除了马萨诸塞湾殖民地自身的变化,我们还不应忽视新英格兰其他殖民地向人民共同体的演进。如前文所述,温斯洛普试图将马萨诸塞湾殖民地设计成一个相对封闭的体系,以便实行其清教主义实验。但北美殖民地在整体上是开放的,在马萨诸塞湾殖民地之后建立的康涅狄格和罗得岛殖民地在不同程度上已经偏离了早期移民建立清教徒"山巅之城"的初衷。

康涅狄格殖民地的建立是马萨诸塞海湾殖民地在生存空间上扩展的结果,但这种扩展本身又意味着清教殖民地试验理念的进步和更新,从1634年托马斯·胡克(Thomas Hooker,1586—1647)与约翰·科顿的争论中我们可以看到,新的试验理念正在清教徒内部精英中酝酿着。

胡克出身于英格兰南部的名门望族,在剑桥大学伊曼纽尔学院获得学士和硕士学位后,曾任教于艾塞克斯的切姆斯福德教堂,其清教主张受到当地主教的压制,为躲避英国高等委任法院的传唤,他被迫流亡荷兰。1633年9月4日,胡克和他的助手塞缪尔·斯通(Samuel Stone,1602—1663)一起来到了马萨诸塞湾殖民地,定居在牛顿(后来更名为坎布里奇)。有感于马萨诸塞湾殖民地的拥挤狭小,同时也是不满于马萨诸塞湾清教领袖们对选举权的控制,胡克与他的追随者们向马萨诸塞湾殖民当局提出建立新殖民地的申请。然而,胡克的计划遭到约翰·科顿的强烈反对,并引发了一场辩论:胡克从地理、经济以及与荷兰殖民地竞争的战略优势等几个方面列举了创建新殖民地的好处;而科顿则认为,"马萨诸塞殖民的主要困境是人口匮乏,不足以征服和开辟一块足够大的蛮荒之地以支持其自身生存和孤单地面对野蛮部落的窥视;那些曾经庄重地誓言要增进马萨诸塞利益的人寻求离开这块处于无助状态下的殖民地,背弃正处于幼小阶段的共同体,是违背他们良心的做法"①。

胡克的第一次申请在科顿等人的反对下被拒绝,1635 年重新提出申请才勉强获得通过。而在申请获得通过之前,牛顿和沃特顿的居民已经开始向申请书中指定的西南地区进发,并在康涅狄格河边建立了威瑟斯菲尔德。申请通过后,胡克率领牛顿的居民在康涅狄格河东岸建立了哈特福德,并使之成为康涅狄格殖民地的中心。胡克不只是要为新英格兰殖民地扩大生存空间,更重要的是要在这块新殖民地上实现其政治民主化理想。新殖民地名义上隶属于英国,而实际上则是一个自治共同体。1638 年 5 月 31 日,胡克在康涅狄格大议会开幕式上致布道词说,"权力的基础来自人民的自由认可",康涅狄格政府的构成,就是要"在上帝的允许下,由人民来选择公共行政官员"。②1639 年 1 月 14 日,温泽、哈特福德和威瑟斯菲尔德三镇的全体自由人齐集哈特福德,通过了《康涅狄格基本法令》(Fundamental Orders of Connecticut)。这部宪法性文件开宗明义:

> 为了荣耀万能的上帝,让他御世的神迹广泛播撒,我们这些现在共居于康涅狄格河两岸及其关联的土地上的,来自温泽、哈特福德和威瑟斯菲尔德的居民深知,当人们共居一地时,上帝之言要求这个族群为保持和平与团结而建立一个符合上帝意志的有序而体面的政府,随时规范和处理人民之间的事务,为此将我们联合在一起,结成一个共和政体或共同体。③

---

① G. H. Hollister, *The History of Connecticut: From the First Settlement of the Colony to the Adoption of the Present Constitution*, Volume One, New Haven: Durrie and Peck, 1855, pp. 22 – 24.

② John Fiske, *The Beginning of New England: The Puritan Theocracy in Its Relation to Civil and Religious Liberty*, Boston and New York: Houghton Mifflin Company, 1889, p. 127.

③ Comptroller's Office, comp., *The Three Constitutions of Connecticut: 1638 – 1639, 1662, 1818*, Hartford: Hartford Press, The Case, Lockwood & Brainard Company, 1901, p. 11.

康涅狄格宪法并没有将教会成员资格作为行使投票权的条件,而是强调总督等地方官员要由"得到承认并宣誓效忠的全体自由人"在一年两度的大议会会议期间选举产生;"温泽、哈特福德和威瑟斯菲尔德均有权各派遣四名自由人作为他们在大议会的代表"①。针对康涅狄格宪法,美国著名历史学家约翰·菲斯克评价说:

> 它是历史上第一部构建了政府的成文宪法,标志着美国民主的开端,因此托马斯·胡克比其他任何人更无愧于美国民主之父的称号。当今美国政府与康涅狄格政府的直系亲缘关系之近超出了任何其他殖民地。康涅狄格共和体最值得一提的特征是,它是各独立市镇的联盟,其主权归属除了载明授予大议会的部分之外,均作为原始权力保留在市镇。不仅如此,总督和参事会由全体人民的多数票选出,基于一个几乎普遍的选举权,每个市镇在大会中享有同等的代表权。②

由此我们看出,同属于清教殖民地的康涅狄格在政治构架上已经在一定程度上摆脱了温斯洛普的上帝之城梦想而更趋理性化。19世纪历史学家豪里斯特(G. H. Hollister)在他撰写的《康涅狄格史》中写道,当人们齐集一堂,通过让渡他们的一部分权利来更安全地享有其他权利的时候,我们就找到了政府的源头。"多少代理想主义者的梦想,第一次在美洲的土地上,在康涅狄格变成了有记录的现实。"③ 同样的趋势在罗得岛殖民地的政府构架中也可见到。

---

① Comptroller's Office, comp., *The Three Constitutions of Connecticut: 1638 – 1639, 1662, 1818*, Hartford: Hartford Press, The Case, Lockwood & Brainard Company, 1901, pp. 12, 14.
② John Fiske, *The Beginning of New England: The Puritan Theocracy in Its Relation to Civil and Religious Liberty*, Boston and New York: Houghton Mifflin Company, 1889, pp. 127 – 128.
③ G. H. Hollister, *The History of Connecticut: From the First Settlement of the Colony to the Adoption of the Present Constitution*, Volume One, New Haven: Durrie and Peck, 1855, p. 82.

（三）罗德岛经验

1636年，被驱逐出马萨诸塞湾殖民地的罗杰·威廉斯，率领他的信徒来到了与他关系友善的纳拉甘西特印第安人部落，在纳拉甘西特湾顶端的岸边建立了普罗维登斯，并将其宣布为一个宗教自由的地方。两年后的1638年，同样被马萨诸塞湾殖民地驱逐的安娜·哈钦森及其追随者们，在威廉斯的建议下，从印第安人手中购买了阿奎纳特岛上的一块土地，建立了朴茨茅斯殖民地。到达朴茨茅斯之前，他们已经在波士顿签订了一份公约，称他们将要建立的共同体为"政治集体"（Bodie Politick）。而此前另有一部分人于1629年在朴茨茅斯南边的岛屿上建立了纽波特。只是第四个定居地华威创建的时间找不到确切的记录，只能判断大致在同一时期。1643年，罗杰·威廉斯以"新英格兰纳拉甘塞特海湾普罗维登斯种植园合股公司"的名义，为前三个城镇提出申请，并获得了英王查理一世的特许状。特诉状允许他们"在英国法律许可的范围内，在罗得岛殖民地制订他们自己的法律"。这样，普罗维登斯、朴茨茅斯和纽波特三镇联合建立了"罗得岛与普罗维登斯拓殖殖民地"。不久华威加入进来，由四镇组成的殖民地在1647年成立了统一的政府，由选举产生的参事会和总统负责管理。根据特许状，罗杰·威廉斯获准每年的11月底在罗得岛和普罗维登斯拓殖殖民地的各市镇征税100英镑，其中纽波特50英镑，朴茨茅斯30英镑，普罗维登斯20英镑。[1] 美国历史学家注意到，"这份特许状只涉及世俗政府，只字未提宗教或良心自由的事"[2]。然而，毫无疑问，"罗得岛的居民对世俗和宗教自由的追求是最为积极的。在这里存在的是真正的共和主义，没有贵族式统治，保卫这一最为攸

---

[1] Edward Peterson, *History of Rhode Island*, New York: John S. Taylor, 1853, p. 48.
[2] Ibid..

关的权利和上天赋予的特权,使之免受各种侵蚀,是每一个公民的义务"①。各殖民地在追求信仰自由方面并不是齐头并进的,甚至可以说存在很大差距,但自由之风吹过的地方,封闭的坚冰就会为之融化。威廉·罗杰斯领导的罗德岛殖民地就是北美大陆信仰自由之风吹起的地方。

(四) 新英格兰联盟

在清教殖民地整体上向人民共同体过渡的过程中,1643 年成立的新英格兰联盟无疑具有里程碑意义。联盟形成的直接原因是周边印第安人的"威胁"。随着殖民地人口的增多和西进运动的开始,殖民者与周边印第安人部落的关系日趋紧张,冲突是迟早的事,感受到这种压力的殖民地政治和宗教领袖们顾不得过去的分歧,希望结成联盟,一起对付印第安人。1643 年,马萨诸塞、普利茅斯、康涅狄格和纽黑文 4 个殖民地结成联盟,称为"新英格兰联合殖民地"(The United Colonies of New England),这个包含了 39 个市镇的殖民地联盟总人口达到了 2.4 万,在与印第安人的对峙中,其实力较任何单一殖民地要强大得多。②

如果说一个共同敌人的存在可以增进共同体内部的凝聚与团结的话,那么对于宗教信仰和政治理念存在明显差异的各殖民地,要彼此联合就需要克服分歧、容忍差异。这种出于政治和军事目的而在宗教信仰上的妥协在联盟建立之前就已经开始了。1641—1643 年,马萨诸塞完成了对新罕布什尔城镇的兼并;为实现这一兼并,马萨诸塞不得不放松其所一直坚持的以宗教一致性作为公民测试的标准。因此,正如约翰·菲斯克所指出的,"在建立联盟的过程中,一些争议性问题

---

① Edward Peterson, *History of Rhode Island*, New York: John S. Taylor, 1853, p. 53.
② John Fiske, *The Beginning of New England: The Puritan Theocracy in Its Relation to Civil and Religious Liberty*, Boston and New York: Houghton Mifflin Company, 1889, p. 155.

要通过相互认可或默认来共同克服"①。当然，在当时的历史条件下，这种容忍还是有限度的。发起联盟的马萨诸塞、康涅狄格和纽黑文对于主张信仰自由的罗得岛一直难以释怀，因而拒绝了后者加入联盟的申请。不管怎么说，新英格兰联盟的建立及其数十年的存在增进了参与其中的各殖民地间的交流与理解，让信仰控制较为严格的马萨诸塞湾和纽黑文等殖民地学会灵活地处理宗教和政治观点上的差异。

（五）与欧洲启蒙思想的互动

如果说北美殖民地的人文和环境因素构成了变化的依据，那么发生在西欧的社会动荡和思想革命则构成了这一变化的外部条件。在温斯洛普等清教徒离开英国10年之后，他们的母国开始了一场改朝换代的革命。

当清教徒们的神学试验在北美有序展开的时候，欧洲的政治思想正在经历一次巨大的飞跃。1640年的英国革命，开辟了人类历史的新篇章。这场革命及其以后近30年的动荡冲击着英国人敏感的神经，在新旧制度间摇摆的知识精英对国家、社会和人的性质有了更深入的思考。托马斯·霍布斯（Thomas Hobbes，1588—1679）就是在这样的环境下于1651年发表了他的《利维坦》。对英国革命恐怖的失望，对民众"野蛮主义"的恐惧，让霍布斯的政治理论体系带有明显的保守色彩，成为君主专制论的代表。然而，霍布斯并非要回到查理一世时代的君主专制，他反对君权神授，因而也更钟情于克伦威尔威权下的共和制。曾经长期居住在法国的霍布斯，服膺于文艺复兴后崛起的人文主义思潮，所以在他的思想体系中已经没有了神的位置。他以人的自然权利为核心，构筑了一个人民共同体，即"利维坦"。他论证说：人们为保证其自然权利不受侵犯，就要通过

---

① John Fiske, *The Beginning of New England*: *The Puritan Theocracy in Its Relation to Civil and Religious Liberty*, Boston and New York: Houghton Mifflin Company, 1889, pp. 154–155.

共同订立的契约把自己的权利"托付给某一个人或一个能通过多数的意见把大家的意志化为一个意志的多人组成的集体"。"像这样统一在一个人格之中的一群人就称为国家,在拉丁文中称为城邦。这就是伟大的利维坦(Leviathan)的诞生,——用更尊敬的方式来说,这就是活的上帝的诞生。"①

由此可以看出,霍布斯的利维坦与当时正在新英格兰试验的"上帝之城"有异曲同工之妙,只不过将清教徒与上帝的契约换成了民众之间的契约,用"活的上帝"代替了永恒的上帝。因此有的学者认为,"利维坦乃是清教徒共和政体的再现,是世俗化的上帝之城"②。

如果说霍布斯是近代第一个摆脱神学观念,摆脱道德、伦理和宗教束缚的政治思想家,那么比他年轻了二十余岁的詹姆士·哈林顿(James Harrington,1611—1677)则是第一个"发现权力、政府和财产三者之间关系"的思想家。③哈林顿的代表作《大洋国》发表于1656年,比《利维坦》晚了整整5年,因此其很多议论是针对霍布斯的《利维坦》而发。霍布斯认为,一个民族只能从君主制、贵族制和民主制三种政体中择一而从,而哈林顿则觉得,"蜕化的君主政体、贵族政体和民主政体分别叫做暴君政体、寡头政体和无政府状态",只有"把三者混合在一起的政体……才是最好的"④。他进一步指出,"主权"源自财产,制度的稳定有赖于对财产的均衡分配。民族国家是建立在对动产和不动产的所有权之上的,"产权的均势或地产的比例是怎样的,国家的性质也就是怎样的"。具体而言,"如果一个人是一片土地的唯一地主,或者他的土地超过人民的所有土地(比如占有

---

① [英]霍布斯:《利维坦》,黎思复、黎廷弼译,杨昌裕校,商务印书馆1985年版,第137—138页。
② [奥]弗里德里希·希尔:《欧洲思想史》,赵复三译,广西师范大学出版社2007年版,第393页。
③ 约翰·亚当斯曾把哈林顿的发现视作跟哈维发现的血液循环同样重要。参见弗里德里希·希尔《欧洲思想史》,赵复三译,广西师范大学出版社2007年版,第391页。
④ [英]詹姆士·哈林顿:《大洋国》,何新译,商务印书馆1981年版,第8页。

土地的四分之三），那么他就是大君主"；"如果少数人或者一个贵族阶级，或者是贵族连同教士一起，成为地主；如果他们所拥有的土地也可能按上述比例超过人民"，"这样的国家就是混合君主政体的国家"；"如果全体人民都是地主，他们所拥有分给他们的土地，使少数人或贵族阶层的范围内没有一个人或相当数目的人能够压倒他们，那么这种国家如果不受武力干预，就是一个共和国"。[1]

基于马基雅维利的政府观，在充分考虑财产资格的基础上，哈林顿提出共和政体的基本构架："包括提议案的元老院、批准议案的人民议会和执行议案的行政机构，共和国既通过元老院而具有贵族政体的性质，通过人民大会而具有民主政体的性质，通过行政机构而具有君主政体的性质，所以便是完美无缺的。"[2] 据说，"《大洋国》对洛克和休谟的思想有巨大影响"，并"决定美国有些州宪法中的主要特点（最早的如1669年卡罗林纳州宪法）"。[3]

总之，无论是霍布斯还是哈林顿，都开始在政府设计中摒弃宗教狂热和道德伦理考虑，带着一种冷冰冰的理性标准来为人类社会寻找"最好的"制度。可以设想，在殖民地与母国之间来往频繁的17世纪中后期，这样的理性之光已经照到了新大陆，照到了新英格兰殖民地。来自欧洲的理性主义思考与北美殖民地的拓殖实践相结合，为新英格兰殖民地向人民共同体过渡铺平了道路。

北美殖民地的社会进步在很大程度上受到欧洲启蒙思想的影响。但如果我们仔细观察一下北美殖民地的历史的话，就不难发现殖民地经验对于启蒙思想的发展有着不可忽视的推动作用，而这些经验中最值得重视的就是殖民地的政治设计、制度设计。在约翰·洛克发表他的《政府论》12年前的北美殖民地，以威廉·宾（William

---

[1] ［英］詹姆士·哈林顿：《大洋国》，何新译，商务印书馆1981年版，第10页。
[2] 同上书，第25—26页。
[3] ［奥］弗里德里希·希尔：《欧洲思想史》，赵复三译，广西师范大学出版社2007年版，第391页。

Penn）为代表的西泽西（West Jersey）的业主们就发表了一份重要文件，叫作《法律、退让与协议》（*The Laws, Concessions and Agreements*），提出一系列基本公民权利（civil rights），包括陪审团制度（trial by jury）、新教自由（freedom of conscience）以及无代表不征税（taxation with representation）等权利观念和制度设想。① 托马斯·胡克不仅是一位著述丰富的神学家，还是一位深谋远虑的政治学家。他倡导政府必须对人民负责，认为人民有权任命行政官员和治安官员，也同样"有权为他们的权力设置边界和限制"②。胡克的政治智慧不仅为康涅狄格的政府设计和宪法制定做出了贡献，也是欧洲启蒙思想的重要来源之一。

五　从上帝选民到社区公民

帕林顿在谈到清教主义遗产的英国背景时，对于欧洲近代的社会转型有一段精辟的概括：如果将现代社会的演变看作两个广义的阶段，那么第一个阶段就是由团体的封建秩序向不加管制的个人社会的转化，第二个阶段则是由自由的个人重新组合成共同体（commonwealth）。根据这一划分再来看英国的清教主义，其历史地位就会更为明晰：它是一股从传统教会的安定中分离出来的破坏力量，所建立的是注重个体权利的革命哲学，目标是从一个固定的团体地位中解放个人，不管这个个人是基督徒还是臣民。③ 如果我们将17世纪中期以马萨诸塞湾为中心的新英格兰清教殖民地看作从中世纪封建秩序向现代资本主义社会过渡的一个中间阶段，就可以从更为积极的角度去重新

---

① Arthur M. Schlesinger, Jr., *The Almanac of American History*, New York: Barnes & Noble Books, 1993, pp. 61 - 62.
② Wikipedia, https://en.wikipedia.org/wiki/Thomas_ Hooker.
③ Vernon Louis Parrington, *Main Currents in American Thought*, Volume One, Norman: University of Oklahoma Press, 1987, p. 5.

审视这些殖民地所具有的特殊性。

美国早期史专家丹尼尔·布尔斯廷注意到，17 世纪的清教徒"对将神学理论应用于日常生活尤其是社会的兴趣远甚于神学理论本身"[1]。像其他的实用主义学说一样，清教徒为了自身的生存是愿意做出妥协的。"半路契约"就是其中的一个典型的设计。在与上帝订立的契约中，清教徒们不仅将他们自己交付给上帝，而且也将其子女、后代交付给上帝。他们在 1636 年波士顿教会契约中写道："我们也将我们的子孙后裔交付给代表上帝的主，确认主是我们的上帝，我们后裔的子孙的上帝，我们和我们的子孙是上帝的人，谦卑地敬奉这份上帝的荣耀，这份上帝视我们为自己的人的荣耀。"[2] 然而，事情的发展却并非尽如殖民地的创立者们所愿。到 17 世纪中期，随着马萨诸塞湾第一代定居者的相继死去，公理会面临的不仅是会员人数的大幅减少，而且还有对新一代人精神控制日渐松弛的危机。波士顿著名牧师约翰·艾略特（John Eliot，1604—1690）在 1667 年评论说，教会成员的子女在道德上已经堕落，在精神上已经破产，他们对受礼誓言漠不关心。[3] 造成这种状况的部分原因是由于无法自动成为教会会员的新一代人参与的教会活动相对较少。新成长起来的第二代和第三代人没有信心公开宣称自己的宗教信仰，并且也缺乏成为教会成员所必需的宗教体验。1662 年，一个普通的教会制定了一个称为"半路契约"的折中方案。教会的领导同意教会成员的子女和他们子女的后代拥有部分的教会成员资格。但教会和政府的选举权仍然保留给教会成员。这是教会为了稳固基础而做出的妥协。但正如一些美国历史学家所关注到的那样，这种做法使教会成为"一个很难区分选民与非选民的混

---

[1] Daniel J. Boorstin, *The Americans: The Colonial Experience*, New York: Random House, 1958, p. 5.

[2] Robert C. Winthrop, *Life and Letters of John Winthrop*, Volume Two, Boston: Little, Brown, and Company, 1864, p. 139.

[3] Stephen Foster, *The Long Argument: English Puritanism and the Shaping of New England Culture, 1570–1700*, Chapel Hill: The University of North Carolina Press, 1984, p. 180.

合体",因此也象征着原始契约理想的衰落。① 教会门槛的降低意味着上帝选民与普通居民的界限日渐模糊。新英格兰殖民者的清教信仰、实用主义态度和妥协精神为他们或他们的后代向公民身份转变预留了空间。

当然,社会变迁的长时段往往是由众多不易觉察到明显变化的短时段构成的,北美殖民地社会作为中世纪向现代社会的一个过渡本身又包含着许多阶段性变化,其中尤其值得一提的是世俗化、民主化和个人主义化,它们就像一个狭小实验室中培育出的幼苗,一旦冲破藩篱便迅速蔓延开来,为公民社会的形成和发展奠定了思想基础。因此,我们有必要一一加以介绍。

(一) 世俗化趋向

早期新英格兰殖民地的宗教特征是十分明显的,初创的高等教育也肩负着宗教使命,哈佛、耶鲁等早期大学设立的主要目的是为教会培养牧师。然而,有志于在世俗政府中发挥作用的世家子弟,如果要在当地接受最好的教育,也必须到这些院校接受训练和培养。同时,由于新教牧师平时过的也是娶妻生子的世俗生活,教俗之间的界限并不十分明确,甚至一些已经成为新教牧师的人也可以涉足政界。早期殖民地教育中的这种教、俗不分的特征也在一些殖民地精英身上留下烙印。据说约翰·科顿就是一位对政治很感兴趣的牧师。而科顿与马萨诸塞总督西蒙·布拉德斯特利特(Simon Bradstreet, 1603—1697)的曾孙艾利沙·威廉斯(Elisha Williams, 1694—1755)的政教双重身份更为明显。生于马萨诸塞湾殖民地哈特费尔德的威廉斯1711年毕业于哈佛大学,1722年成为威瑟斯菲尔德公理会教堂的牧师(pastor),四年后出任耶鲁大学的牧师(sector)。据说威廉斯一直有兴趣问鼎康涅狄格殖民地总

---

① David Chidester, *Patterns of Power: Religion and Politics in American Culture*, Englewood Cliffs: Prentice-Hall, Inc., 1988, p.12.

督之位。在担任牧师之外，他还是康涅狄格大议会成员，康涅狄格最高法院法官。在流产的入侵加拿大计划中，他曾被任命为上校总指挥。后来又作为康涅狄格代表出席 1754 年的奥巴尼会议。[①] 威廉斯的职业经历足以说明在美国独立前的康涅狄格殖民地，一些社会精英可以毫无障碍地在政教之间转换职业，这种状况一直持续到美国建国并确立了政教分离原则，教职人员才从世俗政府中被排除。

在殖民地世俗化的过程中，一个与其同步的趋势就是殖民地内部商人阶层的崛起。随着商业财富的集聚，商人们对过去以道德决定社会地位的政治模式渐感不满，希望按财富标准重新划分政治特权。这样，到马萨诸塞清教殖民地进入第二代和第三代以后，一批商人寡头开始走向前台，财产成为政治生活中的重要因素。米勒注意到，这批新崛起的商业寡头有一些是当年那些清教主义精神领袖的后代："温斯洛普、诺顿（Nortons）、杜德利（Dudleys）、索顿斯托尔（Saltonstalls）、布拉德斯特利特（Bradstreets）的子女们已经没有多少热情去充当宗教运动领导者，更像是一个垄断者的组合。他们彼此之间进行联姻——温斯洛普家与布拉德斯特利特家，杜德利家与索顿斯托尔家——同时牧师家庭之间也相互通婚，其集中程度是如此之高，以至于三代之后就形成了一个种姓（caste），后来被不甚了解其全部含义的霍尔姆斯博士（Dr. Holmes）称为'婆罗门'（Brahmin）。"[②] 其实，清教原本就是中产阶级的宗教，与商业活动有很深的渊源。在清教运动激进化并走向"独立"之前，伦敦的一些城市议员是其坚强的支持者；清教主义的长老会中层在英格兰中部和南部的中产阶级中广泛传播。[③] 由此我们可以看出，马萨诸塞的清教徒上层能够崛起为商业精

---

① Ellis Sandoz, ed., *Political Sermons of the American Founding Era, 1730 – 1805*, Volume One, Indianapolis: Liberty Fund, 1998, p. 52.
② Perry Miller, *The New England Mind: From Colony to Province*, Cambridge: Harvard University Press, 1962, p. 50.
③ Vernon Louis Parrington, *Main Currents in American Thought*, Volume One, Norman: University of Oklahoma Press, 1987, p. 7.

英，除了他们在殖民地的优势地位可能会有所帮助之外，其阶级背景和家族渊源同样是不可忽视的因素。在宗教改革的激情消退之后，清教中产阶级开始了向商业的回归。

(二) 民主化趋向

早期新英格兰殖民地究竟存在着多少民主成分一直是个备受争议的话题。尽管马萨诸塞湾殖民地在最初设计上存在一些不民主、不宽容的问题，但这种设计又蕴含着一定的民主机制：首先，既然大家都是上帝的选民，那么在上帝面前就应该人人平等。也就是说，作为个体的上帝选民所享有的政治权利至少在理论上是等同的。这种内部的平等意识为后来美国民主制度的建立奠定了基础；而美国人"公共道德"观念正是滥觞于早期在政教合一共同体中形成的参与意识。其次，英国自1215年《大宪章》问世以来形成的民主、共和传统对新英格兰早期制度的形成仍然有着不容忽视的影响。美国早期史学者们注意到，新英格兰殖民地的政治和宗教模式主要还是参照英国的蓝本。米勒认为，通过基本法和社会契约来进行统治的思想，是源于英国的清教传统。在马萨诸塞殖民活动开始前的30年里，英国的清教组织曾经与议会密切合作来对付国王，形成以专制国王和国教主教为一派，清教鼓动者和议会领袖为另一派的政治格局。清教的理论家们进而从这种政治斗争中汲取了营养，接受了议会派的社会理念，如国王的权力应受基本法的约束，政府的基础是公民的契约等。这些在清教意识中变得根深蒂固的政治理念被带到了新英格兰。[①] 最后，教会内部成员中从开始就确立的民主机制为殖民地民主化道路奠定了基础。毫无疑问，温斯洛普在马萨诸塞湾殖民地最初20年的历史上留下难以磨灭的印记。这期间，除了托马

---

① Perry Miller, "The Puritan Way of Life", in George M. Waller, ed., *Puritanism in Early America*, Lexington: D. C. Heath and Company, 1973, p. 53.

斯·杜德利（Thomas Dudley, 1576—1653）在 1634—1637 年以及 1640—1645 年两次当选为总督外，温斯洛普任马萨诸塞总督达十余年之久，直到 1649 年去世。然而，他两次落选总督职位本身就说明，即使像温斯洛普这样具有很高威望和才能的人也难以永远保持其领导权，挑战者既有罗杰·威廉斯和安妮·哈钦森这样的左翼清教徒，也有托马斯·杜德利这样更为狭隘、保守的右翼清教徒。[①] 除此之外，新英格兰殖民地的领导者们还要面对来自教会外部，尤其是各村镇对其集权模式的挑战。

宾夕法尼亚大学早期美国史教授迈克尔·祖可曼（Michael Zuckerman）认为，公理会对选举权的控制并不意味着教会之外的殖民地人民不能参与公共事务，马萨诸塞湾殖民地范围内的选举权在 1692 年以前只有自由人才享有，而差不多半个世纪前非自由人就开始在市镇事务中参加投票了。[②] 可见公理会内外的殖民地社会有着不同的民主化进程。事实上，在新英格兰殖民地的早期阶段，一直存在着作为殖民地领导核心的参事会及其紧密结合的清教教会与各市镇之间的权力紧张。1632 年年初，当马萨诸塞为巩固城市而下达的征税命令发到沃特顿（Watertown）时，当地的牧师和长老们将市民们召集在一起，表示"这样的付款方式让他们感到不安全，会将他们和他们的子女套牢"。为此他们来到参事会与马萨诸塞的助理们展开辩论，最后才被勉强说服。此外，杜切斯特（Dorchester）、牛顿（Newtown）和沃特顿的代表们也曾到波士顿查证他们根据特许状所应该享有的权利，尽管其分权要求遭到温斯洛普的拒绝，但他们仍然坚持市镇中选出的代表必须在"中央"政府中有发言权。[③] 对于约翰·科顿的反

[①] John Fiske, *The Beginning of New England: The Puritan Theocracy in Its Relation to Civil and Religious Liberty*, Boston and New York: Houghton Mifflin Company, 1889, p. 103.

[②] Michael Zucherman, *Almost Chosen People: Oblique Biographies in the American Grain*, Berkeley: University of California Press, 1993, pp. 55–57.

[③] John Fiske, *The Beginning of New England: The Puritan Theocracy in Its Relation to Civil and Religious Liberty*, Boston and New York: Houghton Mifflin Company, 1889, p. 124.

"民主"观点,时任牛顿牧师的托马斯·胡克并不认同。为此,温斯洛普在给胡克的信中为科顿的观点辩解说:"最精英的部分永远是最少数,而其中最明智的部分永远是较少的那一部分。"可这位雄辩而博学的牧师却回答说:"在涉及公共利益的问题上,一个从所有人中选出,能够反映所有人关心的问题的总参事会(general council)更为适合。"① 由此可见,对于温斯洛普设计的政府和社会模式在教会内外都存在着不同的声音,他理想中的权力统一,思想、信仰高度一致的神圣共同体始终难以完全实现。

(三)个人主义倾向

为了将清教主义奉为美国文化的正宗源头,佩里·米勒一代史学家们努力从中搜寻着民主、自由、平等、平民主义等被奉为美国信条的蛛丝马迹。在这些美国信条中,与强调社区意识和集体利益的清教主义最难沾上边的可能要数个人主义了。换句话说,清教政体为个人主义和自由思想提供的余地非常有限。殖民地初期的清教领袖罗伯特·库什曼和约翰·科顿等人都曾告诫说,要反对个人主义和过度的自由。库什曼在其发表于1621年的题为"自恋的罪孽与危险"的布道词中告诫清教追随者们,要反对过分的个人主义,因为它可能危及他们在北美荒芜之地所进行的神圣试验。他强调说:

> 人们太过专注于他们自己的事情,而对别人的却采取无视和轻蔑的态度;因此我拜托大家摒弃这种自我追求,改弦易辙,具体而言就是为你的同胞兄弟多做点好事,取悦他们,赞扬他们,尊敬他们,因为不如此你们之间就不会和谐。②

---

① John Fiske, *The Beginning of New England: The Puritan Theocracy in Its Relation to Civil and Religious Liberty*, Boston and New York: Houghton Mifflin Company, 1889, p. 124.
② Robert Cushman, *Sin and Danger of Self-Love: Described in a Sermon Preached at Plymouth, in New England, 1621*, Boston: Charles Ewer, 1846, p. 13.

这些清教徒领袖们一直在努力说服公众，他们在新英格兰殖民的宗教目的只有通过集体的努力和一个整体的基督教社会才能够实现。[1]在清教徒中影响深远的主流声音清楚地划分了集体与个人的界线，试图将个人主义排斥在清教文化之外。

然而，根据米勒的观察，"事实上，在清教教义里存在着很强的个人主义的成分；每个人不得不自己完成自己的救赎，每个灵魂不得不独自面对上帝"[2]。前美国文物协会主席克利福德·K. 施普顿在《权威与个人主义的成长》一文中，也声称马萨诸塞湾殖民地重视"思想自由"："欧洲的加尔文和路德教会接受一定的神学教条，但在马萨诸塞，对教会成员的基本要求则是个人用自己的语言描述上帝恩惠的个人经验。"[3] 显然，米勒等人是在有意淡化马萨诸塞带有集体主义色彩的公理会实践。事实上，马萨诸塞湾殖民地初期出现的对温斯洛普统治的几次挑战正是来自分离派教义中的个人主义倾向。在罗杰·威廉斯被驱逐之后，安妮·哈钦森勇敢地站出来继续挑战马萨诸塞的单一社会秩序。哈钦森相信，"所有人都具备内在的灵光（Inner Light）"。她进而断言说，"圣灵会给虔心者以直接启迪"，个人与上帝之间可以私下交流。她的言论和思想被温斯洛普指责为"扰乱了共同体和教会的安宁"[4]。由此可以看出，米勒等人所谓的清教教义，更接近于被哈钦森修改了的清教教义，而非温斯洛普等人所奉行的清教教义。在哈钦森之后教友派所展示的救赎观则带有更为强烈的个人主义倾向，这些倾向在殖民地广袤的自然环境中逐步扩散开来。在经历

---

[1] Avihu Zakai, *Exile and Kingdom: History and Apocalypse in the Puritan Migration to America*, Cambridge: Cambridge University Press, 1992, p. 124；库什曼的布道词，见 Caleb Johnson's Mayflower History, http://www.mayflowerhistory.com/PrimarySources/SinAndDanger.pdf。

[2] Perry Miller, "The Puritan State and Puritan Society", in Michael McGiffert, ed., *Puritanism and the American Experience*, Reading, M. A.: Addison-Wesley Publishing Company, 1969, p. 42.

[3] Clifford K. Shipton, "Authority and the Growth of Individualism", in George M. Waller, ed., *Puritanism in Early America*, Lexington: D. C. Heath and Company, 1973, p. 75.

[4] Edwin S. Gaustad and Mark A. Noll, eds., *A Documentary History of Religion in America to 1877*, Grand Rapids, M. I.: William B. Eerdmans Publishing Company, 2003, pp. 96 – 97.

了第一次大觉醒运动（1725—1750）之后，自我救赎和单独面对上帝成为北美新教徒的普遍信仰，从而为个人主义的滋长准备了丰厚的土壤。

除了信仰层面的觉醒，殖民地早期自由人和教会成员的双重身份也有利于个人主义和公民意识的形成。自由人（freeman）的提法源于殖民地初期自由人与契约工（indentured servitude）的划分。如前文所述，在马萨诸塞，自由人身份是以教会成员资格为条件的。一方面，作为教会成员他们要以教会为核心，将社区利益置于个人利益之上；另一方面，作为拥有选举权和出任公职权利的自由人，他们又不能完全无视个人的责任和义务。而在康涅狄格，自由人的身份得到更多地强调，教会成员资格不再成为注册为自由人的条件。"一个人一旦成为自由人，他们就不再普通。"[①] 他们拥有土地，参与投票，出任公职，享受着较为充分的政治权利，为其个人主义的发展和公民意识的形成创造了有利条件。

小　结

综上所述，新英格兰殖民地在其早期成长过程中，经历了从封闭、保守、排外的清教共同体到相对宽容、开放的人民共同体的逐步演变；与此同时，殖民地人民的主体也由早期的教会成员转变成为后来的社区公民。在马萨诸塞湾殖民地初期，只有那些自认为是上帝选民的教会成员才有资格享有全部政治权利。而一个人要成为教会成员，需要向全体会员表明自己行为端正、信仰虔诚，而且还需主动皈依。一旦被接纳为正式会员，加入者就有资格享用圣餐。公理会就是要用这种严格的区分来保证他们神学实验的完整性。经过精心挑选的

[①] Daniel Wait Howe, *The Puritan Republic of the Massachusetts Bay in New England*, Indianapolis: The Bowen-Merrill Company, 1899, p. 262.

志同道合的清教会员再经历教会活动的培养,有着普通居民无法具备的优越感和责任心,而这正是建立一个民主社会所需要的公民素质,即所谓公共道德(public virtue)。通过小范围的封闭实验,培养起合格选民的公共道德基础,然后再由选民扩大到一般民众,为公民意识的最终形成创造了条件。

对于新英格兰殖民地初期的政府和社会诸多特征的形成,除了来自公理会清教主义的影响之外,殖民公司及其特许状的作用也不可忽视。特许状在殖民地发挥着基本法的功能。随着宗教控制的放松,基于特许状的世俗政府的权力结构也逐步得到完善。共同体的神圣光环慢慢褪去,一个以自由人为基础的公民社会渐渐呈现于新大陆。上帝选民的观念虽然在美国独立之时仍然存在,并且在其后的历史上不绝如缕,却随着其适用范围的扩大而逐渐淡化,代之而起的是基于理性的公民观。这种公民观作为一种超越宗教信仰差异的认同意识,成为美国人民政治参与和社会凝聚的核心。

当然,北美殖民地时期的公民社会还远未完善,即使放松了宗教要求,带有财产资格限制的成年男性自由人在数量和比例上也十分有限。即使像罗得岛这样标榜宗教信仰自由的殖民地也没有实现完全的宗教宽容,教友派和天主教徒都曾在这里受到歧视和排斥。在1663年罗得岛获得特许状后颁布的第一批法律中,就包含了将天主教徒排除在选举权和担任公职的权利之外的一条。[1] 由此看出,实现宗教乃至文化上的真正宽容并不是一件可以一蹴而就的事,在美国这个一直标榜民主、自由、平等的国家,仅仅为实现法律意义上的平等就花了三百多年的时间,在20世纪60年代的民权运动中才初步完成。

所谓清教传统,并不是一连串具有永恒意义的静态概念和理论,而是北美殖民地早期清教徒主观意愿与客观现实在对立统一的矛盾交

---

[1] Daniel Wait Howe, *The Puritan Republic of the Massachusetts Bay in New England*, Indianapolis: The Bowen-Merrill Company, 1899, p. 265.

错中产生的动态实践活动。处于不同历史阶段的美国学者对清教传统的褒扬和贬抑往往可以折射出这些文本背后的历史语境：他们或是站在科学、理性立场上，对殖民地早期的神权特征无情挞伐，或是站在传统文化维护者立场上，对清教传统中的积极因素任意放大，牵强附会。中国学者以旁观者的心态来观察美国清教传统，可以更为准确地把握这一传统在时间和空间上的演变轨迹，更为冷静、客观地接近历史的原貌。

第三章　美国国家构建中的理想与现实

完成从基督教教民到社区公民的转化，意味着殖民地人民向组建一个独立的共和国迈出了重要一步。民主、自由、个人主义和共和美德是现代共和制度建立的基础，从第二章的讨论中，我们已经看到殖民地人民在其世俗化的过程中是如何从教权色彩浓厚的"上帝之城"逐渐演变为一个以世俗目标为主的公民社会的。但无论从宗教的角度还是世俗的角度来看，一个社会的生存和发展，离不开能够维持其秩序和管理其运行的合法政府。政府不仅在传统基督教中被视为擎天之柱（the pillar of the earth），[①] 而且是现代启蒙思想最为关注的内容。换言之，构建一个什么样的政府，关系到北美殖民地人民所投身的这场伟大试验的最终成败。

一　自治能力的养成

革命之前的北美殖民地历史中存在着两条清晰可辨而又相互影响的线索：一条是从 1607 年弗吉尼亚詹姆斯敦第一个居民点建立，到

[①] Benjamin Colman, "Government, The Pillar of the Earth: Sermon Preached at the Lecture in Boston", August 13th, 1730, in Ellis Sandoz, ed., *Political Sermons of the American Era*, *1730 – 1805*, Volume One, Indianapolis: Liberty Fund, 1998, pp. 11 – 24.

1620年"五月花号"上的清教徒移民建立的普利茅斯殖民地，再到1630年温斯洛普领导更大规模的清教徒移民以波士顿为中心建立的马萨诸塞湾殖民地，以及随后建立的罗德岛殖民地、康涅狄格殖民地和宾夕法尼亚殖民地，从这些以清教文化为主要特征的新英格兰殖民地，我们看到的是与早期西班牙、葡萄牙殖民者截然不同的殖民形式——英国的殖民者们在新大陆建立起一个接一个的以城镇为中心的新社区，并最终将这些社区连接在一起。从最早的《"五月花号"公约》开始，每个社区建立的基础是一份由全体成员签署的盟约，其中规定了每个成员为了维护共同的利益和社区和谐、稳定需要履行的义务。由清教徒与上帝之间订立契约，到社区公民之间订立契约，反映了殖民社区由宗教向世俗的转变。历史学家们注意到，"城镇结构反映了盟约精神"。"早期清教徒社会团体是一个结构密集的社会。小镇整体上由最初的盟约、村镇的中央型规划、教会的权威和镇民大会联系在一起。"[①]

美国著名史学家丹尼尔·J. 布尔斯廷曾写道："如果有这样一群人，他们是背着思想包袱踏上乌托邦之旅的，那就是新英格兰的清教徒。在他们的《圣经》中，他们有一个'美好社会'（The Good Society）蓝图；他们代价惨重的美洲征程让他们偏于相信在这个世界建立锡安天国是可能的。"[②] 与其他很多民族驻足在乌托邦传说不同的是，清教徒们为实现他们心目中的"美好社会"而殚精竭虑地设计出可行性蓝图。布尔斯廷进一步分析说，他们基于《圣经》的正统观滋养出一种实用而非乌托邦式的思想框架。他们的政治思想没有转向对"美好社会"的描述，正是因为《圣经》中已经提供了一个锡安的构架。并且《圣经》本身只是一部描述性而非思考性的著作。"也许因

[①] [美]艾伦·布林克利：《美国史（1492—1997）》，邵旭东译，海南出版社2009年版，第81页。

[②] Daniel J. Boorstin, *The Americans: The Colonial Experience*, New York: Vintage Books, 1958, p. 29.

为他们的基本理论问题已经得以解决，清教徒们能够专注于人文和实用性问题。足以令人惊奇的是，这些问题只是一个预演，它们将持续困扰着美国人的政治思想。他们关心社会的组织胜于关心社会的终结，关心的是怎样使社会有效胜于使社会美好。"①

根据布尔斯廷的观察，有三个问题困扰着新英格兰的清教徒们：其一是如何选举他们的领袖和代表。早期马萨诸塞湾殖民地的很多争论都是围绕着这个问题而展开的。他们将教会视为一个自治社区，那里没有英国那样的主教实施管理，因此要采用严格的标准慎选其成员，这样就可以避免不合格的人被选拔到领导岗位上。其二是如何适当限制政治权力。前述约翰·科顿有关地方官员权力的陈述较为准确地反映了殖民地的设计者们对于不受制约的政治权力的担忧。1641年12月被马萨诸塞大议会（general court）采用的《马萨诸塞法》（*Massachusetts Law*）以"自由之体"（The Body of Liberties）著称，原因在于"它是解释不同的社区成员的自由的方式来阐释整个法律体系的"②。其三是如何构建一个可行的联邦组织。权力如何在地方和中央之间合理地分配，这一问题最早出现在波士顿与周围市镇之间的关系格局中，独立后，十三州经历了从邦联到联邦的曲折，这一问题仍旧未能得到根本解决，最终酿成了一场血腥内战，让美国人的共和实验受到最为严峻的考验。

对于殖民地整体来说，其成长和成熟的主要标志是其自治能力的增强。李剑鸣在其《美国的奠基时代（1585—1775）》一书中认为："殖民地居民的自治能力在两个方面得到了充分体现。一方面，较之英国本土居民，殖民地普通民众拥有更为广泛的参与政治的权利和渠道；另一方面，殖民地精英积极发挥政治主动性，逐渐在英属北美政

---

① Daniel J. Boorstin, *The Americans: The Colonial Experience*, New York: Random House, 1958, p. 29.
② Ibid., p. 30.

治舞台上扮演主角。"①然而，无论是民众参与政治的权利和渠道，还是精英发挥政治主动性的舞台，都离不开可靠的制度性保障。而能提供这种制度性保障的最主要基石，就是各殖民社区以契约精神建立的各种类似于立法的特许状、条约和宣言。这些文件可大致分为两类，一类是英王授予的特许状，规定殖民地及其居民享有的权利和应尽的义务，性质类似于后来的宪法。也正因为如此，一些殖民地领袖如温斯洛普等将特许状视为殖民地基本法。另一类是各殖民地内部订立的盟约，不管是不是直接称为宪法，都带有宪法的性质。前者是每个英属殖民地建立的前提条件，因此也最为普遍；后者则是得到特许状的殖民者们，为了建构一个新的社会或者社区而订立的内部契约。所以在时间顺序上，我们经常会看到特许状之后就是殖民者内部的盟约，特许状与内部契约之间相隔时间越近，相应的，殖民地追求自治的愿望就越迫切。但特许状并不总是伴随着自治性盟约，英王于1606年4月10日授予伦敦弗吉尼亚公司的"第一弗吉尼亚特许状"（The First Charter of Virginia），鼓励该公司"通过建立居民点和种植场的方式发展一块殖民地，以容纳进入那块被称为弗吉尼亚的美洲地段和其他在美领地的各色人等"，之后又连续出现了两个特许状，即1609年的《第二弗吉尼亚特许状》和1611年的《第三弗吉尼亚特许状》，以及1621年的《弗吉尼亚法令》（Ordinances for Virginia），②虽然都是以推动殖民地创建、规范殖民地政府与社会管理为目的，但其自治特色要逊于新英格兰的各殖民地。

除了各殖民地建立之初订立的带有宪法性质的盟约和特许状之外，还有后来补充进来的各种形式的基本法。前文提到的马萨诸塞"自由之体法"即是其中之一，其他还包括1680年新罕布什尔的《基

---

① 李剑鸣：《美国的奠基时代（1585—1775）》，中国人民大学出版社2011年版，第258页。

② Yale Law School, Lillian Goldman Library, "The Avalon Project: Documents in Law", History and Diplomacy (http://avalon.law.yale.edu/subject_menus/statech.asp).

本法和自由权法》，1683年新泽西的《基本法》等。这种盟约精神进一步发展的结果，就是美国独立之前各个殖民地都制定了自己的宪法，作为殖民地人民安身立命的根本大法，这也是后来美国宪法的基础所在。如果我们将殖民地的立法传统追溯到1639年的《康涅狄格基本法令》，就可以看到，在1787年宪法出台之前，北美大陆上已经有了将近一个半世纪的立法实践。

另一条线索是启蒙思想至少在殖民地精英阶层中已经深入人心。从温斯洛普到美国的建国之父们，北美社会的开拓者和缔造者们都是怀着理想主义的梦想，并给他们的追随者以承诺，从"山巅之城"到伟大的共和国。这些承诺不仅激励着早期移民的奋斗精神，而且吸引着一批接一批的后来者加入这个伟大实验之中。温斯洛普从开始就谆谆告诫他的追随者们这场实验的神圣性质：我们将在这块新大陆建立一座"山巅之城"，全世界的人民将注视着我们。事实上也的确如此，从殖民地创建，到革命后合众国的成立和成长，这个在新大陆上诞生的全新的共同体从来就没有离开旧大陆人们关注的目光。他们好奇地看着这些为了梦想赌上自己一生的开拓者们，从宗教实验到共和实验，甚至到更晚的各种进步主义实验，他们为其中的很多实验贡献了思想和理论，他们也从这些实验中收获了灵感和经验，进而让现代政治理论更趋成熟。然而对于北美殖民地和后来美国的政治精英来说，他们并不能像旧大陆的关注者那样作壁上观，必须在充分吸收当时涌现出来的各种思想观念的基础上，审时度势地为自己的共同体设计一套长治久安的政治、经济和社会制度，只有那样才值得全世界的人们去仰望。

二 独立建国

从美国独立前夕各殖民地政治精英和知识精英发表的政治言论来判断，兴起于欧洲的启蒙运动在北美已成气候。这一时期最为流行的政治作品当属托马斯·潘恩在 1776 年 1 月发表的《常识》。潘恩在这本小册子的开篇即讲述了一个现代政治思想中的基本常识:"好些人一开始就把社会和政府混为一谈,仿佛这两个概念彼此没有什么大的区别,或甚至于就没有区别,但实际上这二者不但不是一回事,甚至连起源都是不同的。"① 在对以英国为代表的君主制政府进行了无情的抨击之后,潘恩也将共和制的好处告诉了殖民地人民。他认为"君主国家是决不会长期平安无事的",难以避免"伴随着王权生来就有的那种极度的骄傲和残暴",而"一个共和制政府,由于能以比较自然的原则作为组织基础,却常常能克服掉那种种错误"。② 潘恩以浅显易懂的语言将现代政治的基本常识传递到殖民地人民中。

无疑,17 世纪和 18 世纪的殖民经验培养了殖民者们的参与意识和契约意识,从而也决定了他们对于将要建立的政府的性质的基本诉求。③ 也正因为如此,当他们意识到殖民地人民的权利和自由有可能在他们不知情无参与的情况下被剥夺的时候,才感到英王乔治三世强加给他们的法令和赋税之难以容忍。从 1774 年 9 月 5 日到 10 月 26 日,由各殖民地代表组成的大陆会议在当时北美的政治中心费城召开,除了佐治亚之外的所有殖民地都派了代表,商量怎么回应英王加给十三殖民地的《不可容忍法案》(Intolerable Acts)。在那里,他们一口气通过了十项决议,来申明殖民地拥有的各种权利,并约好如果英国方面不能满足他们的要求就再次聚会商讨对策。英国政府的反应显然没能消除殖民地人民对于失去自由和权利的恐惧。正如李剑鸣指出的那样:"北美居民习惯于从自由和权利的角度来审视英国的政策,而很少从经济角度看问题。他们认定英国正在酝酿和实施一个剥夺人

---

① [美] 托马斯·潘恩:《常识》,何实译,华夏出版社 2004 年版,第 2 页。
② 同上书,第 53 页。
③ Michael Kammen, ed., *The Origin of the American Constitution: A Documentary History*, New York: Penguin Books, 1986, p. ix.

民自由的巨大阴谋。"① 1776 年 7 月 4 日，由各殖民地代表组成的大陆会议终于做出了一个划时代的决定，颁布了由托马斯·杰斐逊等人起草的《独立宣言》(Declaration of Independence)。

《独立宣言》作为美国的立国之本，被称作"一篇自由主义的宣言"，将启蒙时代形成的一些基本原则昭告天下："我们认为这些道理不言而喻"，即（1）"人人生而平等"；（2）"造物主赋予他们某些不可让渡的权利，其中包括生存、自由和追求幸福的权利"；（3）"为了保障这些权利，人们才在他们中间建立政府，而政府的正当权力，来自被统治者的认可"；（4）"任何形式的政府一旦对这些目标的实现起破坏作用时，人民便有权更换或废除它，并建立一个新的政府"；（5）"新政府所依据的原则和组织其权力的方式，就是在他们看来唯有这样才最有可能保证他们安全和幸福"。② 这些原则可以溯源到十几年前问世的洛克的《政府论》，但声称未做任何参考的《独立宣言》执笔人托马斯·杰斐逊对于这些原则显然已经烂熟于心，完全融入自己的思想中了。③

如果说《独立宣言》只是建国之父们向世人昭示他们拥抱启蒙思想和现代观念的立场，那么《美利坚合众国宪法》的制定就意味着他们决心把这些思想融汇到他们赖以生存的社会制度中去。所谓"76 年精神"（Spirit of Seventy-six）足以激发一场独立革命，但如何巩固革命的成果，建立一个强大的国家，就需要一些与鼓动和参与革命不同的素质，包括"纪律、社区秩序、自我约束以及更新后的对于社会和政治权威的遵从"④。因此，在托马斯·杰斐逊受命起草《独立宣

---

① 李剑鸣：《英国的殖民地政策与北美独立运动的兴起》，《历史研究》2002 年第 1 期。
② David C. Whitney, *Founders of Freedom in America: Lives of the Men Who Signed the Declaration of Independence and So Helped to Establish the United States of America*, Chicago: J. G. Ferguson Publishing Company, 1964, p. 30.
③ 参见钱满素《美国自由主义的历史变迁》，生活·读书·新知三联书店 2006 年版，第 19—20 页。
④ *The Federalist Papers* (Edited with an Introduction and Notes by Lawrence Goldman), Oxford and New York: Oxford University Press, 2008, p. xiii.

言》之即,大陆会员任命了一个以约翰·迪金森(John Dickinson)为首的委员会,为新政府的构架和性质准备了一部基本法,这就是后来被称作《邦联条例》的文件。后来证明《邦联条例》只是一个过渡性文件,既不能体现建国之父们的政治理想,也不能保证新政府有效运转。1782年亚历山大·汉密尔顿曾推动纽约州议会提议修改《邦联条例》,并得到马萨诸塞州的支持,但因为其他州没有呼应而作罢。1786年9月,一部分州的代表在马里兰州的安纳波利斯举行会议,商讨州际贸易等问题。汉密尔顿和詹姆斯·麦迪逊抓住这一机会,提议翌年5月开会修改《邦联条例》,为制宪会议的召开拉开序幕。

事实上,从1787年初开始,建国之父们已经着手开展一项其意义不亚于独立战争的伟大工程,那就是制定一部能够保证这个新国家长治久安的宪法。这年的1月,还在驻英大使任上的约翰·亚当斯(John Adams)就匆忙写就了一本名为《为美利坚合众国政府宪法辩护》的小册子,并将其复印件寄回国内以及在驻巴黎大使任上的杰斐逊。他认为,美国人民现在手中掌握着自亚当、夏娃以来上帝授权给这样少的一群人的最好的机会和最大的信赖,有条件组建一个理想的政府。"这个政府应该由三部分构成,即行政、立法和司法——要保持平衡,就需要一个强势的行政机构、两院的立法机构和独立的司法机构。"①

还原这场具有划时代意义的制宪会议的场景,或许会让我们更清楚地认识美国宪法产生对于人类历史的偶然中的必然性。会议原计划在1787年5月14日召开,却因为大部分代表都没能按时到达,直到5月25日才在费城的独立厅正式开幕。55名代表出席了这次会议,除罗德岛之外的12个州都派了自己的代表。会议名义上还是要对原来的《邦联条例》有所修正,但其召集者,包括汉密尔顿和麦

---

① David McCullough, *John Adams*, New York: Simon & Schuster Paperbacks, 2001, pp. 374–375.

迪逊等人，以及被他们说服的华盛顿，都已经下定决心要放弃《邦联条例》，为美国制定一部新的宪法。按照计划，会议一直要持续到9月，在宾西法尼亚州议会开会前结束。9月15日通过了宪法草案，但两天后在文件上签字的只有39人，其他代表因为各种各样的原因提前离会，包括纽约州的两名后来成为反联邦党人的代表罗伯特·耶茨（Robert Yates）和约翰·兰辛（John Lansing）。还有其他几名持相似立场的代表也离开了会议，有些是因为个人私事，如路德·马丁（Luther Martin）、乔治·维泽（George Wythe）等，但巧合的是，因为各种原因提前离会而没有在文件上签字的这些人后来多持反联邦党人立场，而坚持到最后并且在文件上签字的代表多数成为后来联邦党人的骨干。汉密尔顿虽然也因为工作原因中途离开了会议，但在会议结束前又回到会场。① 由此可以看出，推动这次会议和宪法出台的主要是一批坚定的联邦主义者，而其中最为核心的人物是麦迪逊。麦迪逊从制宪会议的召集，到宪法框架的设计，到推动各州批准宪法，再到后来作为宪法前十条修正案的"人权法案"的采纳，每一步都发挥了关键性作用，因此无愧于"美国宪法之父"的称号。

作为弗吉尼亚的代表，麦迪逊不仅通过《弗吉尼亚方案》② 将会议的性质由修改《邦联条例》转为制定一部新宪法，他还从会议开始就提醒其他代表，他们正在考虑一个"决定共和政府命运"的计划。尽管会议几乎是在半秘密状态召开的，意识到会议内容以及相关争论

---

① Jack N. Rakove, "Creating the Constitution", in Brian Lamb, *Book Notes: Stories from American History*, New York: Public Affairs, 2001, pp. 14–15.

② 《弗吉尼亚方案》（*Virginia Revolves, or Virginia Plan*），又称《兰道夫方案》（*Randolph Plan*），因其为弗吉尼亚代表埃德蒙·兰道夫（Edmund Randolph）在制宪会议上提出而得名。麦迪逊的传记作者称方案事实上是麦迪逊起草的，而麦迪逊则称方案是至少有7人参加的弗吉尼亚代表团一起商量的结果。参见 Catherine Drinker Bowen, *Miracle at Philadelphia: The Story of the Constitutional Convention, May to September 1787*, Boston: Little, Brown and Company, 1986, pp. 38–39。

对美国未来命运之重要的麦迪逊还是做出一个英明的决定，就是从开始就对会议辩论和决定都留下完整记录。①《弗吉尼亚方案》通过15项条款勾画出一个全新的政府，包括一个全国性的行政机构、全国性司法机构和一个由两院组成的全国性立法机构。麦迪逊为会议拟定的日程基本上就是围绕《弗吉尼亚方案》展开的讨论。因此《弗吉尼亚方案》也构成了美国宪法的基础，尽管每一条款都经历了各州代表之间激烈的争辩。制宪会议上的思想交锋，批准宪法过程中的激烈争论以及不满者在1791年底提出的《宪法》前十条修正案，即权利法案，都反映出建国初期美国政治精英们对于这场决定着人类命运与前途的实验的不安和分歧。

制宪会议最激烈的争论发生在6月6日。按照日程，这天讨论的是《弗吉尼亚方案》的第四条："全国立法机构的第一分支的成员应该由几个州的人民选举产生。"② 这就意味着人口较少的小州因为选举人数量有限，按比例选出的代表必然少于人口众多的大州，其在全国的政治影响因而会被削弱，因此很难被人口上的小州接受。6月6日早晨，南卡罗来纳州代表查尔斯·平克尼（Charles Pinckney）提出建议：第一分支的成员不是被多数人选出，而是由州立法院选举产生。③ 不管平克尼的动机如何，应该说，他的这个提议是有说服力的。《弗吉尼亚方案》对于国家机构的设计是将各州的立法机构排除在外的，而按照程序，宪法最终需要各州的认可，也就是各州议会的通过。平克尼的方案显然便于这一目标的达成。平克尼的方案同时还获得了对人民持怀疑态度的与会代表的支持。马萨诸塞的埃尔布里奇·格里（Elbridge Gerry）认为不能给予人民太多的参

---

① The World Bookencyclopedia (c) 2004 World Book, Inc., *About America*: *The Constitution of the United States of America with Explanatory Notes*, p. 8.

② Catherine Drinker Bowen, *Miracle at Philadelphia*: *The Story of the Constitutional Convention, May to September 1787*, Boston: Little, Brown and Company, 1986, p. 69.

③ Ibid..

政权。他提出，在英国人民有失去自由的危险，因为有选举权的人太少，而我们这儿正好相反，危险来自有选举权的人太多。看看在马萨诸塞发生的一切吧，"最差的人也被选入立法院了……一文不名、无知而下贱的人，不管用什么肮脏手段，都不遗余力地达到其目的"[1]。

美国建国之初，贫穷是令人憎恶的。"在大部分场合，贫穷（indigence）是个坏词。……1787年的美国四分之三的人从事农业，土地广袤而劳动力短缺。最穷的移民也可以很快挣够钱去买一块自己的土地，砍倒树木，竖起木屋，撒上种子，等待来年的收获。"[2] 对人民，尤其是穷人的惧怕，在美国的建国精英中还是普遍存在的。特拉华州的代表约翰·迪金森（John Dickinson）说："没有财产没有原则的普罗大众带来的最大危险，将会像在其他国家一样在我们国家泛滥。"[3] 由于在如何看待人民参与问题上意见不能统一，6月15日，新泽西代表威廉·派特森（William Paterson）向会议提出一个新方案，称作"新泽西计划"（New Jersey Plan）。与《弗吉尼亚方案》相比，新泽西计划要更为中庸一些，离原来的邦联政府构架相距不远。纽约州的代表约翰·兰辛（John Lansing）评论说：派特森先生的计划是要"延续被兰道夫先生毁掉的各州主权"[4]。宾夕法尼亚代表詹姆斯·威尔逊（James Wilson）在会上比较了新泽西方案与弗吉尼亚方案的异同。

弗吉尼亚计划建议两院立法机构，
新泽西，一院立法机构；

---

[1] Catherine Drinker Bowen, *Miracle at Philadelphia: The Story of the Constitutional Convention, May to September 1787*, Boston: Little, Brown and Company, 1986, p. 70.
[2] Ibid..
[3] Ibid..
[4] Ibid., pp. 104 – 105.

弗吉尼亚，立法权来自人民，
新泽西，来自各州；

弗吉尼亚，单一行政机构，
新泽西，一个以上；

弗吉尼亚，多数人的立法机构能发挥作用，
新泽西，少数人的小机构能够控制；

弗吉尼亚，立法机构能够对所有国家关心的问题立法，
新泽西，只针对有限的方面；

弗吉尼亚，立法机构拒绝所有州法，
新泽西，授权行政机构强力执行对州法的服从；

弗吉尼亚，通过弹劾可以撤销行政机构，
新泽西，尊重多数州的意愿；

弗吉尼亚，建立下层司法裁决机构，
新泽西，无相关条款。①

可以看出，新泽西方案更希望将权力控制在各州，而不是交给一个代表联邦的中央政府，更不是把权力交给各州的人民。新泽西方案在南方各州中似乎更有市场，州权的主张者担心一个强大的中央政府会侵蚀各州的权力，进而干预各州的制度安排，尤其是与现代国家理

---

① Catherine Drinker Bowen, *Miracle at Philadelphia: The Story of the Constitutional Convention, May to September 1787*, Boston: Little, Brown and Company, 1986, p. 106.

念格格不入的奴隶制度。在南方北方、大州小州围绕各州与联邦和各州之间权力划分争论不休的情况下,康涅狄格州的代表奥利弗·艾尔斯沃斯(Oliver Ellsworth)提出一个妥协方案,即各州在参议院拥有相同的席位和代表权,而众议院议员则由各州选民直接选举产生,视选民的人数分配代表数额。①

有学者指出:"联邦宪法草案并不是有关代议制政府的机制与细节的共同观点的产物,虽然同属于有产阶级的代表们无疑有着很多共性和相同的基本立场。而是一些来自英国传统、殖民地实践和各州宪法的关键性原则的组合:对人民负责的代议制,权力分割,司法独立等等——适用于特殊环境和特殊利益。"②对于大多数建国时期的政治精英来说,美国宪法首先要解决的问题是联邦政府权力分配的合理以保证运转的有效性。因此,尽管有北方与南方分歧、大州与小州之争以及各种利益集团之间的唇枪舌剑、针锋相对,但无论是上述平克尼这样的州权主义者,还是像华盛顿、汉密尔顿和麦迪逊这样一批将整个国家的命运与前途放在第一位的联邦主义者,都有一个共同点,就是希望建立一个有效的政府和稳定的秩序。因此,从1787年9月宪法公布到1788年6月新罕布什尔批准宪法使宪法获得9个州批准的有效多数,③历时近10个月,支持宪法的联邦派为之奔走呼号、折冲樽俎,政治观点的趋同让他们走到一起,形成"联邦党人",从而催生了美国早期的两党制度。

---

① 参见王希《原则与妥协:美国宪法的精神与实践》,北京大学出版社2000年版,第97页; Catherine Drinker Bowen, *Miracle at Philadelphia: The Story of the Constitutional Convention, May to September 1787*, Boston: Little, Brown and Company, 1986, p.129。

② *The Federalist Papers* (Edited with an Introduction and Notes by Lawrence Goldman), Oxford and New York: Oxford University Press, 2008, p. xiv.

③ 1788年6月21日新罕布什尔批准宪法以后,已经达到9个州的有效多数,从程序上说宪法已经生效。但因为弗吉尼亚和纽约两个颇具政治影响的大州还没有批准宪法,有学者认为当时"宪法实际上并没有立即生效"。直到6月26日和7月27日弗吉尼亚和纽约两州在麦迪逊和汉密尔顿等人的不懈努力下先后批准了宪法,才真正完成了宪法的批准过程。参见王希《原则与妥协:美国宪法的精神与实践》,北京大学出版社2000年版,第125页。

如果说关注权力分配往往是为利益所驱使的，那么关注人民的基本权利保障则更多的是出于对现代启蒙思想的深信不疑。1787年9月17日签署的新宪法的复印件在那年秋天寄到了还在英国大使任上的约翰·亚当斯手中。这位《马萨诸塞州宪法》的主要起草人敏锐地觉察到，他在那部州宪法中强调的对基本人权的保护并没有体现在这部联邦宪法中。他马上写信给担任美国驻巴黎大使的杰斐逊，指出了这个问题："你对一篇'权利宣言'是怎么看的？不应该有这样一件东西放在框架前面？"[1]

因长期担任驻法大使而未能参加制宪会议的杰斐逊也一直关注着会议的进展和政治的走向。他与麦迪逊保持着密切的通信往来，对制宪会议上各派分歧了如指掌，也经常把自己对于这场共和实验的观点传递给麦迪逊。宪法通过以后，差不多在亚当斯给他写信交流看法的同时，他也写信给亚当斯，询问后者对这部新宪法的看法。杰斐逊在信中对美国总统每四年可以重新当选并无明确限制表示不安："一旦就职，掌握了联邦的军事大权，没有参事会的帮助或者制约，他不会被轻易撤换，即便人民能够被说服而收回对他的支持。"他因此主张增加"三四条新条款"以培植这部新宪法的长处。[2] 对于杰斐逊的担忧，亚当斯并不以为然。或许是因为身处欧洲复杂的国际环境，亚当斯更希望国内政局长期稳定，并认为频繁的选举只会增加外国干预的危险，"选举越少危险越小"[3]。

杰斐逊对宪法的总的原则和结构是满意的，不管是否认同亚当斯对于强势行政机构和总统权力的看法，在亚当斯的提醒下，他也很快意识到宪法对人的基本权利保护的缺失。这种心态很快在他给麦迪逊

---

[1] David McCullough, *John Adams*, New York: Simon & Schuster Paperbacks, 2001, p. 379.
[2] "Thomas Jefferson to John Adams", November 13, 1787, in Michael Kammen, ed., *The Origin of the American Constitution: A Documentary History*, New York: Penguin Books, 1986, p. 84.
[3] "John Adams to Thomas Jefferson", December 6, 1787, in Michael Kammen, ed., *The Origin of the American Constitution: A Documentary History*, New York: Penguin Books, 1986, pp. 86 – 87.

的信中表达出来："我对于政府的设计，总体上是赞成的，它可以平稳地自行运转，而不必持续地反复诉诸州立法机构。我对于将政府组织为立法、司法和行政是赞同的。我对于将征税权赋予立法机构是赞同的，仅凭这一原因也赞同较大的议院由人民直接选出。……我现在补充一些我不赞成的。首先是缺少一个人权法案，借此无须诡辩就能清晰地保障宗教信仰自由、新闻出版自由、免受常设武装的侵害、限制垄断、永不懈怠地实施人身保护权法令、对于一切适用国内而非国际法律的案件都要由陪审团审判。"[1] 服膺于人民主权观念的托马斯·杰斐逊及其在弗吉尼亚州议会的支持者们，就是以增加保护人民权益的条款为前提才批准了这部宪法的。

在杰斐逊等人的推动下，麦迪逊在1789年6月8日向国会提交了作为宪法补充条款的《权利法案》(*Bill of Rights*)。9月26日，国会采用了十二条宪法修正案。10月2日，华盛顿总统正式将修正案转交各州批准。直到1791年12月15日，弗吉尼亚作为第十个州批准了对宪法的十条修正案，才使之成为美国宪法的一部分。因其内容关系到人类文明的进度，兹将全文翻译如下。

第一条：禁止国会制定任何法律以确立某种宗教，或禁止宗教信仰自由；或剥夺言论自由，或新闻出版自由，或和平集会，因不满导致的创痛而向政府请愿的权利。

第二条：一支规范良好的民兵队伍对于保障一个自由州的安全是必要的；人民持有和携带武器的权利不容被剥夺。

第三条：未经主人允许，军人不得在和平时期占用民房；战时占用民房须经法律允许。

---

[1] "Thomas Jefferson to James Madison", December 20, 1787, in Michael Kammen, ed., *The Origin of the American Constitution: A Documentary History*, New York: Penguin Books, 1986, pp. 90–91.

第四条：保障人民的人身、住宅、文件和财产不受到无理搜查和扣押的权利不得侵犯；在没有受誓言和确证支持成立的理由和没有具体说明搜查的地点可扣押的人和物时，不得发出许可证。

第五条：除非由大陪审团报告或者指控，任何人不受死罪或其他重罪审判，但发生在陆、海军中或发生在战时或出现公共危险时服役的民兵中的案件除外；任何人不得因同一犯罪行为而两次遭受生命或肢体的危害；不得在任何刑事案件中被迫自证其罪；不经正当法律程序，不得被剥夺生命、自由或财产。不给予公平赔偿，私有财产不得充作公用。

第六条：在一切刑事诉讼中，被告有权享有其犯罪行为发生的州和地区内的公正的陪审团迅速和公开的审判，该地区将事先由法律确定，并被告知控告的性质和理由；与原告证人对质；以强制程序取得对其有利的证人；并取得为其辩护的律师的帮助。

第七条：在普通法的诉讼中，若其争执价额超过二十美元，将保留由陪审团审判的权利。由陪审团裁决的事实，合众国的任何法院不得在普通法的规则之外重新审查。

第八条：不得要求过多的保释金，不得处以过重的罚金，不得施加残酷和非常的惩罚。

第九条：本宪法对某些权利的列举，不得被解释为否定或轻视由人民保留的其他权利。

第十条：宪法未授予合众国的，也没有禁止各州行使的权力，由各州各自保留或者保留给人民。[①]

王希在其著作中对权力法案做了如下评价：

[①] Michael Kammen, ed., *The Origin of the American Constitution: A Documentary History*, New York: Penguin Books, 1986, pp. 383 – 384.

权利法案列举的基本权利实际上来源于英国普通法和殖民地时期权利的积累。从这个意义上看，权利法案是对北美权利传统的继承。虽然各州的宪法都明确宣称保护这些权利，但在宪法中列举这些权利有特殊的宪法意义。权利法案的加入没有削弱原宪法的原则，反而保证了原有州对宪法的支持。另一个重要意义是，殖民及革命时期建立的所谓"自然权利"通过权利法案转化成了宪法权利，从而完成了美国革命的另一个原始目的：维护殖民地居民的基本权利。[①]

美国《宪法》第六条第二款将其本身的地位确定为"国家的最高法律"。美国宪法明确了由选举产生的政府才是唯一具有合法性的政府。宪法的正文主要涉及国家的权力结构，包括联邦与各州之间的权力分配，立法、行政和司法之间的权力分配等。宪法对人权的保障主要体现在其前十条修正案中。如果说1787年宪法为北美大陆上的现代共和实验规划了政府构架、提供了制度性保障的话，那么权利法案则是在这个制度下保障了美国公民的基本权利不受政府权力的侵扰，从而回应了革命之初潘恩所强调的社会和政府不能混为一谈的基本常识。美国宪法的人民主权原则和权利法案的基本人权保障结合在一起，至少在形式上实现了美国革命的初衷。

三 被革命遗忘的角落

以我们今天的眼光审视美国人在两个多世纪之前完成的这部伟大的宪法及其作为修正案的权利法案，还是能够看到其明显缺憾的，尤其是对妇女权利和黑人权利的漠视，成为建国初期美国政治精英国家

[①] 王希：《原则与妥协：美国宪法的精神与实践》，北京大学出版社2000年版，第133—134页。

构想的主要瑕疵。事实上,在建国之父们的眼中,能够享受充分政治权利的只是白人有产阶级。有学者指出:"革命领袖们对于共和政治的界定是如此狭小,并未将所有美国白人包括在内。只有有财产的人才能在州选举中投票,因为财产权被认为是确保共和公民(republican citizenship)所需独立判断的必要条件。"[1] 不仅白人中的穷人被排除在选举权之外,妇女也在大部分情况下被剥夺了选举权。这种现象在很大程度上是继承了殖民地时期的做法,美国独立之前也鲜有妇女担任公职或者参与投票。有一个例外就是新泽西,这个州在 1776 年制定的州宪法将选举权对所有符合财产和居住要求的自由居民开放,因而在 18 世纪 80 年代有一定数量的拥有财产权的妇女借机参与了投票。但好景不长,有一位政治领袖表示看到妇女投票"简直恶心",他断言:"很明显,妇女无论从天性、习惯还是教育水平上看,总体上都不适合这项任务,既不能给她们自己带来信誉,也不能给公众带来好处。"[2] 1807 年新泽西州议会专门通过一条法令,剥夺了该州妇女的选举权。

  同样值得关注的是美国建国之父们对黑人等少数民族权利的漠视。或许是因为珍惜十三块殖民地走在一起的不易,珍惜刚刚诞生的新国家,深受启蒙思想熏染的政治精英们却将在当时已经成为现代世界众矢之的的奴隶制视若禁忌,避免在公开场合讨论。第一任总统乔治·华盛顿和第一任国务卿托马斯·杰斐逊都是来自弗吉尼亚的奴隶主,他们个人都对黑人奴隶制度心存反感,但却不敢在公开场合对其提出非议。华盛顿对奴隶制度态度的转变始于他作为大陆军总司令指挥独立战争期间。战争之初,华盛顿反对黑人参加大陆军,不管是自由人还是奴隶。但当他发现英军欢迎殖民地的黑人加入,并承诺给他们自由,因此而吸引了大批黑人前往投奔后才改变主意,允许黑人加

---

[1] Gary B. Nash, et al., *The American People: Creating a Nation and a Society*, Volume One, New York: Harper Collins College Publishers, 1994, p. 205.

[2] Ibid., pp. 205–206.

入大陆军。独立战争期间大约有5000名黑人加入了殖民地阵营，而投奔英军的则多达8万人。

独立战争期间一直到建国初期，废奴运动开始在大西洋沿岸酝酿，从1780—1800年，弗吉尼亚的自由黑人从3000人增加到20000人。华盛顿虽然也反对买卖黑奴，但是，除了在1799年施予曾经在独立战争中一直服务于他的奴隶威廉·李"即可的自由"外，他并没有释放他拥有的其他奴隶，只是在其遗嘱中交代说，在他夫人去世后，他们的123名奴隶就可以获得解放。[1] 可见华盛顿高贵的品格并没有体现在他对美国奴隶制的想法和举措中，而是首先着眼于联邦中白人的团结和家庭中妻子的生活保障。1799年12月14日华盛顿弥留之际，他的黑人奴隶们都忠诚地服侍在他的病床周围，"房间中黑人数量超过了白人"[2]。

据说另一位开国元勋本杰明·富兰克林在制宪会议期间一直带着一个计划，那就是要在新的联邦中逐步解放所有的奴隶。但他同样意识到，如果没有奴隶制，没有臭名昭著的"五分之三"条款（所谓"五分之三"条款，即将奴隶看作"其他人"，而不是公民，他们因为众议院份额和征税的需要被按五分之三的比例计算）[3]，包括了南方诸州的新国家也就不会产生了。政治上的妥协带来的是美国这样一个全新的现代国家纵容南方蓄奴州对黑人奴隶人权的继续践踏。

四 欧洲人眼中的美国

如果将清教徒建立的"山巅之城"看作人类社会在新大陆的一场试验的话，那么以《独立宣言》和美利坚合众国宪法为标志的新

---

[1] https://www.mountvernon.org/george-washington/slavery/washingtons-changing-views-on-slavery/.

[2] Philip D. Morgan, "'To Get Quit of Negroes': George Washington and Slavery", *Journal of American Studies*, Vol. 39, No. 3, December 2005, p. 403.

[3] *The Federalist Papers* (Edited with an Introduction and Notes by Lawrence Goldman), Oxford and New York: Oxford University Press, 2008, p. xiv.

国家的建立则是这场试验由小到大、由局部到全体的延伸和普及。无论是早期马萨诸塞湾殖民地的领袖温斯洛普，还是革命时期的建国之父们，多怀有某种使命感去投身这场试验。开始受到关注的只是一小部分清教徒，也就是经过严格筛选而被吸收为教会成员的合格的清教徒，他们被赋予较为完整的政治权利，包括选举权以及被选举和任命担任公职的权利。随着时间的推移，宗教观念在他们的后代当中逐渐淡化，但世俗化的社会仍然保留着原来仅限于教会成员的某些政治、文化传统，包括民主程序、平等观念以及追求个人的救赎与自由。如果我们以清教文化作为美国文化源头的话，就会看到这场试验由普利茅斯、马萨诸塞到新英格兰，再到十三殖民地结合在一起建立的联邦共和国的延续与扩张。影响这场试验的因素除了清教主义之外，还有母国英国的文化传统、公司制度以及17—18世纪崛起于欧洲的启蒙思想，也包括北美大陆的自然环境等外部因素，它们一起形成了这个新社会的实验室效应。诚如当初温斯洛普所预期的那样，"全世界的目光都在注视着我们"，从殖民地创立到合众国成立，再到后来每一步的扩张与发展，美国的确在很多时候是世界其他各国关注的焦点。

美国建立之初，欧洲人不仅一直从远处观望着这个新兴的国家，而且有很多人利用各种机会造访这个令人好奇的社会。先是法国人，继而是英国人。法国人因为在独立战争中支持美国而最先接触美国各州，他们把在美国的见闻写在日记里或家书中，留下很多以他者的眼光观察美国社会的珍贵文字。有的法国人为美国纯良的社会风气所吸引，在造访宾夕法尼亚后这样写道："去吧，你们这些好战的民族，你们这些奴隶和暴君，去宾夕法尼亚！在那里你们会发现所有的门户都大开着，所有的财产都无人看守，不只是士兵，还有很多商人和劳工。"[1] 生活在绝

---

[1] Catherine Drinker Bowen, *Miracle at Philadelphia: The Story of the Constitutional Convention, May to September 1787*, Boston: Little, Brown and Company, 1986, p.141.

对专制王朝末期的法国人，初次接触等级和阶级意识都很淡薄的美国社会，一切都充满新奇。反映这个时期美国社会生活的最重要的作品之一就是曾经定居美国的法国人让·戴·克雷夫科尔（Jean de Crèvecoeur, 1735—1813）撰写的《一个美国农夫的来信》（*Letters from an American Farmer*）。克雷夫科尔生于法国，1754年移民到北美殖民地，在纽约附近的一个农场定居。1790年又回到法国安度余生。他对北美社会有一段经典描述：

> 在这里他看到美丽的城市，富足的乡村，广阔的田野，一个到处是体面的房舍、良好的道路、果园、草地和桥梁的浩瀚的国度，而在一百年前，这里还是杂草遍地、野树丛生的蛮荒之地！这美妙的景象定会引起人们愉快的联想，这前景必将激起一位好公民最舒心的快感。难点在于怎样来看这幅如此广阔的画面。他是来到一个新大陆；一个现代社会所呈现的，迥异于他迄今所见，让他陷入沉思。这不是像欧洲那样，贵族老爷拥有一切，平民百姓一无所有。这里没有贵族家庭，没有宫殿，没有国王，没有主教，没有教会控制，没有给少数显赫的人那种无形的权力，没有雇佣几千人的大制造商，没有靠奢侈撑起的风花雪月。富人和穷人不像在欧洲那样相差甚远。从新斯科舍到西佛罗里达，除了几个城镇之外，我们都是大地的耕耘者。我们是一个耕种者的民族，散居在一片广袤的领土上，通过良好的道路和通航的河流相互交流，由温和政府的丝带联在一起，大家都尊重法律而不畏惧其权力，因为法律是公平的。我们生气勃勃，勤奋进取，这是一种解除了镣铐、不受约束的精神，因为每个人都是为自己工作的。如果他到我们的农村地区旅行，他看到的不是充满敌意的城堡和高傲的豪华大厦与土坯房和茅草屋形成的对照，不是居住在鄙陋、烟雾和贫困之中的牛和人依偎取暖。我们所有的住宅都体面殷实，和谐一致。我们最差的木屋也是干燥舒适的住所。律师

和商人是我们城镇提供的最适当的头衔，而农场主则是我们国家乡村居民的唯一称谓。他必须经过一段时间才会适应我们的词汇，在我们的词典里缺少表示高贵的词汇和显赫的名称。①

关于美国的传闻在大革命前后的法国显然具有特别的吸引力，各种游记更是大受欢迎，以至于有一位从未踏足美洲大陆的人化名撰写美国游记，描述他的各种历险和蠢事，居然获得畅销，直到他在第八版改用真名，人们才知道他的故事都是道听途说或杜撰出来的。②

关注美国的欧洲人并非都是为好奇心驱使的旁观者，仍有一部分严肃的观察者将美国的试验与人类的命运甚至自己的理想前途联系在一起。应该说，美国在欧洲的朋友并不多，但却不乏能言善辩者。拥护启蒙思想和具有革命情怀的一部分人将美国的成功看作欧洲变革的曙光，不遗余力地为之辩护，以在欧洲寻求广泛的支持。对美国革命时代颇有研究的已故美国著名传记作家凯瑟琳·德林克·鲍恩评论说："不管是感到恐惧还是高兴，这个新生国家的精神潜力都得到了专制君主和启蒙主义者的同时认可。"③

除了广袤的森林和辽阔的土地之外，欧洲人也对美国人的物质生活和精神生活印象深刻，他们会关注教堂设施、图书馆藏书和文化活动。也许在很多外来者眼中，美国社会的平等意识是跟欧洲社会反差最大的。一位叫莫罗·戴·圣梅里（Moreau de St. Méry）的法国旅行家对不同身份的美国公民之间的平等一直称奇不已，这是他在到达美国之前闻所未闻的。④ 平等在美国不再仅仅是哲学家和诗人们的话题，

---

① Hector St. John de Crèvecoeur, *Letters from an American Farmer*, New York: E. P. Button & Co., 1912, pp. 39 - 40. 翻译参考了人人网"演讲"中相关内容：http://page.renren.com/600009825/channel-noteshow-469621399。

② Catherine Drinker Bowen, *Miracle at Philadelphia: The Story of the Constitutional Convention, May to September 1787*, Boston: Little, Brown and Company, 1986, p. 145.

③ Ibid..

④ Ibid., p. 153.

而是"被付诸实践,当作寻常事"。在私人住宅,既看不到搬运工(porters)也看不到守门人(doorkeepers);在波士顿,当欧洲客人们晚上拜访州长时,前来应门的是州长自己。① 当年曾经在华盛顿麾下担任军官的法国贵族惊奇地发现,一些退休的美军上尉和少校们现在却在经营小酒馆,一位药剂师曾经当过将军。在欧洲这是不可想象的,军人都是职业的,一个男人一旦买下军官的位子也就意味着他是政府的人了。②

从外来者的眼中看到的美国,不仅让当时的欧洲人能够辨识这个新社会的特殊之处,也可以让我们今天的读者身临其境地领略美国建国后在经济文化上取得的和谐。跟美国若即若离的克雷夫科尔对美国宗教融合所做的描述让我们看到了这个现代化的实验室在文化上发挥的熔炉功能:

> 既然向你们展示了欧洲人是怎样变成美国人的,可能也不会在意向你们展示类似的各种被介绍到美国的基督教宗派是怎样淡化的,以及宗教模糊是怎样流行的。当具有一定数量的一个特殊教派正好毗邻而居,他们会马上竖起一座教堂,在那里敬奉与他们自己的古怪观念相一致的神祇。没有人去打扰他们。……但是,如果这些属于某个教派的人不是住在一起,如果他们与别的教派杂居着,他们的热情会因缺少燃料而冷却,不久之后就熄灭了。然后,美国人之于宗教就像他们之于国家一样团结在一起。③

借助于法国大革命和拿破仑战争带来的天时,借助于北美大陆丰

---

① Catherine Drinker Bowen, *Miracle at Philadelphia: The Story of the Constitutional Convention, May to September 1787*, Boston: Little, Brown and Company, 1986, p. 154.
② Ibid., p. 155.
③ J. Hector St. John de Crèvecoeur, *Letters from an American Farmer*, New York: E. P. Button & Co., 1912, p. 48.

富的物质资源造就的地利，更借助于博学多识的建国之父们在制度设计上表现出的人和，独立后的美国的确呈现出一派欣欣向荣的景象，也吸引着旧大陆各国移民源源不断地补充进来，成为领土扩张与国力增长的生力军。

小　结

与旧大陆许多传统国家不同，美国在社会与国家的起源上都有清晰的线索可循。欧洲的文明基因，尤其是契约精神，在新大陆孕育出一个崭新的共同体。从十三个殖民地到独立初期松散的邦联，再到根据1787年宪法重新构建的联邦，欧洲人在这块新大陆的试验完成了由传统到现代的跨越。由殖民者成为美国人，他们不仅摆脱了欧洲大陆的封建制度和等级观念，也在新的社会实践中逐渐洗去了欧洲传统残留下来的宗教色彩。在这一变化过程中，起源于欧洲而在欧美乃至全世界的文明交流中不断壮大的启蒙思想发挥了推动和指导作用。《独立宣言》中所昭示的"人人平等""天赋人权"和"人民主权"等民主、自由和契约观念，1787年宪法及其前十条修正案中所确认的权力制衡、政教分离以及自由至上等立国原则，都在某种程度上吸收了启蒙思想中最为精华的部分，是启蒙思想的被付诸实践的体现。因此可以说，在美洲大陆诞生的这个新国家是启蒙时代最伟大的成果。

然而，欧洲传统中的种族主义和男权主义等负面因素并未因启蒙运动的到来而退出历史舞台，反而在新大陆变本加厉。在现实生活中，启蒙思想对于身处不同种族、阶级和性别的个人并非雨露均沾，与其理想主义目标之间尚存在不小的距离。

第四章　工业化大潮中失意的农民

美国建国之初还是一个典型的农业国家，9/10的美国人口属于农业人口，即使在最具有商业特征的新英格兰，大多数人口也是农民。正如一位美国史学家所指出的那样，"1775年的美国是一块小农的土地"[①]。一直到1800年，全国的劳动力中从事农业的还占83%。[②] 即使在经历了半个多世纪的工商业立国政策之后的1862年，当美国农业部成立和《宅地法》颁布时，美国农业人口仍占全国人口的3/5。如前文所示，曾在纽约州从事农业经营多年的法国人克雷夫科尔非常自豪地向欧洲人炫耀说："农场主（farmers）是我们国家乡村居民的唯一称谓。"[③] 联系克雷夫科尔在写这段文字时的语境，我们不难看出，他引以为豪的"农场主"应该是具有典型意义的农场的拥有者，不包括靠出卖劳动力为生的佃农或者农业工人。[④] 一直到内战之前，

[①] Malcolm J. Rohbbough, *The Trans-Appalachian Frontier, People, Societies, and Institutions: 1775–1850*, New York: Oxford University Press, 1978, p. 32.

[②] Gary B. Nash, et al., *The American People: Creating a Nation and Society*, Volume One, New York: Harper Collins College Publishers, 1994, p. 278.

[③] J. Hector St. John de Crèvecoeur, *Letters from an American Farmer*, New York: E. P. Button & Co., 1912, p. 40.

[④] 按照维基百科的解释，"农场主"（farmer）也称"农民"（agriculturer），指从事农业的人，包括种植用于食物和原料的动植物。该术语通常指从事种植农作物、果园、葡萄园以及养殖家禽和其他牲畜等多种经营的人。一位农场主可能拥有自己的农场，也可能作为劳动力在别人的农场里工作，但在发达经济中，农场主通常是农场拥有者，而农场中的雇佣人员称为"农业工人"（farm workers）或"农场帮工"（farmhands）。除非强调某种称谓在某个阶段的特殊含义，本书中对美国农民和农场主两种表述便而用之，不加区别。

除了南部性质特殊的种植园农业之外，北部和西部的农业都是以自由农场为主要形式。这些可称为农场主的农民大多拥有自己的土地，全家人一年四季劳作在自己的农场中，虽然劳累，但总有收获的快乐，在别人眼中颇具有田园诗般的浪漫色彩。正因为如此，在富兰克林、杰斐逊等建国之父们心中，农业应该是一个平等的共和国的主要基础，拥有自己财产的农民或者农场主是共和制度的主要支持者。

内战后的第二次工业革命，将美国由一个农业国迅速转变为一个工业国。受益于《宅地法》等土地优惠政策而刚刚经历了短暂繁荣的中西部农民，现在却不得不面对一场生死挑战，因为美国经济已经逐渐为新崛起的工商业巨头所掌控。像人类历史上所有社会转型一样，美国内战和重建之后30年的工业化在很大程度上改变了人们的生活方式和社会地位。在早期美国历史中，农民还是一个令人向往的体面阶层，而现在却正在失去经济和政治上的重要性，从而也将失去他们过去的社会地位。多年的积怨在19世纪的最后30年酿成一场从南到北的社会抗议运动，史称平民主义运动。农民的怨恨是多方面的，但大体上可分为两类，即经济上的不幸和政治上的失意。换言之，尽管平民主义者的困难主要来自他们的经济生活，但他们的怨恨和抗议从一开始就超出了经济范畴，后期的运动更多集中于政治领域，但总体上没有超出其初衷，就是在工业化的压力下寻求社会公正。痛感世风日下、社会不公，是19世纪后期美国农民较为普遍的心理状态。因此，我们这里要讨论的平民主义运动不仅仅是一场经济和政治诉求，而且是一种以追求社会公平正义为主旨的意识形态抗争。[1]

---

[1] 过去我国美国史学界习惯于将populists译作平民党人。考虑到平民党（Populist Party）正式成立于1892年7月，而在这之前就已经出现了平民主义运动（populist movement），因此本书采用资中筠在其研究中有关"农民"和"平民主义"的提法。即将农业劳动者和小农场主统称为农民，将19世纪后期农民的联合与抗争统称为平民主义运动。

一 19世纪农业美国的拓展

美国建国之初,不少人心目中曾经有一种对于自给自足的农业社会的向往,最为典型的当然还是杰斐逊的农业民主社会理想。在杰斐逊眼中,"在田间劳作的人们,是上帝的选民。……他们是最勤奋、最独立、最有价值的公民"[1]。杰斐逊梦想的由自耕农组成的农业社会,在早期美国人心目中留下深刻印象。这种源自中世纪的自耕农理想,在圈地运动之后的欧洲几近破灭,但却在早期的美国延续下来,并一度发扬光大。自尊、独立的农业生活,被认为是最富有贵族气息的。乡村生活的质朴和农民的自爱,与市井的繁杂和市民的狡黠形成鲜明对比。从柏拉图到维吉尔,欣赏的都是农民的独立与自尊,鄙视那些眼睛总盯着别人口袋的城市商人。[2] 在人类的早期文明中,无论是东方还是西方,都有一种对农民品质的崇尚和追求,成为后来所谓"农业神话"形成的语境。

美国家庭农业的早期繁荣始于中大西洋殖民地——宾夕法尼亚、特拉华、新泽西和纽约。尤其是威廉·宾领导建立的教友派殖民地宾夕法尼亚,无论是政治制度还是经济模式都没有照搬南卡罗来纳州的等级制和种植园,而是依靠相对平等的社会关系和源源不断的德国移民发展了粮食农业,成为当时独立自由的家庭农业的典范。

得益于广泛的土地拥有权,美国的农业社会,尤其是在北方,并不像旧世界那样两极分化。一个典型的北方农场一般拥有100—200英亩土地。一直到18世纪末,玉米是新英格兰地区的主要农作物,小麦则广泛种植于纽约和弗吉尼亚等中部地区。生长在边远地区的黑

---

[1] John Allen Krout, Dixon Ryan Fox, *The Completion of Independence*, in Arthur M. Schlesinger, Dixon Ryan Fox, eds., *A History of American Life*, Volume Five, New York: The Macmillan Company, 1944, p. 92.

[2] Ibid., p. 92.

麦是苏格兰爱尔兰人蒸饼和德国人面包的主要原料。燕麦中差的喂牲畜，好的留给人吃，是苏格兰移民喜欢的食物。大麦在纽约和新泽西也十分常见。农民们往往会在不同的季节、不同的地段，栽种不同的作物，这样他们在某一季节只需致力于某一小块土地。马萨诸塞东部一家中等规模的农场一般有一到两匹马，一到两头耕牛，15 头其他牲畜，一般会包括 5 头奶牛、5 头猪，另外有一半的农场还有 10—20 只可以剪毛的羊。[1]

与旧大陆相比，早期的美国农民在经济上自给自足的特征更为明显。农民们在繁忙的季节的确需要家庭之外的人手，然而，青壮劳动力大都有自己的土地和事业，不需要为别人帮工，一般家庭所能雇到的多是尚未开始立业的年轻人。由于劳动力缺乏，农民耕作时多半是上阵父子兵，德国移民或者是来自苏格兰的爱尔兰人家庭有时也会让家里的女人们来帮忙。此外，丰富的石头和木材资源让一般移民家庭都可以自建一座农舍。除了吃的住的靠自己外，大多农民家庭还自己纺纱织布，解决穿衣问题。[2] 出身农民家庭的罗德尼·维尔奇（Rodney Welch）回忆说："我的童年是在新英格兰的一片山坡农场中度过的，农民构成了社区中最为独立的阶级。他们从事家庭畜牧业，包括农田、牧场、菜园、果园和树林的所有管理工作。家庭所需的几乎所有食品都要靠自己生产。"除了食品之外，每个农场还是一个生产家庭必需品的车间，"不只生产一种产品，而是多种产品"[3]。靠全家人的劳力，农民们不仅可以保持起码的体面生活，还可以为后代留下一份遗产。

正因为如此，早期的美国开拓者们十分重视土地，认为它是经济

---

[1] John Allen Krout, Dixon Ryan Fox, *The Completion of Independence*, in Arthur M. Schlesinger, Dixon Ryan Fox, eds., *A History of American Life*, Volume Five, New York: The Macmillan Company, 1944, pp. 92 – 96.
[2] Ibid., pp. 104 – 105.
[3] Rodney Welch, "The Farmer's Changed Condition", *The Forum*, Vol. 10 (1891), pp. 689 – 690.

独立和政治权力的保证。没有欧洲的教会枷锁和封建羁绊，美国的农场主们更为珍惜他们所拥有的让欧洲大陆农民羡慕的自由和机会。也许正是这样的社会条件培育了美国人的自耕农意识，那就是不依赖别人，独立自主，靠自己的双手养活自己。

从18世纪最后十年开始，美国的拓殖范围就超出了原来的十三州。在北方，首先是沿俄亥俄河，经匹兹堡，向五大湖地区推进；而在南方，从弗吉尼亚和北卡罗来纳出发的大篷车，沿着阿巴拉契亚山麓，抵达田纳西谷地的东部和中部以及肯塔基。理查德·亨利·李在写给詹姆斯·麦迪逊的信中，提到当时促使人们从弗吉尼亚向肯塔基迁移的两点原因："摆脱繁重赋税和寻求新的土地。"尽管有自然条件的限制和来自印第安人的威胁，向西部迁移的人们还是对土地充满激情。一位名叫菲利克斯·沃尔克的新移民初到肯塔基时，面对广袤的土地发出由衷的赞美和感恩。对他们来说，土地不仅是生活的依靠，也是自由的保证。① 当然，除了以个人为主体的自发移民之外，还有农场主和土地投机商发起的有组织的探险和拓殖。北卡罗来纳的贾奇·理查德·亨德森（Judge Richard Hendersen）就是早期西部开发的组织者之一。②

18世纪末和19世纪初跨越阿巴拉契亚的移民，寻求的还是自给自足的农业生活。人们关注的只是来自土地和丛林的直接生活需求，与自足的农业相伴随的是与东部的皮货贸易，通过俄亥俄河—密苏里河—密西西比河三河交叉的水道，与东部保持着基本的贸易沟通。移民们往往只是随身携带少量硬通货，而波士顿的商人们也会通情达理地允许他们以农副产品换取生活所需的种子、工具和油盐食品。像旧大陆一样，农民们的生活节奏也是由季节决定的。春天是迁移的季

---

① Malcolm J. Rohbbough, *The Trans-Appalachian Frontier, People, Societies, and Institutions: 1775-1850*, New York: Oxford University Press, 1978, pp. 23-25.
② Ray Allen Billington, *The Westward Movement in the United States*, Princeton: D. Van Nostrand, 1959, pp. 105-108.

节，而到了冬天，他们会忙着架起篱笆，建立房屋，修理农具。在土地上的劳作也分为春耕、播种、护理、收获和储藏几大步骤。而要改善这种传统的农业生活，首先要靠增加牲畜等副产品的产量，然后在邻近的集市上将它们出售给新来的移民。

从1795—1815年，早期移民的经济生活经历了三个台阶：自足农业，剩余农业和大宗农产品生产。然而，早期所谓大宗农产品生产还是停留在极为有限的水平上，由自然农业向商品化农业的转型非常缓慢，主要原因是市场有限。一位叫雅各布·伯纳特的新移民提到俄亥俄河谷的情况时说："对于一个农民来说，当产量的四分之一就可以满足他的目标时，通过细心照料让他的土地从50蒲式耳增产到100蒲式耳是没有多大意义的，因为没有市场来出售他的剩余产品。"[1]

然而，这种自给自足的自然经济并未持续多久，路易斯安那的购买完全改变了美国的经济格局，也改变了农业的发展前景。这块原属于法国的殖民地的农业经济比英属殖民地具有更强的商业化特征。在那里，除少数法国人的后裔世代从事传统农业外，还存在着以世界市场为目标的生产棉花和蔗糖等大宗农产品的规模庞大的农场，而坐落在密西西比河出海口的新奥尔良则是这种商业化的农业经济的发动机。不仅如此，路易斯安那购买让美国领土增加了一倍，让俄亥俄河—密苏里河—密西西比河三河水道贯通南北。商人们将俄亥俄河谷的农产品在新奥尔良出售，然后到东部的纽约、费城和巴尔的摩解决资金和信用问题，再进行新一轮的贩运。[2] 一个休闲的富余的商业阶层在三河沿岸的匹兹堡、辛辛那提和新奥尔良等地崛起了，在他们自己赚得盆满钵满的同时，也在一定程度上改善了农民的生活。南部以大宗农产品种植为业的农民，或者叫种植园主，从一开始就依托于国

---

[1] Malcolm J. Rohbbough, *The Trans-Appalachian Frontier, People, Societies, and Institutions: 1775–1850*, New York: Oxford University Press, 1978, p. 99.

[2] Ibid., p. 101.

际市场。即使北方的以生产粮食、牲畜为业的农民,现在也被卷入市场经济之中,受那些既给他们带来财富又让他们承受风险的商人们的操控。

然而,在内战之前,除了南部棉花种植地带的大规模种植园之外,大部分中西部农村商业化程度并不高。从1795—1815年,在跨阿巴拉契亚边疆地带出现了几种社会类型。首先是从东部移植过来的新英格兰式的社区,其次是散落在密西西比河上游谷地的法国乡村,而更多的还是分散而又没有明显社区特征的边疆社会,总体上保持着乡村化、孤立和在较大程度上自给自足的状态。[1] 早期的这种以体力劳动为主的农业生产尽管比较艰苦,但却形成了一种平等观念。关于早期的农业生活对后来美国意识形态的影响,一些美国史学家有这样的观察:

> 与它脱胎而来的旧社区相比,边疆社会在一个短暂的时期内好像特别单纯。在挑战包围着他们的自然力量的过程中,人们都是平等的,或者接近平等。一种平等的观念渗透到他们对于人际关系的思考当中,并且转换成法律条文和政治形态,尽管这种转变有些不够完善。[2]

从1815年到内战爆发,美国又经历了两波西进浪潮。第一波从1815—1830年,在这次西进运动中建立了印第安纳州(1816)、密西西比州(1817)、伊利诺伊州(1818)、亚拉巴马州(1819)和密苏里州(1821)。19世纪20—30年代的密西西比河谷已经布满了种植

---

[1] Malcolm J. Rohbbough, *The Trans-Appalachian Frontier, People, Societies, and Institutions: 1775-1850*, New York: Oxford University Press, 1978, p.134.
[2] John Allen Krout, Dixon Ryan Fox, *The Completion of Independence*, in Arthur M. Schlesinger, Dixon Ryan Fox, eds., *A History of American Life*, Volume Five, New York: The Macmillan Company, 1944, p.146.

园和农场。① 总的来看，在这一阶段，尽管蒸汽船已经开始用于河上运输，但还没有改变人们的生活方式。新来者所到之处，看到的还是跟过去一样的农业世界。② 来自康涅狄格传教协会的牧师提莫西·弗林特（Timothy Flint）曾在密西西比河谷一带开展过传教活动。他在自己的回忆录《过去十年》（*The Last Ten Years*）中描述了西部的边疆生活：

> 一个勤奋的年轻人只需两年的劳动就可以建起一片农场，足以养活一个小家庭。实际生活中不需要太多的劳动。松湿的土壤中没有石块，无需肥料，适宜于它的农作物，包括玉米、水果和小麦在这里可以获得很高产量。③

第二波移民从1830—1860年，已经延及北部的密歇根、艾奥瓦、威斯康星和明尼苏达，并向西南部的得克萨斯和被称为"远西部"（the far west）的俄勒冈、犹他和加利福尼亚挺进。④ 除了一部分早期移民的后代之外，来自海外的移民越来越多。内战前美国经济的高速增长吸引了大批欧洲新移民，尤其是较为贫穷的农民和工人。从1840—1859年，有430万新移民来到美国，其中超过40%来自爱尔兰农村。⑤ 到五大湖地区的移民很多来自德国和斯堪的纳维亚半岛。1848年威斯康星建州时，其305000名居民中的1/3是在外国

---

① Ray Allen Billington, *The Westward Movement in the United States*, Princeton: D. Van Nostrand, 1959, p. 47.
② Malcolm J. Rohbbough, *The Trans-Appalachian Frontier, People, Societies, and Institutions: 1775-1850*, New York: Oxford University Press, 1978, p. 160.
③ David J. Rothman and Sheila M. Rothman, *Sources of the American Social Tradition*, Volume One, New York: Basic Books, 1975, p. 139.
④ Ray Allen Billington, *The Westward Movement in the United States*, Princeton: D. Van Nostrand, 1959, pp. 59-72.
⑤ Chip Berlet and Matthew N. Lyons, *Right-Wing Populism in America*, New York: The Guilford Press, 2000, p. 35. 有关这一时期的爱尔兰移民，参见原祖杰《1840—1850年天主教爱尔兰移民及其在美国的政治参与》，《世界历史》2007年第4期。

出生的。①

随着下一波来自北欧,主要是德国和斯堪的纳维亚半岛的农业移民的增加,家庭农业迅速向西扩张,并在美国内战后迎来其黄金时期。许多因素促成了这一局面的出现。首先是有利的国家土地政策。根据1862年的《宅地法》,任何满21岁的户主,只要是美国公民,或者已申请成为美国公民的外国人,只要缴纳少量手续费(10美元),就可以得到160英亩的土地。② 这一政策刺激大批新老移民纷纷移居到大平原地区,形成了包括现在从北达科他南部,明尼苏达北部,经内布拉斯加,到堪萨斯南部的广大农业地区。从1864年到1896年,美国人完成了对最后边疆的开拓,密西西比河以西地区的十个新州加入了联邦。

同样是因为《宅地法》的原因,在这片新的农业区并未形成作为旧大陆农业社区主要形式的村镇,星罗棋布的是以家庭为主要经营方式的农场。从19世纪70年代到90年代,内布拉斯加、堪萨斯和达科他三地的人口从50万人猛增到300万人,类似的人口增长也出现在大平原的其他地区。③ 这些人口有一部分来自老西部,包括伊利诺伊、密歇根和艾奥瓦的近距离迁移者,还有一部分是来自旧大陆的新移民,主要包括来自德国、不列颠诸岛、加拿大、斯堪的纳维亚、捷克和波兰的移民,大多是像汤姆·克鲁斯在《远离家园》(*Far and Away*)中主演的爱尔兰小伙子那样的生气勃勃的创业者。

除了国家土地政策外,铁路网的扩展,对印第安人的镇压,达科他黑森林地区金矿的发现促进了大平原地区农业的发展。联合太平洋

---

① Ray Allen Billington, *The Westward Movement in the United States*, Princeton: D. Van Nostrand, 1959, p. 42.
② John D. Hicks, *The Populist Revolt: A History of the Farmers' Alliance and the People's Party*, Minneapolis: University of Minnesota Press, 1931, p. 8.
③ Robert C. McMath, Jr., *American Populism: A Social History, 1877–1898*, New York: Hill and Wang, 1993, p. 26.

铁路公司与中央太平洋铁路公司在19世纪60年代共获得政府赠地5400万英亩，这些土地大多经投机商转手后变成农业用地。①

这些以家庭为主要单位的中部农业所经营的主要是粮食作物和牲畜饲养。尽管农场中仍以家庭成员为主要劳动力，但产品却并非仅仅用来满足家庭需求，而是为了供给因人口迅速增加而急剧膨胀的消费市场。这也决定了内战后移民到中西部的农场主们实际上并未经历东部和老西部地区短暂的自然经济状态，而是从一开始就被深深卷入了急速运转的资本主义机器之中，他们的盛衰不是他们自己可以决定的，他们在不知不觉中把自己的命运交付给资本主义市场经济了。

一直到19世纪80年代，向西扩展的农业还是呈现出一派欣欣向荣的景象。辽阔的西部让敢于创业的移民基本实现了"耕者有其田"的理想。虽然有地理学专家指出，从明尼苏达西部，经堪萨斯中部，到得克萨斯中部的纵轴线以西地区，气候干旱，不适合传统农业经营。而70年代的农业试验也证明了堪萨斯西部到内布拉斯加铁路沿线的土地，在谷物、蔬菜和水果经营方面收获甚微，然而这些事实都被掩埋在充斥着宣传册和各种积极报道的西进运动凯歌声中。② 以堪萨斯西部的理查德·史密斯·埃利奥特为代表的一批人相信，将平原地区纳入农业经营是有利于自然环境的，而70年代末80年代初的风调雨顺更鼓足了他们进行一场大开发的勇气。1882年堪萨斯一家报纸吹嘘说，就像灌溉"将荒凉的犹他从光秃秃的寸草不生的沙漠变成全国的花园一样，人工分水（man-made diversion of water）也会很快将堪萨斯西部一带变成农业发展的制高点"。③ 而位居北达科他州和明

---

① Vincent P. De Santis, *The Shaping of Modern America: 1877–1916*, Orange Country: Forum Press, 1973, pp. 22–35.

② Robert C. McMath, Jr., *American Populism: A Social History, 1877–1898*, New York: Hill and Wang, 1993, p. 20.

③ Ibid., p. 21.

尼苏达州西部红河谷的大型公司农场"兴旺农场"（bonanza farms）在80年代初期的成功，又给正在膨胀的土地热火上浇油。那里高度资本化、商业化的农业经营模式让农场主获得丰厚利润，也使红河谷一带成为北美重要的小麦产区。那里的农场面积大都在3000—10000英亩不等，被几个企业家式的农业资本家合并起来，让一些职业化的农业经理来经营。[①] 1888年，公司化经营的"兴旺农场"雇佣的农业工人人数达到600人，小麦产量达到60万蒲式耳。[②] 这些局部的成功实例经媒体的炒作，让新西部的农业前景光明灿烂。为土地热驱使的新老移民沿着刚刚修好的铁路蜂拥而来，将大平原一带迅速变成美国农业的大本营。

被西进运动凯歌所掩盖的是早期西进农民的经济困境。事实上，并非所有人都有钱经营面积广大的农场，大部分来到西部的新老移民要靠贷款来购买农业生产必须的种子、化肥和农具。并非所有土地都适合农耕，所有年景都风调雨顺，而资金准备本来就不充分的新移民抵御自然灾害的能力又极为有限，因而早期农民开拓者的生活往往十分艰苦。在加里·纳什等人编写的《美国人民：创建一个国家和社会》一书中，作者列举了两个西部开拓者的实例。

一个是里坡一家，米尔顿·里坡跟他的妻子海蒂和女儿安娜。他们在1873年搭乘一辆马车，载着所有的家当，来到了内布拉斯加的布恩县，在那里要了一块土地。海蒂写信给她在艾奥瓦的姐姐说："在我们周围地区，这块地方是我最喜欢的。等我们建起一座漂亮的房子并开发出100英亩土地，那时谁也别想跟我交换。"然而，好景不长，他们刚开出13英亩土地，就遇上了蝗虫灾害，他们一家被迫放弃，躲到了附近的弗里蒙特小镇。一家人在那里度过了两年时光，

[①] William Godwin Moody, "Bonanza Farming (1883)", in John A. Garraty, ed., *The Transformation of American Society, 1870–1890*, New York: Harper & Row, p.41.

[②] Gary B. Nash, et al., *The American People: Creating a Nation and a Society*, Volume Two, New York: Harper Collins College Publishers, 1994, p.569.

靠给人打工和豢养家禽牲畜勉强维持生活。但他们从未放弃自己的梦想,海蒂在另一封信中承认"世事艰难加上运气不好",但却不愿放弃那块寄予他们梦想的土地。1876年,里坡一家又回到了他们的垦点。这一次他们站住了脚跟,迎来了好收成和另外两个女儿的相继降生。海蒂在给姐姐的信中对自己的生活非常满足,感觉"就像在芝加哥一样文明"。然而,他们的好运并没有持续多久,海蒂在另一次怀孕后因难产与刚刚降生的孩子一同死去。伤心欲绝的里坡埋葬了自己的妻子和孩子后,带着几个女儿离开了他们的土地。后来他还曾在其他地方做过农垦尝试,但均未成功,直到1905年去世。

当然,并非人人都像里坡一家那样倒霉。在里坡家来到布恩县的同一年,五年前从丹麦移民美国的拉斯姆斯·埃勃森和妻子艾娜以及他们8岁的儿子彼得,来到离奥马哈西部200英里的地方。在那里他们排除来自响尾蛇、野火和蝗虫的威胁,开发了80英亩的土地,后来又从铁路公司手中买了80英亩,建起了自己的草皮房。正当年届50的拉斯姆斯和艾娜为自己的业绩踌躇满志之时,自然灾害毁掉了他们土地。不过,幸运的是,一家银行以1000美元收购了他们的所有财产,让他们可以体面地逃离农业生活。[1]

从这些实例中我们可以看出,美国农业神话中的一部分是真实的,那就是这些来自东部和北欧的西进农民们在一定程度上继承了早期的清教精神,独立自主,艰苦创业,他们的艰辛历程和奋斗精神让他们在美国道德理念和民主、自由精神的形成及发展中占据一席之地。这也是为什么特纳等美国边疆学派的代表人物会高度重视西进移民和西部边疆在美国历史上的地位和作用,认为"西部产生了美国的民主主义、平等主义、个人主义和民族主义的精神和制度"[2]。然而,

---

[1] Gary B. Nash, et al., *The American People: Creating a Nation and a Society*, Volume One, New York: Harper Collins College Publishers, 1994, pp. 564–565.

[2] 杨生茂:《美国历史学家特纳及其学派》,商务印书馆1984年版,第2页。

从19世纪70—80年代西部移民的经历中，我们也看到了农民们所承担的风险和面临的挑战。这正是我们接下来需要讨论的问题。

二 西部农民遭遇的困难与困惑

西进运动中农民所面临的困境和风险大致分为两大类：一类是自然因素造成的，另一类是人为因素造成的。从上面提到的里坡和埃勃森两家的经历中我们可以看出，开拓者们首先面对的是来自大自然的挑战。干旱、蝗虫、毒蛇、野火，都考验着移民们的意志和耐心。靠天吃饭，依赖自然条件，是农业生产的致命弱点。一场干旱就可能让几年的奋斗成果化为乌有。除此之外，他们还要忍受远离成熟社区而遇到的种种不便，尤其是缺少医疗卫生服务和社区帮助，让一些怀孕妇女付出了生命的代价。

在所有人为因素中，铁路和铁路公司的作用可能是首屈一指的。铁路不仅是西进运动的主要运载工具，而且是西进运动的主要驱动力。在谈及西进运动中产生的各种冲突时，美国学者将其归咎于西进的速度太快；而之所以如此，原因就是铁路的出现。约翰·希克斯写道：

> 自然，铁路一旦统率了西进运动，它们就会以失衡的匆忙向前推进。从未进行过精心设计的边疆开发现在变成了一场失控的冲刺。边疆延伸到阿巴拉契亚花了一个半世纪；从阿巴拉契亚到密西西比花了正好半个世纪，当然，在第二个西部，流向合适的河流解决了交通问题；但是，所有边疆的消失也仅仅用了半个世纪，即便在跨密西西比河的西部有众多的山地、沙漠挡在路上。而这其中的决定因素就是铁路的带动作用。[①]

[①] John D. Hicks, *The Populist Revolt: A History of the Farmers' Alliance and the People's Party*, Minneapolis: University of Minnesota Press, 1931, p. 2.

西部人口的增长，与铁路公司的生存和发展利益攸关，正因为如此，两大铁路公司都在竭尽所能地为西部开发做宣传，通过各种媒介鼓动人们向西部迁移。在报纸、小册子等宣传材料中，各种创业神话被制造出来：这里有人七年赚了一万美元，那里有人在移民西部后，不仅财富急剧增长，身体也更强壮。媒体对土地的描绘通常是"便宜、容易耕作、适于管理，可以机械收割，自然也就更为多产，土地价格的增长也就比东部各州来得迅速"①。几年之内就可以发财的机会，对许多人都是个不小的诱惑，怀揣发财梦想的新老移民，来不及仔细考虑应该如何去适应环境，追随着不断延伸的铁路，纷纷投入西进大潮之中。他们尚未觉察的是，从此他们的命运就被控制在那些控制了铁路的人的手中。

尽管西部地区人口增长迅速，但一直到 19 世纪末，其人口密度与东部相比还是相去甚远。也就是说，美国农产品的主要市场还是在东部。这就意味着西部生产的以市场为目标的大宗农牧产品的大部分要运到东部销售，其价格自然包含了运费成本在内。换言之，相对较高的运费成本降低了农产品的收购价格，1890 年前后西北地区的小麦种植者所得到的小麦平均价格降到了每蒲式耳 42—48 美分，而培育一蒲式耳小麦的花费是 45—67 美分。亏了本的农民自然把怨气撒在了误导他们的不负责任的市场指导者身上：

> 两年前，我们被告知，去工作吧，去种大宗作物，我们只要那样就行了。我们照办了，工作了，耕耘了，播种了，风调雨顺，阳光充足，大自然对我们微笑，我们按照他们的话栽培了大宗农作物。结果怎样呢？玉米 8 美分，燕麦 10 美分，牛肉 2 美分，黄油和鸡蛋一钱不值——这就是结果。②

---

① John D. Hicks, *The Populist Revolt: A History of the Farmers' Alliance and the People's Party*, Minneapolis: University of Minnesota Press, 1931, p. 12.

② Ibid., p. 57.

西部的农民将这一切归咎于铁路收取的运费太高。为市场而生产的他们没有别的选择,只能把大宗作物运往东部市场销售,而要运到市场,他们只能依靠铁路。农业边疆越向西推进,农场离市场也就越远,运费也就越高。有时西部生产的小麦和玉米在到达最终市场前要经历一两千英里的铁路运输。内布拉斯加的农民一直认为铁路收费极为不公平,费率完全被铁路公司垄断,农民们没有议价的权利。[1] 堪萨斯、内布拉斯加和艾奥瓦的农民们都抱怨说,通常他们要花一蒲式耳玉米作运费去卖掉另一蒲式耳玉米。明尼苏达和达科他的农民已经习惯于拿出他们小麦价格的一半来支付到芝加哥的运费。农民们普遍相信,运输者的净利润要大于耕种者。[2] 但他们又不能让生产的农牧产品烂在手里,不得已只好赔本销售。

一些美国学者认为,"铁路的急剧扩展可以部分地归因于有利于投机性工商事业的社会与政治氛围,而铁路本身又鼓励了充斥于美国经济生活的投机冒险"[3]。为了自身利益而在西进运动中推波助澜的,除了铁路公司之外,还有土地投机商。美国的土地投机在独立之初就出现了。土地作为新独立国家的唯一财政来源,经常被联邦和州政府拍卖,用以支付独立战争中欠下的债务。而一些州只图手续上的方便,对购买者不加任何限制,这就给投机商以可乘之机。如纽约州在1791年一年内卖出了550万英亩土地,占州属土地的近80%,而买主只有35位。[4] 为了限制土地投机,内战中颁布的《宅地法》对宅地的购买和拥有附加了一个基本条件,那就是购买者必须在土地上居住

---

[1] Stanley B. Parsons, *The Populist Context: Rural Versus Urban Power on a Great Plains Frontier*, West Port, C. T.: Greenwood Press, 1973, p. 22.

[2] John D. Hicks, *The Populist Revolt: A History of the Farmers' Alliance and the People's Party*, Minneapolis: University of Minnesota Press, 1931, p. 60.

[3] O. Gene Clanton, *Kansas Populism: Ideas and Men*, Laurence: University Press of Kansas, 1969, p. 12.

[4] Edward Countryman, *Americans: A Collision of Histories*, New York: Hill and Wang, 1996, p. 92.

满五年方能完成购买，但这一政策并不能完全杜绝土地投机。19世纪的美国社会还远不是一个成熟的社会，各种立法尚未健全，投机商很容易找到政策漏洞。此外，还有大量土地被赠予铁路公司，而这些土地在出卖时是没有居住期限制的。因此，大平原地区在内战前后的土地转让过程中，土地投机现象仍很严重。与铁路扩展一样，土地投机加快了西进运动步伐。投机商为了尽快出手他们廉价得到的土地，也加入了西部发财梦的编织，目的是吸引更多移民来西部定居。而他们的投机行为却增加了农民的土地成本。

西部农民面临的另一困难是缺少资金。他们中的大多数原来就不富裕，认购上百英亩的土地，即使只交一部分手续费也耗尽了他们的积蓄，可要让土地产出粮食和其他农牧商品，他们还要添置农具、种子、化肥等必需品，没办法只好将土地、房屋抵押借贷。遗憾的是，急于生存和发财的边疆农民面临的是一个充满风险的信贷市场。在19世纪80年代西进运动高潮期，西部农场主对信贷的需求猛增，这给东部的资本投资者以获取暴利的机会。一位纽约人在1888年从堪萨斯的普莱特写信给他的兄弟说："当一个人来这里可以得到任何他想要的利率和保险时，那他只有犯傻才在东部放贷。"[①] 一位专门研究农民信贷的学者认为，西部的利率在整体上并不是很高，例如堪萨斯西部平均在12%左右。但在有的地方，有的时候，利率还是要高得多，而支持农民敢于承受这种高利率抵押贷款的，可能仅仅是一种对小麦和玉米生产永远丰收的预期。[②] 然而，现实往往是残酷的，农民们不仅要应对各种自然灾害侵袭，即使天公作美，风调雨顺，他们的收入也未必能增加，原因是西部的迅速开发造成农业生产供过于求。

急剧扩张的大西部让美国的农耕面积大幅增加。每年有太多的棉

---

① Robert C. McMath, Jr., *American Populism: A Social History, 1877 – 1898*, New York: Hill and Wang, 1993, p. 23.

② Ibid..

花、草料和牛肉等农牧产品被抛向市场。的确，随着人口的增多，消费者也大幅增加，这也是大多数农民坚信的事实。然而，人口的增长仍然赶不上急剧增加的农产品产量。从表4—1中，我们可以看出，从1820年到1900年的80年间，美国农业产值增加到原来的10倍，而人口增加不到原来的8倍。并且，伴随着美国工业化的深入，农业机械化程度越来越高，加上化肥的广泛使用，农作物的亩产量逐年增加，供给越来越大于需求，价格就会逐渐下跌。[①] 对此，我们从表4—2、表4—3中可见一斑。

表4—1　　　　　　　1800—1900年美国农业产量与人口数量

年份	农业产量（百万美元，按1910—1914年美元不变值计算）	人口数量（人）
1800	333	
1810	448	
1820	595	4896605
1830	819	6532489
1840	1156	8688532
1850	1442	11837660
1860	2059	16085204
1870	2479	19493565
1880	3770	25518820
1890	4527	32237101
1900	5740	38816448

资料来源：*The Statistical History of the United States*, New York: Basic Books, 1976, pp. 14, 482。

从全国的情况来看，农产品价格从19世纪60年代到80年代跌幅

[①] John D. Hicks, *The Populist Revolt: A History of the Farmers' Alliance and the People's Party*, Minneapolis: University of Minnesota Press, 1931, p. 56.

表4—2　芝加哥玉米价格以及奥马哈—芝加哥运费

年份	2号玉米（每蒲式耳美分）	奥马哈—芝加哥每蒲式耳运费（美分）	在奥马哈的毛收入（美分）
1883	54	10	44
1885	43	11	32
1887	40	6	34
1889	34	6	28
1890	39	5	34

表4—3　芝加哥小麦价格以及奥马哈—芝加哥运费

年份	2号小麦（每蒲式耳美分）	奥马哈—芝加哥每蒲式耳运费（美分）	在奥马哈的毛收入（美分）
1883	102	12	90
1885	84	12	72
1887	76	9	67
1889	86	9	77
1890	90	9	81

资料来源：Stanley B. Parsons, *The Populist Context: Rural Versus Urban Power on a Great Plains Frontier*, West Port, C. T.: Greenwood Press, 1973, p. 24。

还是相当大的。1867年，玉米价格是一蒲式耳78美分，1873年就只卖31美分，到1889年更降低到23美分；小麦价格也从1867年的每蒲式耳两美元跌到1889年的70美分。[①] 这些数据表明，农民们即使在生产上一切顺利，生活水平也未必能得到提高。他们的确曾经受益于工业革命的成果和市场经济的好处：铁路、电报、正规化的市场和抵押贷款公司，都给他们的生产和生活提供了方便；先进的农业机械和化肥的采用大大增加了他们的产量。然而，丰收的喜讯并没有让他

[①] Gary B. Nash, et al., *The American People: Creating a Nation and a Society*, Volume One, New York: Harper Collins College Publishers, 1994, p. 569.

们高兴多久，他们很快发现自己生产的产品卖不出去了。因此，他们不能不为自己的处境感到困惑，自然灾害可能让他们颗粒无收，而五谷丰登也会让他们得不偿失。

1887年春一家北卡罗来纳的农场杂志准确地描述了许多农场主的心理反应：

> 我们的工业制度一定在什么地方出了严重问题。一定是哪颗螺丝松了。轮子失去了平衡。铁路从未这样繁荣过，而农业却在失去活力。银行从未这样景气过，成为赚钱的事业，而农业却在失去活力。从事制造的企业从未这样赚钱，这样兴旺，而农业却在失去活力。大城小镇日益发达，而农业却在失去活力。薪水和收费从未这样高不可攀，令人羡慕，而农业却在失去活力。[1]

看着别人发财，农民们感受到的只是命运的无奈。农民们不能理解的是，为什么"他们工作时间比别人长，工作条件比别人差，得到的报酬却比别人少"？"为什么那些放弃在土地上奋斗的人却能在一些新环境中发财"？"为什么同一个人，作为农民失败了，作为城市工人却成功了"？他们感觉一些人拿走了他们也有一份的社会财富。他们习惯于以"国家的肌肉和骨骼"自任，是社会财富的最大贡献者，为什么他们的负担越来越重而他们的收入却越来越少？他们没有从自己身上找原因——个别的农民也许并不勤奋，但农民作为一个整体却是以勤劳著称的，因此，他们只能把一切不幸归咎于其他人，尤其是铁路公司、抵押贷款者和投机商人。[2]

---

[1] John D. Hicks, *The Populist Revolt: A History of the Farmers' Alliance and the People's Party*, Minneapolis: University of Minnesota Press, 1931, p. 54.

[2] Ibid., p. 55.

三 平民主义——农民的抗议文化

从前面的讨论中，我们看到了工业化时代美国农民的困惑与绝望，正是在这种氛围之中，酝酿出所谓美国农民的"抗议文化"（Culture of Protest）。正如平民主义运动的早期研究者希克斯所总结的，"困难时期造就了平民主义者"（Hard times made people populists）。[①]

首先，工业化是造成19世纪后期农民大规模抗议运动的总体背景和主要原因。工业化在世界近代史上所带来的巨大社会变化早就引起广泛关注，一方面是中产阶级和工人阶级队伍的迅速膨胀，另一方面是一些与传统的农业经济关系密切的阶级和阶层，如贵族、农民、手工业者等在数量和社会影响上的逐步减少甚至消失。一般认为，19世纪的美国经历了两次工业革命，分别发生在内战前和内战后。作为一个移民社会，美国的工业化进程又表现出许多特殊性：除了从未存在过一个世袭贵族阶层外，由于西进运动的关系，在经历了19世纪上半期第一次工业革命之后，农业人口不仅没有减少，反而迅速增长。即使在19世纪70年代到90年代的第二次工业革命时期，农业人口还能与城市人口平分秋色。然而，随着工业化的深入，二者在整个国民经济中的比重迅速拉开差距。如果说工业化时代的欧洲农民多少有点像温水锅里的青蛙，对自己注定要被边缘化的历史命运并不敏感的话，经历短暂繁荣的美国农民却可以在短短几十年内感觉到这种强烈的反差。作为商品经济的参与者，他们却没有对自己产品的市场和价格的控制权，后者完全操纵在企业家手中。造成农场主直接困难的是农产品价格的下跌，这也最终让他们中的许多人负债累累，成了

[①] John D. Hicks, *The Populist Revolt: A History of the Farmers' Alliance and the People's Party*, Minneapolis: University of Minnesota Press, 1931, pp. 4–35.

佃农。面对不断扩张的工业化和资本主义经济，他们感觉自己在经济上陷于无助与绝望的境地。

除了经济上的原因，农民们的不满也部分来自他们在工业化冲击下失衡的心态。他们自认为是美国价值的核心、民主制度的基础，却被政府完全忽视了。除了个人主义和民主、自由等理念之外，美国社会还有一种重要的价值取向，就是生产主义（producerism），而农场主则是这种价值观的主要体现者。生产主义作为一种价值观，通常被学者们追溯到内战前的工匠和农民，那时称作"激进共和主义"（Radical Republicanism）。其主张主要基于一种简单的思想，即劳动者有权享有劳动果实，或者说劳动者创造了价值。[1] 在美国萨福克大学任教的薛涌在谈及美国的生产主义时，引用了前美国第一夫人希拉里20世纪90年代在一次演讲时针对最低工资问题说的一席话："我们是世界上最强大的国家，在这样的国家中，如果一个人勤勤恳恳地工作，他就应该能养家糊口，让子女受良好的教育，全家都有医疗保险。如果一个人打两份工，家庭基本的生活还不能维持，那么这个社会就有问题。"[2] 希拉里的逻辑所表达的就是美国的生产主义——一种撇开经济规律和供求关系的纯道德诉求。一个世纪前的美国也许还算不上世界上最强的国家，但生产主义却早已深入人心。正因为如此，秉承这种传统的美国农民就难以接受他们辛苦地工作却得不到合理的报酬和尊重这样一个事实；以美国社会道德核心自居的他们，现在却面临着丧失体面的挑战。

为了拯救自己日益下滑的政治地位，美国的农民们还诉诸所谓

---

[1] Robert C. McMath, Jr., *American Populism: A Social History, 1877–1898*, New York: Hill and Wang, 1993, p.51.

[2] 薛涌：《美国为什么能保证老百姓的生活底线？——自耕农主义、生产主义者和共和主义》，《经济随想》2008年2月22日。薛涌在这篇文章中将producerism译作"生产者主义"，从字面意义上看是正确的。但由于我们通常将与producerism对立的consumerism译作"消费主义"，本书还是采用"生产主义"的译法。另外参见何怀远《"生产主义"概念的多种语境及其义》，《河北学刊》2004年第5期。

"农业神话",即认为"美国精神的成长在情感上系于农业,系于农民和乡村生活"。这个"农业神话"中的英雄是自耕农(yeoman),他们"拥有一块小农场,全家人以此为业,从而构成一支简朴、诚实、独立、健康和快乐的人类群体"[1]。因为他们依靠的主要是自然之赐,所以能够保持自身的正直和完善,而这对于"堕落的城市人口"来说是不可能的。"他的福祉不仅是物质的,而且是道德的;不仅是个人的,而且是公民道德(civic virtue)的核心资源;不仅是世俗的,而且是宗教的,因为上帝创造了土地并召人耕作之。"[2] 美国历史上不乏拿农业神话做文章的政治家。杰克逊时代就有一些政要喜欢摆出躬耕田垄的姿态以昭显其品质。这种现象在工业革命后的20世纪仍然存在,甚至在任期间对农民问题漠不关心的柯立芝总统也喜欢穿起白衬衫到农场中的草堆旁留影。

然而,置身于被工业资本主义重新塑造的社会之中,这种想象只会使他们更加失望。面对崛起中的大公司,农民们感受到他们自己因力量分散而无助,解决的办法就是组织起来,形成集体谈判力量。所以他们决定走向联合,为他们的现状表达抗议。

美国的农场主运动源于内战后的南方。根据张友伦先生的研究,原来的种植园主虽然在内战后收回了他们的土地,但由于南方经济元气大伤,原来的大种植园经济已不能恢复,加上1867年棉花价格大幅下跌,许多大种植园解体转化为更多的小农场。农场主多半实行谷物分成制,招雇无地的农民为自己耕种。缺少生产资金的小农户不得不向商人贷款,提前将农作物收成抵押给商人,遭受商人的高度盘剥,遇到歉收之年则纷纷破产。[3] 中西部的农民同样面临着资金上的困境。他们中的大多数原来就不富裕,认购上百英亩的土地,即使只

---

[1] Richard Hofstadter, *The Age of Reform: From Bryan to F. D. R.*, New York: Vintage Books, 1955, p. 24.

[2] Ibid., pp. 24 - 25.

[3] 张友伦:《美国西进运动探要》,人民出版社2005年版,第271—274页。

交一部分手续费也耗尽了他们的积蓄,可要让土地产出粮食和其他农牧商品,他们还要添置农具、种子、化肥等必需品,没办法只好将土地、房屋抵押借贷,而这往往会将他们置于自己并不熟悉且充满风险的信贷市场。

面对陌生而凶险的商业环境,抱团取暖是生活分散的农民们的最好选择。内战后美国农场主的联合应该追溯到1867年格兰其的建立。这个带有秘密色彩的农民自发组织最初的目标是为农场主提供教育和社交的机会。其领导人奥利弗·哈德森·凯利(Oliver Hudson Kelley)原是农业部的一名办事员,在内战结束时巡视了南部的农业状况,回华盛顿后着手组织了这样一个互助组织,随着战后农民处境的日益困窘,格兰其的规模也越来越大,成为当时最大的合作网络组织,到1875年,格兰其的参与者已经超过了85.8万人。[1] 其功能也由初期的教育和社交发展为以经济上的互助合作为主,在许多州设立供销代表,为农场主生产资料购买和产品销售作代理,甚至尝试着建立自己的农具工厂。艾奥瓦、伊利诺伊、明尼苏达和威斯康星等州的格兰其参与者还推动州议会通过了一系列被称为"格兰其法"的州立法,对铁路和谷物升降机等进行严格的规范。[2] 1874年在圣路易斯全国会议上,格兰其参与者通过的宣言明确要求:反对贷款制度和抵押制度,反对垄断资本,反对高薪金、高利率和商业暴利等有可能加重农民负担的政策,但又明确声明格兰其不是资本的敌人。格兰其运动到80年代走向衰落,脱离格兰其的一部分西部小农投身于绿背纸币运动。[3] 但我们从圣路易斯宣言中可以看出,美国中小农场主的平民主义要求已经在格兰其运动中得到全面申述。

我们可以将以农场主联盟为主要载体的平民主义运动追溯到内战

---

[1] 张友伦:《美国西进运动探要》,人民出版社2005年版,第277页。
[2] Robert C. McMath, Jr., *American Populism: A Social History, 1877 – 1898*, New York: Hill and Wang, 1993, pp. 59 – 61.
[3] 张友伦:《美国西进运动探要》,人民出版社2005年版,第278—281页。

后美国南部农民的反抗。首先组织起来的是得克萨斯东部的小农场主。1877年9月，一批农场主聚集到兰帕萨斯县的一个农场中，成立了"互助骑士团"（Knights of Reliance），后改名为"农场主联盟"，并迅速在南方各州扩展开来。从70年代末到90年代初，各种各样的农民联合组织先后在南部和西部平原一带出现，其功能主要是通过互助合作的方式解决农民经常遇到的信贷、运输、农产品销售问题和种子、化肥等生产用品的供应问题，在一些公共服务上可以与政府和铁路公司进行谈判。如在佐治亚和南卡罗来纳，农场主联盟就曾通过集体行动获得了成功议价。① 这些农场主联合在性质上都属于经济组织，但如果从党派政治角度来观察，就会发现，这些组织以及后来成立的平民党（Populist Party，亦称人民党，The People's Party），事实上都是农场主和其他被民主、共和两党忽视和抛弃的阶层成立的保护和代表自身政治、经济利益的组织。

　　客观地看，19世纪最后20年美国的平民主义者实际上是一些在工业化中失势的利益攸关者的团体组合。从60年代的格兰其，到80年代的农场主联盟，再到1892年2月正式成立的平民党，美国农民让社会看到了他们的行动，听到了他们的声音。他们的组织、诉求和活动被概括为平民主义，也将他们与民主、共和两党区分开来。一般认为，在全国平民党成立大会上公布的《奥马哈纲领》，尤其是由来自明尼苏达的伊格内修斯·唐纳利（Ignatius Donnelly）撰写的纲领前言，集中表达了当时农民的主要诉求：

　　　　为我们联合的最好的辩护是周围的条件：我们相聚在国家的中心，而这个国家正被带往道德、政治和物质败坏的边缘。腐败控制了选票箱、立法、国会，甚至触及法官的貂皮长袍。人们变

---

① Robert C. McMath, Jr., *American Populism: A Social History, 1877–1898*, New York: Hill and Wang, 1993, p. 97.

得道德沦丧；大部分州为了避免广泛的胁迫和贿选不得不将投票者隔离在选举地点。大多数报纸不是被贿赂就是被钳制，公共舆论噤若寒蝉，工商企业纷纷臣服，住房被抵押了，劳工陷入贫困，土地集中到了资本家手中。……千万人辛苦劳作的果实被胆大妄为地窃取了，添加到少数人的巨额财富之中，达到了人类历史上空前的程度；而其拥有者却反过来轻视大众，危害自由。从政治不公这一多产的子宫中孕育出两大阶级——贫民和富翁。①

从《奥马哈纲领》中我们可以看出，为经济灾难所困的美国农民将他们抗议的矛头指向当时美国的道德、制度和文化。这一点并不限于本书所关注的大平原地区，也包括了南部的平民主义者。正如布鲁斯·帕尔默（Bruce Palmer）在他对南部平民主义者所做的研究中指出的，"南部的平民主义者，事实上很少使用'经济的'或者'经济'这样的词。这些词没有出现在奥马哈纲领中。纲领的前言使用的是诸如'道德'、'盗窃'、'偷盗'、'错误'、'掠夺'、'腐败'、'魔鬼'和'品质'这样的基调"②。

平民主义运动在19世纪90年代初的中西部地区一度获得很大的成功，1892年赢得了堪萨斯州的政府和议会，并控制了其他四个中西部州的选票，召开了全国大会并提名了自己的总统候选人。然而，在四年后的总统选举中他们却选择支持民主党提名的平民主义者布莱恩，而选战的失败也最终导致平民主义运动走向瓦解。尽管如此，平民主义者的许多主张，尤其是他们对于资本主义制度弊端的批判，为后来的进步派改革者所继承并发扬，成为美国改革运动的先声。平民主义者的许多主张反而在运动瓦解后的政府改革中得到采纳，其中包

---

① Eric Foner, *Voice of Freedom: A Documentary History*, Volume Two, New York: W. W. Norton & Company, 2005, p. 46.
② Bruce Palmer, *Man Over Money: The Southern Populist Critique of American Capitalist*, Chapel Hill: The University of North Carolina Press, 1980, p. 14.

括政府对农业的补贴政策。直到今天，美国农业仍旧是国防工业之外唯一得到政府长期补贴的产业。

从运动结束到现在，在不同的知识语境下史学界对于平民主义运动却做出了截然不同的评价。① 其代表性观点主要包括20世纪30年代约翰·希克斯对农场主反抗运动所表达的同情和进行的辩护，以及50年代理查德·霍夫斯塔特相对尖刻的批判。前者披露的是农民在垄断资本主义制度下遭遇的困难处境，后者强调的是农民首先是商品经济的获益者，后来受了损失就应该尊重商品规律，愿赌服输。

平民主义者回归农业民主式美国的梦想赋予这场运动某种悲剧色彩。希克斯将这场运动看作"从工业美国的血盆大口中拯救农业美国的长期而失败的斗争中的最后一场"②；还有历史学家将其看作"农场主对已经稳占上风的工业文明的最后反扑"③。但对平民主义持批判态度的霍夫斯塔特认为，"基于旧的小农意识的这场政治运动的失败，不应被看作作为经济利益的商业化农业的失败。……平民主义是我们农业政治发展转型时期的一种表达方式：在最后一次坚持过去的思维方式的同时，又充当着新思维的先驱"④。

霍夫斯塔特认为，对平民主义者的道德同情在美国是脱离实际的，因为美国农业在内战前就已经商业化，完成了由自然经济到商品

---

① 这种不同语境下的评判差异也表现在中国美国史学界对这一事件的讨论之中。在较早从事这方面研究的国内学者中，黄仁伟强调的主要是人民党（即平民党）崛起导致美国政党的分化改组，其结果则是平民党消融于民主、共和两党之中。而林广更侧重于对内战后农民经济困境的分析。李剑鸣将平民主义运动作为进步运动的前奏，也着重强调其经济困境和改革主张。参见黄仁伟《论美国人民党运动的历史地位》，《世界历史》1989年第1期；李剑鸣《大转折的年代：美国进步主义运动研究》，天津教育出版社1992年版；林广《论美国平民党运动的两重性》，《历史教学问题》1993年第3期。近年来李庆余的《试论美国农场主对工业化的反应》一文则大致认同了当年美国农场主观点，认为"美国工业化是以牺牲农场主的利益为代价的"。参见李庆余《试论美国农场主对工业化的反应》，《南京社会科学》2002年第2期。
② John D. Hicks, *The Populist Revolt: A History of the Farmers' Alliance and the People's Party*, Minneapolis: University of Minnesota Press, 1931, p. 237.
③ Richard Hofstadter, *The Age of Reform: From Bryan to F. D. R.*, New York: Vintage Books, 1955, p. 94.
④ Ibid., p. 95.

经济的过渡。① 他批评平民主义者的理由是典型自由主义的，就是设想市场经济是一张公正的平台，既然农民可以靠它来受益，吃亏时就不要叫苦连天。为了证明自己评判的公正性，霍氏还解剖了他认为足以误导世人的"农业神话"：早期近代的自耕农总是让人产生许多美好的联想，不仅杰斐逊的民主设想是以此为基础的，其他如自由、独立、艰苦奋斗、个人主义等美国人崇尚的价值观也都与自耕农密切相关，而美利坚合众国本身也是生于乡村而迁入城市的。② 但是，霍夫斯塔特论证说，历史事实并非像人们想象得那样，美国农业早在1815—1860年就完成了由自给自足的自然经济向商业化经济的过渡。因此可以说，美国从来没有真正意义上的农业，大平原、大草原地区从未有过真正立足于土地，具有前工业景观的农业经济。③ 在霍夫斯塔特看来，农民既然是市场经济中的一分子，就应当接受市场规律的结果，而不应该指望政府的帮助。

当然，这不仅是霍夫斯塔特一个人的观点，也是第二次世界大战后崛起的修正学派和新自由主义经济学家们的共识。许多修正派学者对平民主义者进行了极为尖刻的批评，例如，修正派政治学者维克多·C. 费尔基斯（Victor C. Ferkiss）甚至认为，平民主义是美国纳粹主义的先驱。④ 有人总结说，如果这些批评成立，那么"平民主义者就要为恐英症、恐黑人症、孤立主义、帝国主义、沙文主义、妄想狂的阴谋论、反宪法主义、反智主义和对隐私权的攻击负有部分责任"⑤。应该说，20世纪50年代美国修正派学者对于平民主义

---

① Richard Hofstadter, *The Age of Reform: From Bryan to F. D. R.*, New York: Vintage Books, 1955, pp. 30 – 31.
② Ibid., p. 23.
③ Ibid., pp. 38 – 43.
④ Theodore Saloutos, *Populism: Reaction or Reform*, New York: Holt, Reinhart and Winston, 1968, p. 5.
⑤ O. Gene Clanton, *Kansas Populism: Ideas and Men*, Laurence: University Press of Kansas, 1969, pp. 6 – 7.

或者说民粹主义的警惕是与这一时段的前期麦卡锡主义的危害分不开的。

然而，霍夫斯塔特等人以自由主义经济观批评平民主义者的做法却忽视了19世纪美国资本主义经济的种种弊端。我们知道，纯粹的市场经济是不存在的，国家的经济、金融政策在一定程度上决定着市场参与者的命运。美国内战后，政府面临的直接问题就是采用什么样的金融货币政策。战时，联邦政府为了筹措经费发行了大量的绿背纸币和债券，认购债券的银行家们认为他们有功于联邦政府，希望政府能够加倍偿还他们，并收缩货币，恢复硬通货政策。对于政府来说，无论是增加税收以提高财政收入还是紧缩货币以稳定金融都意味着牺牲广大债务人的利益。紧缩货币政策相对降低了农产品价格，同时又增加了农场主们偿还贷款的负担。尽管美国当时正处在工业革命开始阶段，通货膨胀政策明显有利于经济的发展，但如我们上文中提到的，内战后两党都对大银行、大公司采取拉拢政策，政府和国会制定的各项财政金融政策多半符合他们的利益而牺牲处在弱势地位的农场主的利益。所以，劳伦斯·古德温（Lawrence Goodwyn）认为："对国内的农场主来说，通货紧缩政策是一场大灾难，最终导致了平民主义者的反抗。"[①]

其实，内战后的金融货币政策只是金融和商业巨头通过民主、共和两党操纵政府政策的较为典型的一例。其他方面的政府政策或许没有金融政策这样直接，但政府在许多涉及公共利益的领域，如交通运输，采取听任大公司为所欲为的政策同样牺牲了民众应有的权利。尤其是到19世纪80年代，大公司已经获得了对某些行业的垄断地位，占据了经济优势。而分散、孤立的农民要起来对抗控制了国家经济命脉的大企业，明显处于弱势地位。工业化中形成的工商业精英，包括

[①] Lawrence Goodwyn, *The Populist Movement: A Short History of the Agrarian Revolt in America*, Oxford, London, New York: Oxford University Press, 1978, p. 12.

企业主和服务于他们的高级管理人才,在政府支持下创立出许多新的游戏规则,农场主们只能被动地应对和接受,这些自认为是国家主人的美国农民们突然发现自己的命运掌握在别人手中。更让他们难以容忍的是,他们所确信的生产主义的价值观也遭遇了社会达尔文主义等与资本主义工业化共生的思想观念的挑战。19世纪后期工业化时代的美国,许多美国的工商业者和中产阶级信奉社会达尔文主义;公共媒体中充斥着"物竞天择""适者生存"之类的词句。这个时期最有影响的社会达尔文主义者是耶鲁大学教授威廉·格雷厄姆·萨姆纳(William Graham Summer),他写于19世纪80年代的一篇文章中重新诠释了工业化时代的"公民自由"(civil liberty),认为"公民自由就是将人与人之间暴力、野蛮的竞争转化为产业竞争……让占有资本的人与不占有资本的人平等是不可能的"[1]。

在这样的舆论氛围之下,平民主义者的经济诉求很难得到公众的理解。在工业主义和城市化正处于"镀金时代"的美国,平民主义者的声音听起来是有些不合时宜的,甚至是复古倒退的。在世人的眼中,他们即便不属于产业工人那样的到处惹是生非的"麻烦制造者",也难以博得广泛的同情。一方面,我们看到,农场主们的联合行动并没有在根本上开阔他们的政治视野,他们仍然拒绝接受南部的黑人、新移民,并继续敌视犹太人,将其看作华尔街阴谋的主导者。另一方面,作为工业化时代的弱势群体,他们在政治上同城市工人一样,面对的是政府官员、大企业主和知识精英联合打压的局面。[2] 这是平民主义运动很快走向衰落的根本原因,也是这场运动在历史学者中备受争议的主要原因。

---

[1] Eric Foner, *Voice of Freedom: A Documentary History*, Volume Two, New York: W. W. Norton & Company, 2005, pp. 31–32.

[2] Lawrence Goodwyn, *The Populist Movement: A Short History of the Agrarian Revolt in America*, Oxford, London, New York: Oxford University Press, 1978, p. 37. 有关学术界对平民主义运动的不同评价,详见原祖杰《对美国平民党运动的再思考》,《美国研究》2009年第4期。

四　追求社会公正还是纵容愤世嫉俗?

"平民主义"作为一种政治思想在西方有着悠久的历史。[①] 在宗教改革前后和期间,平民主义就在西欧的许多地区,尤其是英国初露端倪。尽管平民主义总是和反贵族、反精英联系在一起,但在政治立场上未必是激进的或者左倾的。无论在欧洲还是在美国,平民主义经常会掺杂进一些种族主义的因素。20世纪末的美国平民党运动正是这样一场在成员和见解上都十分复杂的运动。与来自新英格兰地区的进步主义知识分子不同,平民党人则主要来自中西部和南部地区的较低层社会,而又不是最底层,因为他们,尤其是南部的平民主义者,既反对给黑人以平等的社会和政治权利,也反对增加新移民。[②]

平民主义运动的多重特征造成了历史学家和政治学家们在评价这场运动中的严重分歧。不仅如此,这种评价还同时受到每个时代的知识氛围(intellectual climate)的影响而左右摇摆。20世纪50年代的美国史学界和一般公众对平民主义的评判是诟病多于褒扬。用当代著名平民主义运动专家小罗伯特·麦克马思(Robert C. McMath, Jr.)的话来说:"这是一个许多知识分子对群众运动不再着迷并将其看作是民主的'过火'表现的时代。"[③] 而一些社会科学家更将其看作一场无法预测的平民运动,与法西斯主义和麦卡锡主义有相似之处。[④] 霍氏也对他所做的批评进行了如下解释。

[①] 平民主义,又译作民粹主义。本书统一采用平民主义(populism)或平民党人(populist),因为后一种译法在汉语中多少带有一些贬义色彩,不符合本书的主旨。

[②] John Lukacs, *Democracy and Populism: Fear and Hatred*, New Haven & London: Yale University Press, 2005, p. 58.

[③] Robert C. McMath, Jr., *American Populism: A Social History, 1877 – 1898*, New York: Hill and Wang, 1993, p. 11.

[④] Ibid..

我发现自己对平民主义—进步主义传统的批评，要甚于 15 年前做研究时的观点。我说的是批评，而不是敌视，因为我的批评多半是出自内部的。我是在进步主义改革传统中成长起来的，我的政治情怀也由此形成，因为这一传统事实上是美国大多数知识分子的传统。或许是因为美国在其历史上的大部分时期是一个政治上保守的国家，而其主要思想传统正好相反，也就是我们所说的"自由主义的"，即平民的，民主的，进步的。而对于我们整个民族的保守主义，却没有形成一个充分而灵活的传统来阐释坦率的保守思想。[1]

霍夫斯塔特试图说明，他对平民主义和进步主义传统的批评是有感于美国保守主义思想的薄弱而发的。尽管如此，针对霍夫斯塔特对平民党运动和进步主义的尖锐批评，美国学术界除了诺曼·波拉克等部分学者持支持观点外，[2] 仍有许多史学家表示异议：第一，批评者认为，霍氏据以诟病平民党运动的那些在运动中出现的带有种族主义倾向的只言片语不具有代表性；平民党人有时表现出的排外情绪和种族主义倾向，与美国人在整体上的倾向相比，并不为过；第二，大多数社会史学者现在认为，美国农村并非无组织的、分散的"群众"社会，而是"被有力的社区和家庭团体的网络所覆盖"；第三，"尽管平民党人的文化传统有对早期乡村美国的怀旧成分"，"他们的价值和信仰却是激进共和主义的，而后者即使在 19 世纪晚期仍然是美国工

---

[1] Richard Hofstadter, *The Age of Reform: From Bryan to F. D. R.*, New York: Vintage Books, 1955, pp. 12 – 13.

[2] 诺曼·波拉克的《平民党人对工业美国的反应：中西部的平民主义思想》（Norman C. Pollack, *The Populist Response to Industrial America: The Midwestern Populist Thought*, Cambridge: Harvard University Press, 1962）一书，被认为是对霍夫斯塔特观点的维护，但波拉克本人对霍氏对平民党运动的分析停留在意识形态层面也不无微词。参见 Norman C. Pollack, "Hofstadter on Populism: A Critique of 'The Age of Reform'", *The Journal of Southern History*, Vol. 26, No. 4 (November 1960), pp. 478 – 500。

人的主要动力";第四,霍著的理论视角是基于这样的设想,即"社会的自然状况是其各个组成部分的和谐一致,只有当急剧社会变化导致社会结构出现暂时的紧张时,冲突和抗议才会发生","抗议是对变化的不理智反应",对此,批评者认为是在责备受害者。①

对平民主义研究的新突破出现在20世纪70年代,以杜克大学教授劳伦斯·古德温出版于1978年的《平民党人时刻:美国农民反叛小史》为代表。古德温依据当时当地的出版物和平民党人手稿,以及大量的二手资料,追踪了平民党人从19世纪80年代初在得克萨斯出现到1896年大选后瓦解这一短暂时期的各种活动。与希克斯的党派视角和霍夫斯塔特的"农业神话"不同的是,古德温将切入点放在"农场主联盟"(The Farmers Alliance)上,并试图说明这一联盟是如何形成自身的"运动文化"(movement culture)的,以及这一文化对后来的平民党发展产生了何种影响。

古德温在研究中发现,内战后的重建时期,商业和金融业的企业主们控制了民主、共和两党。到1888年本杰明·哈里森入主白宫时,美国政党制度的重组已基本完成。虽然两党对不同派系、种族和宗教背景的南北民众各有所侧重,但有一点是共同的,那就是都对工商业者有求必应。②在美国工业化高歌猛进的19世纪最后30年中,官、商和知识精英联合起来对付弱势的工农大众,③不仅逼迫产业工人一步步走向激进道路,而且促使分散的各地农民联合起来。④农民的反抗始于南部边疆地区,然后波及得克萨斯和其他内战时的南部联盟州,继而扩大到西部平原。从运动开始到形成南部与西部的联合,前

---

① Robert C. McMath, Jr., *American Populism: A Social History, 1877 – 1898*, New York: Hill and Wang, 1993, p. 13.
② Lawrence Goodwyn, *The Populist Movement: A Short History of the Agrarian Revolt in America*, Oxford, London, New York: Oxford University Press, 1978, p. 8.
③ Ibid., p. 36.
④ 关于这一阶段的工人阶级激进主义问题,参见原祖杰、邓和刚《重新认识"世界产联"和美国工人阶级激进主义》,《天津师范大学学报》2007年第1期。

后共用了 15 年的时间。而其思想轨迹则可从 1892 年的奥马哈人民党政纲，追踪到 1889 年的圣路易斯政纲；从 1888 年的达拉斯诉求，再到 1886 年的克勒本诉求。古德温认为，是 1886 年由农场主联合会"为希望和自尊组织起来"的冲动最终导致了 1892 年人民党的成立。"一股人民政治的新文化先是 1886 年在得克萨斯被物质化了，到 1892 年成为闻名全国的平民主义。"①

与古德温的《平民党人时刻：美国农民反叛小史》差不多同时出版的还有麦克马思的《平民党先锋》(1975)。20 世纪 70 年代以来的研究，更注重通过量化来确定农民的经济能力和经济问题，以及由投票比例决定的政治力量，并运用社会学的方法或马克思理论（有些研究实际上是由社会学家和政治学家们完成的）来进行社会分析。古德温和麦克马思等对"运动文化"的强调促成对平民党意识形态的重新评估，认为这种民主合作文化是对不公平的货币体系和公司控制政治现象的挑战。② 如果说早期希克斯、霍夫斯塔特和波拉克对平民党的定性分别是自由派的（liberal）、反动的（reactionary）和原始社会主义的（proto-socialist），后期古德温等人的研究则将其看作共和主义和生产主义（republicanism and producerism）的潜在结合，强烈的农业主义信条不可避免地使其走向反公司和反垄断，但平民党人从未反对资本主义。③

伦敦政治经济学院的弗朗西斯科·帕尼扎（Francisco Panizza）认为，要解读平民主义，首先要理解：谁是人民？谁在为人民说话？平民党人认同是如何发生的？他是将平民主义理解为一种"反对现状的对话"，而这种对话通过象征性地将社会划分为"人民"和"他

---

① Lawrence Goodwyn, *The Populist Movement: A Short History of the Agrarian Revolt in America*, Oxford, London, New York: Oxford University Press, 1978, p. 55.

② Richard L. McCormick, "Public Life in Industrial America, 1877 – 1917", in Eric Foner, ed., *The New American History*, Philadelphia: Temple University Press, 1997, p. 119.

③ Michael Magliari, "American Populism: A Social History, Review", *The Journal of American History*, Vol. 80, No. 3, December 1993, pp. 1107 – 1108.

者"(the other)而使政治空间简单化了。① 平民主义总会让人联想到政治学中的"人民主权"或者"人民是国家主人"这样的概念。美国社会学家爱德华·希尔斯(Edward Shils)认为,平民主义认同两个基本原则:一是人民的意志高于一切;二是人民与政府直接相关。② 而英国政治学者玛格丽特·卡诺凡(Margaret Canovan)进一步完善了平民主义的定义:平民主义认同是在其诉求中形成的,"其最常见的方式是直接诉诸'人民',反对既有权力结构,反对社会的主流思想与价值"③。将社会划分成"人民"和与之相对的"他者"体现了平民主义的政治特征。帕尼扎指出:"对抗(antagonism)是政治的核心,因为通过对抗才能构建政治认同,才能想象出激进的选择来取代现存秩序。"④ 总之,那些以人民自诩的平民党人,可能其本身只是社会中的某一群体,当他们感觉到自身受到不公平的对待时,当他们以前的代表已经习惯于漠视他们的利益时,其主权意识可能会忽然膨胀,起而抗议和抵制他们认为的"他者"和纵容"他者"的政府(有时政府也成了"他者"的一部分)。当对立形成,"人民"也会把不满现状的其他群体裹挟进来。所以,在美国平民党运动中看到的不只是农民的参与,还有其他力量的分化组合。正如帕尼扎所分析的那样:"平民主义因而不只是一场代表权危机,在这场危机中,人们疏远了他们旧的认同,转而拥抱一个新的'平民化'的认同。它也是一种新的代表权的开始,让那些由于阶级、宗教、种族或居住地等方面原因而从未被代表过的人加入进来,成为政治行动者。"⑤

美国平民党人在成分上是一群具有不同色彩的福音派信徒。詹姆

---

① Francisco Panizza, "Introduction", in Francisco Panizza, ed., *Populism and the Mirror of Democracy*, London and New York: Verso, 2005, pp. 2-3.
② Ibid., p. 4.
③ Ibid., p. 5.
④ Ibid., p. 28.
⑤ Ibid., p. 11.

士·维沃尔（James Weaver）代表绿背纸币党；伊格内修斯·唐纳利（Ignatius Donnelly）代表乌托邦派；"不穿袜子的"杰瑞·辛普森（Jerry Simpson）代表农场主。一般认为，农场主们是平民运动的中坚，他们为低农产品价格、高运费和不合理的银行贷款规则所苦，从19世纪80年代初就开始组织起来，成立格兰其和农场主联盟等组织，在维护经济民主的旗帜下争取自己的权益。

平民党运动的一个鲜明特点就是农场主们把自身遭受的灾难看成是全民的灾难，认为工商业的扩张危害了美国社会赖以生存的基本道德和价值体系。霍夫斯塔特以怀疑的眼光来看待美国农民的政治、经济诉求。他分析说："农场主们生活在大世界之外，而他们的命运却事实上由这个大世界决定着的。……在平民主义思想中，农场主并非是一个精打细算的商人，一个置身风险重重的经济体中的受害者，而是一个受伤的自耕农，充当着与平民道德格格不入的外来者的猎物。"[①]这种心态在唐纳利为人民党纲领撰写的前言中暴露无遗，针对由银行家和企业主主导的全球工业化，他写道："一个针对人类的巨大阴谋在两个大陆已经形成，并正在迅速占领世界其他地方。如果不加遏制或推翻，就会带来可怕的社会动荡、文明破坏或绝对专制的建立。"[②]

以今天的眼光看，19世纪后期美国的平民党运动实际上就是南部和西部平原的一批农场主以"人民"自居，而把代表着先进生产力的大银行、大公司等工业革命的产物视为人民公敌；平民主义的最大敌人就是华尔街。[③] 当然，那些处处为大公司开方便之门的政府部门也同样难辞其咎。

[①] Richard Hofstadter, *The Age of Reform: From Bryan to F. D. R.*, New York: Vintage Books, 1955, p. 73.

[②] Eric Foner, ed., *Voice of Freedom: A Documentary History*, Volume Two, New York: W. W. Norton & Company, 2005, p. 47; 有关霍夫斯塔特对此的批判，参见 Richard Hofstadter, *The Age of Reform: From Bryan to F. D. R.*, New York: Vintage Books, 1955, p. 75。

[③] Richard Hofstadter, *The Age of Reform: From Bryan to F. D. R.*, New York: Vintage Books, 1955, p. 75.

对"人民"的认同和对"他者"的确定为平民党人的抗议运动设定了阵容。1890年在堪萨斯州托皮卡平民党人的第一次聚会上，被称为金嗓子的堪萨斯人玛丽·伊丽莎白·里兹号召说："你们农场主要做的，是少长一些玉米多长一些愤怒。"她代表农场主们提出要求："我们要钱、土地和交通。我们要求取消国家银行，我们要求接受国家直接贷款的权力，我们要求取消可恨的丧失赎取权制度。……我们要保卫我们的家园，坚守在我们的炉边，如果必要就诉诸武力，我们拒付那些凶猛的高利贷公司的贷款，直到政府偿清对我们的亏欠。"① 这些主张在后来的人民党纲领中被概括为：自由铸造银币，累进所得税，由政府建立便于交换的供人民安全储蓄收入的邮政银行，由政府拥有、运营铁路、电报和电话系统等。②

然而，在工业主义和城市化处于"镀金时代"的美国，平民党人的声音听起来是有些不合时宜的，甚至是复古倒退的。在世人的眼中，他们即便不属于产业工人那样的到处闹事的"麻烦制造者"，也难以博得广泛的同情。一方面，农场主们的联合行动并没有在根本上拓展他们的政治视野，他们仍然拒绝接受南部的黑人、新移民，并继续敌视犹太人，将其看作华尔街阴谋的主导者。另一方面，作为工业化时代的弱势群体，他们在政治上同城市工人一样，面对的是政府官员、大企业主和知识精英联合打压的局面。③

五 平民主义与进步主义的合与分

1896年大选中，民主党在任总统克利夫兰因坚持金本位制而受

---

① Arthur M. Schlesinger, Jr., *The Almanac of American History*, New York: Barnes & Noble Books, 1993, p. 372.
② Eric Foner, *Voice of Freedom: A Documentary History*, Volume Two, New York: W. W. Norton & Company, 2005, p. 49.
③ Lawrence Goodwyn, *The Populist Movement: A Short History of the Agrarian Revolt in America*, Oxford, London, New York: Oxford University Press, 1978, p. 37.

到本党人士的质疑和抨击。威廉·詹宁斯·布莱恩以一篇被称为"金十字架"的演说征服了民主党听众,并被顺利提名为总统候选人。同年7月,人民党全国大会在圣路易斯举行,也推举了已属民主党人的布莱恩为自己的总统候选人。大选中布莱恩在27个州发表了热情洋溢的演说,并受到公众的热烈拥护。然而,选举的结果却是足不出户的共和党候选人威廉·麦金莱靠大公司的支持轻松获胜,美国农场主自由铸造白银的努力至此完全失败了。在这次选举中,平民与精英壁垒分明,支持布莱恩的主要是南部各州和西部部分州的农场主和社会下层,而麦金莱则得到人口稠密经济富裕的东部各州、加利福尼亚和工业发达的中西部的支持,支持者中许多是银行家和保险公司、石油公司等企业领袖以及他们操纵下的公司员工。这场选举的结果彻底瓦解了平民党运动,改革的主动权为共和党所掌握。

然而,就在布莱恩失败后不到20年的时间里,大多数平民党人的主张却在美国付诸实施,并且对后来美国政府的改革运动产生着持续影响。这次选举之后,平民党人发现他们可以继续利用自己的经济组织来影响政府改革。1900年成为美国政府改革的分水岭:从1865年到世纪之交,美国农产品价格持续下跌,农业困难重重,农场主们从来没有看到联邦政府给他们多少同情,也没有像样的立法措施给他们施以援助。然而在20世纪初,罗斯福的"公平施政"和威尔逊的"新自由"却产生了许多农业立法。到1920年,给农业部增加的为农场主提供服务的拨款已经是1890年的30倍。[①] 因此,历史学家们认为,平民党人是失败的成功者:他们在选举中失败了,但他们的目的达到了。1905年,曾经当选过堪萨斯州平民党众议员的杰瑞·辛普森从新墨西哥回到堪萨斯,遇见了几位昔日的共和党

---

① Richard Hofstadter, *The Age of Reform: From Bryan to F. D. R.*, New York: Vintage Books, 1955, p. 118.

对手，他们对他说："噢，杰瑞，你现在应该在堪萨斯才对，堪萨斯整个都是平民主义的。"他回答说："你们这些本州保守商人，无疑是这里最聪明的人，但现在学的却是这州农场主们14年前就知道的东西。"他还评论说："当我们转向罗斯福时，平民党消亡了。……而他们却都来学我们了。他们不叫自己平民党人，但玫瑰无论叫什么都是芳香的。"①

的确，如上所述，在20世纪最初20年先后由共和、民主党主导的进步主义改革运动中，往日平民党人的许多诉求都得以实现。一方面，平民党运动中形成的改革文化已经弥漫全国，一些社会精英也意识到工业化带来的诸多社会问题已经到了非改革不可的地步；另一方面，在1896年大选后，原来的一些平民党人纷纷转向共和、民主党，并把他们的诉求带进了执政党。在进步主义大行其道的20世纪初，平民党人和进步派曾出现合流的局面，许多人既是平民党人，又是进步派。前文提到的杰瑞·辛普森就是一例。

然而，平民党人与进步派的主流在地域、身份和诉求上还是有很多不同的。对此，约翰·卢卡克斯指出："进步派和平民党人从开始就有着本质的不同。他们是不同类型的人。"② 他认为，美国进步派大约从1880年开始形成，加入其中的是一些对"共和党自我满足的物质主义"忧心忡忡的人，在进步派看来，共和党的政客都"庸俗和落后得不可救药"。这些知识分子和社会与政治改革者们多属上层美国人，几乎都是新教徒，并且大多来自新英格兰地区。他们相信社会与政治的可计划性，就是说，一场由他们发起的自上而下的社会改革可以解决美国所面临的问题。而平民党人则多来自中西部和南部，他们

---

① Gene Clanton, "Populism, Progressivism, and Equality: Kansas Paradigm", *Agriculture History*, Vol. 51, No. 3, July 1977, pp. 559–581.

② John Lukacs, *Democracy and Populism: Fear and Hatred*, New Haven & London: Yale University Press, 2005, p. 57.

相信来自下层的改革，或者是革命。当然，他们依靠的也不是所有下层，因为在南部，平民党人坚决反对给黑人平等的社会与政治权利；他们还经常充当反对移民的急先锋。①

进步派与平民党人的组合没有持续多久，到 20 年代中即出现分化。1925 年 7 月，在围绕世界瞩目的田纳西州约翰·斯科普斯案的辩论中，维护《圣经》、反对进化论的老牌平民党人布莱恩和支持进化论的芝加哥进步派克拉伦斯·达罗（Clarence Darrow）各不相让，平民党与进步派的分野由此形成。② 中西部和西部一些州中的平民党人推动出台了一些令自由派感到震惊的立法，其中包括教科书审查制度。到 30 年代，平民党人形象被认为在格兰特·伍德（Grant Wood）的著名油画《美国的哥特人》中得到很好的表现，足见其在人们心目中地位的下降。而休伊·朗（Huey Long）和库格林神父（Charles Coughlin）等带有孤立主义倾向的平民党人的出现以及他们对进步派中国际主义的攻击，更让二者走向彻底决裂。

小 结

综上所述，可以得出两点结论：一是平民党人造反情有可原。霍夫斯塔特等人在自由主义经济观下对平民党人做出的评判有失公允，因为工业化初期阶段的市场经济并不是一种健全的经济体制，权力与金钱的勾结、大公司的垄断都造成了农场主等社会阶层丧失了掌握自

---

① John Lukacs, *Democracy and Populism: Fear and Hatred*, New Haven & London: Yale University Press, 2005, pp. 57 – 58.
② 1925 年 7 月，田纳西州戴顿的约翰·斯科普斯因教授进化论违犯州法被捕受审。克拉伦斯·达罗和达德利·费尔德·马隆为其辩护，而布莱恩则是起诉人之一。结果是斯科普斯被判有罪，并被罚款 100 美元。这场引起全世界关注的审判被讽刺为"猴子审判"。该条州法直到 1967 年才被废除。详见：Eric Foner, *Voice of Freedom: A Documentary History*, Volume Two, New York: W. W. Norton & Company, 2005, pp. 123 – 127; Arthur M. Schlesinger, Jr., *The Almanac of American History*, New York: Barnes & Noble Books, 1993, p. 446。

己命运的力量，危害了真正意义上的美国民主；而许多美国精英服膺于社会达尔文主义，对处于弱势地位的工农大众缺少同情，这样就形成以大银行、大公司为主体的垄断势力，以联邦政府和州政府为主体的政府权力，和以各大报刊为主体的知识精英联合打压弱势群体的局面，而农场主正是不堪这种打压才组织反抗的。二是平民党人的狭隘和保守是一种历史性的客观现实。霍夫斯塔特等人罗列的平民党人身上的种种偏见和陋习，不应被简单地看成个别现象，而应该从美国文化深处追寻其根源；从美国历史和现实中审查其影响。平民党人的怀旧情结、种族主义倾向、宗教狂热和对外政策上的好战姿态都给其政治形象带来负面评价。尽管有的辩护者称这些倾向同样表现在进步派、工人阶级等其他群体中，但它们与平民党人或者说是农场主的联系，确实要更为密切一些。这些将其他平民排斥在外的平民党人却以人民自居，其本身虽然具有讽刺意味，但反映了美国历史上对"人民"一词的界定和认同是受时代局限的。事实上，历史上的"美国人民"是一个变化的概念。回顾美国的政治史，可以看出美国人在身份认同上有一条清晰可见的脉络，那就是人民内涵的演变和民主范围的延伸。从殖民初期具有强烈排他性的自称为上帝选民的清教徒，到独立时期松散的美国人民；[①] 从早期排除黑奴和妇女的有限公民，到后来的包括不同性别、种族享有较为充分的政治权利和多元文化的美国选民，美国的民主之路是一条逐步完善的政治现代化道路。在这条道路上，作为清教传统中坚的美国农场主经常是偏于保守和落后的，却在美国工业化的镀金时代扮演了经济民主化推动者的角色。

在19世纪后期的美国，一路凯歌的工业资本主义并非一个完善的社会制度。如果有人说，在工业化转型中农民的经济条件降低是一种不可避免的自然现象，那么他必须同时承认，工业巨头们的垄断使

[①] 参见李剑鸣《"人民"的定义与美国早期的国家构建》，《历史研究》2009年第1期，特别是文中（第112页）关于北美殖民地初期对"人民"的界定。

农民的处境雪上加霜。不仅如此，民主、共和两党都与大企业绑在了一起。无论是联邦政府还是地方政府，所制定的政策差不多都是有利于大企业的。而许多知识精英也服膺于社会达尔文主义，将农民的失败看作经济规律所致而没有给予足够的同情和支持。平民主义者的抗议运动，既是对工业化过程中不规范、不健全的政治、经济关系的反应，也是对两大政党、工业巨头和知识精英联合形成的社会主流意识的不满。

从上面的讨论中我们可以看出，尽管19世纪美国农民的主要问题是经济问题，但他们的抗议集中在道德方面。投入平民主义运动的美国农民，将工业化进程中困扰他们的经济问题上升到道德和制度层面来加以批判。从对自身处境的观察中，他们看到了资本主义制度的弊端所在：工业资本主义不仅将个人掠夺得精光，而且将人异化、使人堕落。他们的道德关怀和模糊的阶级意识将平民主义与社会主义联结在一起，甚至要求均分财富。也许后者在当时的美国并不是一个具有现实意义的目标。正如一些美国学者所注意到的，"平民主义代表了与粗糙的个人主义分道扬镳的趋向，向往着一种具有合作性利益分配或蕴含社会主义的社会前景；然而，作为一场运动，它却总是止步于社会主义的门槛前，总是在社会主义改革和与资本主义体系较少冲突的微小改革的双重选择面前摇摆不定"[1]。站在我们今天的角度去反思一百多年前的这场农民运动，我们不可能奢望受到工业化困扰的美国农民去建立一个农业社会主义社会。但它对以"理性""科学"标榜的工业资本主义经济及其存在的社会问题所做的批判的确起到了预警作用。正因为如此，他们的运动虽然是短命的，但他们寻求社会正义的呼声逐步为多数美国人所接受，并成为后来进步运动和"新政"等改革的先声。

---

[1] James Youngdale, *Populism: A Psychohistorical Perspective*, Port Washington, N.Y.: Kennikat Press, 1975, p. 7.

第五章　当工匠沦为工人

如果说工业化给美国农民带来的是失意、困顿甚至绝望，那么作为工业化主力军的美国工人阶级按理说应该在工业化大潮中感到如鱼得水、志得意满。

然而吊诡的是，19世纪最后30年成为美国历史上工人运动最活跃、最频繁的一个时期。美国作为19世纪资本主义经济发展最迅速的国家，其工人阶级状况自然受到全世界政治学者、社会学者和历史学者的关注。美国的劳工史研究从20世纪初以威斯康星大学为中心的康芒斯学派崛起以来，新理论新学说迭出，成果斐然，对于我们认识作为社会底层的工人阶级在寻求自身权益、争取社会公正的道路上的各种表现提供了丰富的材料和多元的视角。

一　观察美国劳工的不同视角

关于19世纪美国资本主义发展高潮时期美国工人阶级的基本状况，中美两国的劳工史专家都从不同角度进行了阐述和解析。其复杂性不只让今天的学者看起来眼花缭乱，即使时人如马克思、恩格斯也经常为之困扰。1886年9月16—17日恩格斯在致弗·阿·左尔格的信中写道：

>　　美国是一个独特的国家，它是沿着纯粹资产阶级的道路发展

起来的，没有任何封建的旧东西，但在发展过程中却从英国不加选择地接受了大量封建时代遗留下来的意识形态残余，诸如英国的习惯法、宗教、宗派主义；在这个国家里，对实际活动和资本集中的需要导致了对任何理论的普遍轻视，这种轻视理论的态度，只是现在才在最有教养的知识阶层中有所克服，——在这样一个国家里，人们只有通过自己接连犯错误，才能认识清楚本身的社会利益。这种情况工人也避免不了；工联、社会主义者、"劳动骑士"等等队伍中的混乱局面还要继续存在一个时候；他们只有在使自己受到损失以后，才会变得聪明起来。但是主要的是他们已经投入了运动，事情一般说来已经有了进展，坚冰已被打破，而且现在一切将迅速（比任何地方都要迅速）前进，虽然他们所走的是一条他们所特有的、从理论观点看来几乎是荒唐的道路。[1]

恩格斯显然不满于美国的工人阶级和工人运动状况，认为其混乱的根源是重实际而轻理论，也就是美国的实用主义风格。换言之，与阵营相对鲜明、行动步调一致的欧洲工人阶级队伍相比，美国的劳工队伍在组织上分门别类、宗派主义严重，在行动上目光短浅、急功近利、不顾大局。而这一切又可归因于他们轻视理论指导，或者说对马克思、恩格斯等人的无产阶级革命理论视若无睹。

问题在于，马克思、恩格斯的无产阶级革命，乃至最终实现社会主义和共产主义理想的理论是不是符合美国的国情？换言之，美国例外论在阶级结构、社会主义运动这些问题上是不是站得住脚？

无论是当时美国的一些最为著名的劳工组织，还是后来致力于美国劳工史研究的康芒斯学派，都不认为美国存在与欧洲国家对等的社

---

[1] 恩格斯：《致弗·阿·左尔格（1886年9月16—17日）》，《马克思恩格斯全集》第36卷，人民出版社1975年版，第522页。

会主义运动以及作为这一运动主力军的工人阶级。这一质疑稍后由另一位德国社会学家正式提出来，这就是维尔纳·桑巴特（Werner Sombart，1863—1941）的世纪之问："为什么美国没有社会主义？"（Why is there no socialism in America？）桑巴特是20世纪初德国著名左翼社会学家，曾自称是"信服的马克思主义者"，但后来却认为"马克思最终在许多要点上犯了错误"。[1]

就像早期的空想社会主义者欧文、傅立叶和卡贝们一样，马克思对美国的社会主义运动充满期待。他在1847年发表的《道德化的批判和批判化的道德》一文中指出："社会主义和共产主义不起源于德国而起源于英国、法国和北美。"[2] 然而，不仅社会主义没有出现在美国，在欧洲无产阶级革命如火如荼的年代，美国工人阶级的表现总是差强人意。1848年革命失败后，包括约瑟夫·魏德迈、弗里德里希·左尔格在内的一批欧洲共产主义者流亡到美国，在那里进行组织、宣传和鼓动；马克思、恩格斯也曾在《纽约每日论坛报》上撰文，尽管讨论的主要是德国和英国的"革命与反革命"，但对无产阶级运动的前景也表达了乐观的期待。[3] 然而，美国的无产阶级革命和社会主义运动始终不成气候，以至于在思想界产生了广泛的怀疑：美国是不是工业化国家中社会主义运动的例外？

对于"美国例外论"的解释来自方方面面：如美国是一个新国家，社会趋于平等，没有欧洲国家那样的封建残余和等级观念，因此阶级界限也要相对模糊、浅淡并易于滑动；边疆作为社会不满者的安全阀作用；经济增长的节奏和范围以及物质生活水平的全面提高为个人成功提供了空间，并削弱了工人阶级的团体意识；种族主义和大规

---

[1] Werner Sombart, *Socialism and the Social System*, trans. M. Epstein, New York: Dutton and Sons, 1896, p. 87.
[2] 马克思：《道德化的批评与批判化的道德》，《马克思恩格斯选集》第1卷，人民出版社1972年版，第176页；转引自张友伦、陆镜生《美国工人运动史》，天津人民出版社1993年版，第7页。
[3] 张友伦、陆镜生：《美国工人运动史》，天津人民出版社1993年版，第140—159页。

模移民妨碍了工人阶级的团结，同时也推动着成功的工人家庭社会地位的代际提升；建国伊始就确立的成人男子选举权避免了工人经济斗争和政治斗争的合流；个人投票的总统、国会选举推动了跨阶级的政治联合，而在全国和各州范围内降低了以工人阶级为基础的劳工党或社会党的持久存在的合法性，等等。[1]

对于美国为什么没有社会主义问题，桑巴特的解释分为物质替代和价值替代两个方面：所谓物质替代就是美国劳工的生活水平比欧洲劳工要高一些，因而失去了穷则思变的动力，被称为"烤牛肉和苹果馅饼"理论，用以解释美国社会主义运动的困境。所谓价值替代，就是美国工人比欧洲工人更追求竞争中的公平而不是反竞争的平均主义。[2] E. M. 哈林顿在桑巴特《美国为什么没有社会主义》英译本前言中进一步解释说，欧洲社会主义运动更多的是围绕公民权问题，而不是经济问题发生的，而这在美国不成问题，"美国主义"成为"社会主义"的替代品。[3] 对"美国例外论"的解读还包括，美国工人阶级不必像英国和欧洲大陆的工人阶级那样要建立"全国性组织和统一的意识形态"来强化其阶级意识。[4]

美国从建国以来一直具有较强的文明优势，这种优势在内战之后逐步形成了强大的文化向心力。纵观人类历史，我们会发现一个帝国的崛起和存续，除了军事上的强势和征服之外，更多地依靠其文化优势产生的向心力，也就是通过自身文化与周边乃至世界其他地区文化之间的落差，将周边乃至全世界的优质的人力资源和物质资源吸引到其中。见证这样的文化向心力的古代文明既包括希腊、罗马等欧洲文明，也包括中国历史上的汉、唐帝国。从现象上看，一方面是本土人

---

[1] Howard Kimeldorf, "Historical Studies of Labor Movements in the United States", *Annual Reviews of Sociology*, Vol. 18, 1992, pp. 496–497.

[2] 秦晖：《公平竞争与社会主义》，《战略与管理》1997年第6期。

[3] 同上。

[4] Kim Voss, *The Making of American Exceptionalism: The Knights of Labor and Class Formation in the Nineteenth Century*, Ithaca and London: Cornell University Press, 1993, p. 36.

民坚定的文化自信心,即认为自己的文化才是最优秀、最先进的;另一方面是外人欣赏、羡慕的目光,对这些占据文化优势地位的国家、民族或文明,无论从精神上还是物质上都心向往之。

文化自信心的奠定,除了对本民族、本文明的文化传统具有一定程度的自豪感和优越感之外,更重要的是对当时自身的社会制度和文明成就充满信心。而社会制度往往是吸引作为社会动物的人的最重要的砝码。换言之,社会制度是文化向心力形成的核心因素。

美国的建国之父们,在充分吸收了十三殖民地的实践经验和欧洲方兴未艾的启蒙思想的基础上,创建了人类历史上第一个民主共和国。尽管这个新的国家在很多方面并不完善,后来被奉为美国信条的自由、民主、平等等价值观建国之初在很大程度上只停留在文本上,停留在联邦层面,局限于盎格鲁—萨克森血统的白人成年男子。但即使如此,这一公开标榜民主、共和的新国家对其他国家、民族的人们仍具有很强的吸引力。尽管也有不少欧洲精英对这一新兴国家怀有戒心甚至敌意,诚如王晓德在《文化的他者》一书中所展示的,但弗朗西斯·赖特女士的游记、托克维尔的考察和鲁珀特·布鲁克等人的"美国来信",都向欧洲人展示了一个自由、平等的美国,让很多欧洲人心向往之。[①]

秦晖在其《公平竞争与社会主义》一文中引述了西方学者对美国模式与莱茵模式的比较:"美国模式强调机会均等,偏重发挥个人的才能,而很少考虑收入的平均分配。莱茵模式强调通过国家,提供众多的集体福利,确保收入与消费方面达到较高程度的平等。"他还注意到:"无论是市场经济、自由竞争、产权明确、机会均等,还是法

---

① 参见王晓德《文化的他者:欧洲反美主义的历史考察》,中国社会科学出版社2017年版;托克维尔《论美国的民主》,董良果译,商务印书馆1989年版;"An Englishwoman, *Views of Society and Manners in America*: *A Series of Letters from that Country to a Friend in England during the Years of 1818, 1819 and 1820*", New York: Printed for E. Bliss and E. White, 1921; Rupert Brooke, *Letters from America*, Toronto: McClelland, Goodchild & Stewart, Ltd., 1913。

治国家、三权分立、代议民主、多党政治、言论自由、宗教宽容、文化开放等等人们在逻辑上认为'资本主义'应该有的特征,美国都堪称典型。但另一方面,'资本主义所固有的矛盾',在美国却相对缓和。"①

回顾一下19世纪最后30年美国劳工运动实践,我们不难发现,无论是较早的劳动骑士团、只吸收熟练工人的劳联,还是以农民为主要力量的平民党或人民党,不管他们对自己的处境多么不满,对社会上的"敌人"多么愤恨,鲜有将矛头直接指向资本主义制度的,甚至其批评重点也不是联邦政府。他们追求的是社会改良,而非革命。他们可能不满于政府的某些政策和做法,但多数人还是相信他们是生活在当时最好的制度之下,这或许是康芒斯学派观察美国劳工和劳工运动的立足点。

出现于世纪之交的康芒斯学派,与其他史学流派一样,受到当时甚嚣尘上的社会达尔文主义和以社会学、经济学为代表的新兴社会科学的影响,试图用一套科学的方法来研究和解决社会问题。康芒斯是西方经济学中制度学派的创始人之一,而他在劳工史方面的贡献丝毫也不逊色。康芒斯"把阶级斗争的全部内容归结为劳资谈判","认为美国工人运动是一种纯经济活动,不带有政治性质"。其弟子朴尔曼更明确提出"职业意识"(或"工资意识")论作为美国工人运动的基本特征。②

20世纪60年代美国新劳工史学的崛起给美国劳工史研究带来新的活力,也逐渐让统治劳工史研究数十年的康芒斯学派淡出人们的视野。张友伦先生将新劳工史学分为三支:其一是汤普逊—加特曼学派,强调文化的作用,将"工人文化"置于劳工史研究的突出地位;

---

① 秦晖:《公平竞争与社会主义》,《战略与管理》1997年第6期。
② 张友伦教授对康芒斯等美国劳工学派曾做过系统梳理和介绍。参见原祖杰、秦珊、张聚国、杨令侠《做两代学人之桥梁,立承前启后之功勋——张友伦教授的学术道路与成就》,《社会科学论坛》2011年第7期。

其二是戴维·蒙哥马利代表的一派，将"工人控制"作为衡量劳工状况的重要尺度；其三是一批从地方史和家庭史角度剖析美国劳工状况的年轻学者，他们在一定程度上继承了加特曼学派对"工人文化"的重视，并将工人的"社会舞台"细化到社区和家庭。张先生认为，同康芒斯学派相比，新劳工史学至少在两个方面取得了新的突破：一是扩大了研究领域，将少数民族、移民和传统意义上有组织劳工之外的社会群体纳入研究范围；二是将"发觉被人们遗忘的普通工人的历史"作为学术研究的目标之一，摆脱了过去只围绕工会上层人物的叙事风格。同时，张先生也注意到美国新劳工史学有从一个极端走向另一个极端的趋势，即在关注普通劳工、少数民族和新移民的同时，忽视阶级斗争和有组织工人运动的倾向。[①] 要准确认识美国劳工和劳工运动的特殊性，不能不对美国工人阶级的成长历史有所回顾。

二　美国工人阶级的前世今生

美国政治史教授肖恩·威兰茨（Sean Wilentz）在其著名《民主之歌：纽约市与美国工人阶级的兴起，1788—1850》一书的序言中指出：

> 在美国革命和1865年完成解放之间，这个国家经历了一系列深刻的变化，其中就包括工人阶级的出现。在纽约市——那时只有我们现在所知的下曼哈顿，这些变化以非常的力量和速度发生着：内战前十多年以前，美国的都市中就出现了工人阶级。就像城市本身的兴起一样，美国工人阶级在纽约的兴起给这个民主共和国提出一系列根本性问题——这些问题在整个19世纪都将

[①] 原祖杰、秦珊、张聚国、杨令侠：《做两代学人之桥梁，立承前启后之功勋——张友伦教授的学术道路与成就》，《社会科学论坛》2011年第7期。

不断地被问起。①

威兰茨进而阐述他这本著作的志趣就是要从工人阶级和社会底层的视角重新观察美国社会，以新的道德标准修正美国民主共和的历史。在他的书中，威兰茨把1788—1825年的纽约，也就是经历美国第一次工业革命之前的纽约，称作"工匠共和国"。他根据马克思对早期资本主义阶段作坊（workshop）中的社会关系的有关论断分析说：从16世纪到19世纪早期，在英国和欧洲最发达的地区，"商人资本主义和师傅工匠制度重构了生产的社会关系，将工资劳工（wage labor）转变为市场商品（market commodity），为一套新型的阶级关系和阶级冲突建立了基础。在美国，殖民统治、奴隶制（以及其他形式的非自由劳工）、重商性行会薄弱以及大量土地建立了一个不同的经济母体；然而，从18世纪晚期开始，一个相似的进程以极快的速度出现于新英格兰的乡村和北方已具规模的港口城市。与破坏种植园奴隶制同步，美国设定劳工等级的工匠制度的瓦解是19世纪美国资本主义取得的辉煌胜利之一，目标在于根据资产阶级对劳工、市场和人员的需要重新组织正规的社会关系"②。因此，我们在建国初期的美国，也看到了一个由早期的工匠作坊制度向工业革命之后工厂制度的转变过程。手工业作坊是殖民地时期工商业的主要形式，生产什么，生产多少，都根据收到多少以当地居民为主的顾客订单来决定。随着各殖民地由镇到市的转变，手工作坊逐渐让位于雇佣工厂。开始阶段变化并不明显，作坊主为满足扩大的市场需求和提高产量需要增加人手，雇佣出徒的帮工加入作坊的生产和经营。随着产量的增加，经营方式也从以固定客户订单（custom order）为主转为以零售订单（re-

---

① Sean Wilentz, *Chants Democratic: New York City and the Rise of the American Working Class, 1788-1850*, Oxford and New York: Oxford University Press, 2004, p. vii.

② Ibid., p. 5.

tail-order）为主，后者是美国革命前夕北美工商业的主要经营方式。①

美国建国之初，虽然有汉密尔顿鼓励工商业政策的支持，但殖民地时期遗留下来的经济模式仍然长期存在，主要工商业成分都依赖于曾经的母国英国和欧洲市场。根据美国著名经济史学家道格拉斯·诺斯（Douglass C. North）的观察，"从1793年到1808年，美国的经济发展都系于国际贸易和船运"②。1807年以后制造业曾经获得短期的迅速发展，部分取代了转口贸易和船运业在美国经济中的地位。但整体来说，19世纪初的十几年，美国经济的发展环境并不安稳。1807年对英禁运以及欧洲的拿破仑战争的蔓延都制约了美国经济的扩展。1812—1815年第二次英美战争以后，已经初步实现工业化的英国在国际市场上势不可当，英国的工业品以先发优势迅速涌进美国市场，几成倾销之势，年轻而脆弱的美国制造业首当其冲，蒙受了巨大挫折。1810—1820年的十年成为美国历史上城市化速度最慢的时段，城市人口不仅没有增长，反而有所下降，即从7.3%降到7.2%。无论是三大港口城市的纽约、费城和波士顿，还是二线城市塞勒姆、普罗维登斯，城市人口都维持在原来的规模。③

1812年之前，美国的所谓制造业大多停留在个体家庭手工业或小型独立作坊的水平，规模都比较小。"人们靠手工制造产品，或使用手摇织布机之类的简单机械。"④ 一直到1830年，商人资本家（merchant-capitalist）指的都是作坊企业主；在40—50年代第一次工业革命完成之前，手工作坊一直是美国经济的重要组成部分。⑤ 因此，从1805年开始已经成长为美国最大的工商业城市的纽约被肖恩·威兰茨称为工

---

① Joseph G. Rayback, *A History of American Labor*, New York: Free Press, 1966, p. 4.
② Douglass C. North, *The Economic Growth of the United States, 1790 – 1860*, New York: W. W. Norton & Company, 1966, p. 46.
③ Ibid., pp. 61 – 62.
④ ［美］艾伦·布林克利：《美国史（1492—1997）》，邵旭东译，海南出版社2009年版，第286页。
⑤ Joseph G. Rayback, *A History of American Labor*, New York: Free Press, 1966, p. 49.

匠共和国。《根特条约》签订的消息传到纽约,最为兴奋的就是期盼着一个和平的商业环境的工匠们,威兰茨对当时的场景做了如下描述:

> 1815年2月,一艘单桅帆船到达纽约港口,带来了《根特条约》签订的最新消息。几乎同时,一场自发的欢庆开始了,持续了一个多星期,纽约人欢欣鼓舞,期待着经历了四年的外交纷争和将近三年的战争之后商业得以恢复。没有人比这个城市的工匠们更兴奋的了。庆祝接近尾声时,师傅(masters)、工匠(journeymen)、学徒(apprentice)身着盛装齐集到他们的店铺,随后醉态十足地在街上跳起蛇形舞,他们的队伍闪闪发光,丰饶角里溢满了银硬币和美元硬币,有力的臂膀擎着大锤,举在上方的是两句铭文:"和平是技工的朋友"和"有了锤子和手臂,足以掌握一切技艺。"①

工匠精神的核心就是靠手艺吃饭,以技艺为骄傲。师傅、工匠、学徒之间只有资历的不同,没有鲜明的阶级差异。狂欢中每个人都能享受兄弟般的友谊和快乐。然而,这些参与狂欢的工匠们还没有意识到,这也许是他们最后一次能够不分身份、地位和阶级差异,像兄弟、朋友一样,为了共同的和平期待欢聚在一起。"纽约工匠们迎来的和平将导致工匠共和国的崩溃"②;工业化的脚步已经逼近,原来相对和谐的生产关系和社会关系都将按照阶级的分野被重新构建。

当然,由家庭手工业和作坊制造向现代工厂的转变并不是一夜之间就能完成的,但工业化的大幕已经拉开,从工匠作坊到资本家工厂的转换也经历了一个由局部到全国、由沿海到内地的演变过程。

---

① Sean Wilentz, *Chants Democratic: New York City and the Rise of the American Working Class, 1788–1850*, Oxford and New York: Oxford University Press, 2004, p. 23.

② Ibid., p. 24.

纽约是建国后人口增长最快的城市。从1790年到1800年的10年间，纽约人口增长率超过了80%；20年后，纽约市登记人口又翻了将近三倍，达到16万人。城市的快速发展拉大了贫富差距。从1790年到1825年，纽约的个人总财富增加近60%，但财富的分配很不均匀。到20年代末，占这个城市4%的富人拥有这个城市将近一半的非合股性财富。① 居于社会顶端的是少数从荷兰世代继承下来的都市大亨、搬迁过来的新英格兰人和新移民中的暴发户。而处于社会底层的是劳苦的贫民，大多数是新移民，包括水手、自由黑人、计日工、寡妇、孤儿和临时工。② 而居于贫富两极之间的则是占纽约劳动人口多数的作坊主和他们雇佣的工匠。威兰茨写道："在一些纽约人眼中，与这个城市的商业资本家相比，这些工匠看上去像是另一个时代遗存，与古老工艺的生产和市场连接在一起。"③ 随着运输条件的改善和市场的扩大带来的纽约市经济在全国的崛起，一部分作坊主开始扩大他们的生产规模。传统的皮革业、造船业和蔗糖制造业首先开始膨胀，同时一些新兴产业也开始出现并迅速扩张。最为值得一提的是纽约的印刷业的发展，19世纪的前20年，美国的商用印刷逐步集中到了纽约。到1825年，印刷业中新型的工资劳务关系已经基本上取代了原来的工匠体系。④

　　工厂制形成初年，雇佣劳动还不能为大多数人所接受。"1820年代的美国人90%在乡村居住、在农场耕田。……城里的许多人都是工匠，经营着自己的小店，安心做小商人，对工厂工作没有太大兴趣。"⑤ 美国在第一次工业革命时期兴起的工厂制度首先出现在需要雇

---

① Sean Wilentz, *Chants Democratic: New York City and the Rise of the American Working Class, 1788–1850*, Oxford and New York: Oxford University Press, 2004, pp. 25–26.
② Ibid., p. 26.
③ Ibid., p. 28.
④ Ibid., p. 30.
⑤ [美]艾伦·布林克利：《美国史（1492—1997）》，邵旭东译，海南出版社2009年版，第288—289页。

工人数较多的棉纺织业。现代工厂制在美国的立足，催生了两种雇工制度。一种以纽约、费城等大西洋中部各州的城市为主，将农民全家迁移到纺织厂从事力所能及的工作；另一种是流行于马萨诸塞等新英格兰地区的"洛厄尔模式"，招收年轻的女孩到工厂工作。[1] 无论是哪种雇佣制度，都具有较为浓厚的人情味，不仅比英国工业革命初期的雇佣制度温和得多，而且也让半个世纪后赶上第二次工业革命的产业工人望尘莫及。

由工匠制度向工厂制度的转变在纽约市是逐步完成的。不同于一些新兴城市中新型工厂的开土拓地，纽约的工业化更突出地表现为生产关系的转化，即原来旧的工匠劳务关系的式微和新的劳资关系的形成。原来的手艺人都可以期望一个从学徒到工匠再到师傅作坊主的进取路径，决定一位工匠职业生涯的不同阶段的是技艺。学徒为学到技术而无偿地付出，工匠为提高技艺而精益求精，不仅是为了获得一份可以养家糊口的经济收入，还指望以此获得身份和地位的提升。而作为作坊主的师傅也有义务将相关的技艺传授给学徒，通过维持一种传统的职业伦理关系来保障其事业的稳定和发展。

然而，随着生产规模的扩大和雇佣人数的增多，学徒们已经不能像他们的前辈们那样学到全套技艺，而只是根据师傅的安排熟悉生产流程的某个环节。比如，制衣和制鞋的师傅们只是教他们的学徒一些比工匠工作简单的技术，这些想当工匠的孩子们得到的只是帮工的培养。这就意味着他们可能终生只能充当简单的帮工。不仅学徒的角色发生了转变，作为作坊主的师傅的角色也发生了变化，一些师傅，包括一些从事体面行业的师傅开始放弃他们在作坊中的角色，变成工头和合同方。技艺不再是决定因素，决定因素是资本和利润。为了节省劳动成本，他们甚至会雇佣付酬较低的妇女和儿童

---

[1] ［美］艾伦·布林克利：《美国史（1492—1997）》，邵旭东译，海南出版社2009年版，第289—290页。

做生产中的帮工,"根据市场而不是习惯或'公正'确定的工资成为他们之间唯一的联系"①。就像马克思在《共产党宣言》中所说的:"资产阶级在它已经取得了统治的地方把一切封建的、宗法的和田园诗般的关系都破坏了。它无情地斩断了把人们束缚于天然尊长的形形色色的封建羁绊,它使人和人之间除了赤裸裸的利害关系,除了冷酷无情的'现金交易',就再也没有任何别的联系了。"

比较而言,"洛厄尔模式"既没有传统的工匠关系束缚,又避免了英国工业革命之初的残酷性,因而被称为模范工业社区。洛厄尔是20年代兴起于马萨诸塞州的新城,其设计和建设都纯粹是为了工业目标,清楚地划分了工厂区、工人宿舍区和商业区。1836年洛厄尔有17000名居民,大部分是来自周围农村地区的年轻女性,年龄一般在15—29岁。女工们在纺织车间每天工作12小时,每周工作6天,可以获得从2.40美元到3.20美元不等的周工资,在当时并不算很低。②因为可以在出嫁之前存下一笔私房钱,到洛厄尔工作成了新英格兰很多中下层家庭女孩子们的选择。但绝大多数女孩到了出嫁年龄会选择辞去工作,离开洛厄尔。

尽管第一次工业化给美国社会带来的冲击并不像给英国的那样大,但从农村来到工厂做工的男女工人们还是能够切实感觉到几乎难以承受的劳动强度。19世纪30年代,新式工人经常面临的削减工资、超长工时、增加工作量以及生产速度,都让他们产生"工资奴隶"的感觉。因此,美国工人阶级早期的追求社会公正的努力自然也是围绕提高工资、缩短工时、降低劳动强度和改善工作环境等直接利益诉求而展开的。1840年,马丁·范布伦总统看到劳工们在争取"日出日落"(sun to sun)制度,就给华盛顿的造船厂发布命令,规定政府雇

---

① Sean Wilentz, *Chants Democratic: New York City and the Rise of the American Working Class, 1788–1850*, Oxford and New York: Oxford University Press, 2004, pp. 33–34.

② Gary B. Nash, et al., *The American People: Creating a Nation and a Society*, Volume One, New York: Harper Collins College Publishers, 1994, pp. 328–329.

用劳工十小时工作日，船厂的私人雇工自然也照此行事。每天工作十小时成为内战前工厂工人的理想标准。至于美国工人八小时工作制，只是到了内战以后第二次工业革命才成为劳工运动的正式目标。在争取八小时工作日的历程中不能不提及班克斯将军（General Banks）的夫人，她年轻时曾在马萨诸塞的洛厄尔工厂中工作过，后来尽管自己地位上升，却没忘年轻时一起吃苦受累的姐妹们。她说服自己后来当上参议员的丈夫在参议院提交一份八小时工作制的法案，该提案1869年成为国家正式法律，但适用范围仅限于国家雇员，私人雇员不包含在内。[1]

威兰茨虽然没有接受康芒斯学派的"职业意识说"，而是认定工人阶级在美国的第一次工业革命中已经出现，但不同意将阶级意识作为衡量工人阶级形成的唯一标准。他根据自己对纽约市早期工业化的研究写道："在纽约，阶级形成的历史只有放在这种宽泛的意识形态语境下才能够被理解：面对发生在生产的社会关系中的深刻变化，普通纽约人开始重新解释他们共享的关于共同体、美德、独立、公民以及平等，并努力弄清这些术语的真正含义。"[2] 也就是说，工业革命带来的巨大而深刻的社会变化不可避免地冲击着每个人的世界观，让他们在重新认识作为美国共和制度基础的一系列意识形态信条的同时，也开始思考自己在这个国家和社会中的位置，追求他们心目中的社会公正。

三 从睦邻到仇敌

美国通过内战结束了南方的黑人奴隶制度之后，工业资本主义得

---

[1] J. Warner Mills, "The Economic Struggle in Colorado, Part 3: Eight-Hour Agitation, Strikes, and Fights", *The Arena*, Vol. 36, No. 203, October 1906, p. 379.

[2] Sean Wilentz, *Chants Democratic: New York City and the Rise of the American Working Class, 1788–1850*, Oxford and New York: Oxford University Press, 2004, p. 14.

以飞速发展。与此同时，美国社会也在19世纪最后30年完成了由农业国到工业国的转型，社会结构发生了根本性变化。如果说第一次工业革命只是在一定程度上改变了原来的生产关系，让工人阶级开始逐渐意识到他们必须参与对共和美德和公民权利等定义的解释，参与对社会公正规则的重新制订，那么第二次工业革命开始后，美国的阶级对立和阶级冲突就更为显著，并经常出现阶级之间的战争。另外，由于工人队伍内部的分化，他们对社会公正的诉求也因为关注不同而出现很大差异。应该指出的是，由于第二次工业革命在空间范围上大大超过了第一次工业革命，各地区之间发展的不平衡性就显现出来。工业化程度高的东部各州在企业家和资本储备方面都优于开发不久的西部各州，因此当东部资本涌入西部的时候，受到冲击的不仅仅是西部各州原有的经济形态，还包括各地相对淳朴的社区文化。

  面对急速扩张的资本主义和工业化带来的冲击，很多人的人生和生活环境被彻底改变了，尤其是被深深地卷入资本主义生产机器的工厂工人，面对资本家的傲慢、跋扈、贪婪、冷酷，面对联邦和地方政府对企业主们的支持和放纵，他们要保护自己的权利，争取社会公平、正义，只有组织起来，团结在一起联合抗争。美国早期工会组织形成于18世纪末，主要存在于纽约、费城等沿海城市的印刷、制鞋等制造业中。1794年成立的皮革匠联合会（The Federal Society of Journeymen Cordwainers，FSJC），被认为是最早的工会组织，成立伊始就组织罢工要求提高工资待遇，并成功地说服雇主只雇用FSJC会员。[①] 这个组织只存在了十多年就因为内部分裂而解散。一般认为，美国最早的工人运动开始于19世纪30年代，主要参加者是工匠，而不是产业工人，因为那时工厂制还没成气候，产业工人人数相对较

---

① Kevin Hillstrom, *Defining Moments, Workers Unite!: The American Labor Movement*, Detroit, M. I.: Omnigraphics, 2011, p. 18.

少，工人阶级的抗争主要是工匠的反抗（the journeymen's revolt）。[1]他们临时组织起来，为了提高工资、缩短工时和改善工作条件与雇主展开集体谈判（bargain collectively），很快就尝到了集体行动的甜头。[2] 但总体来看，内战前美国工人或工匠抗争的规模都比较小，并主要限于工资、工时和工作条件等方面的基本诉求。大规模的工会组织和工人运动还是在内战之后第二次工业革命期间爆发的。

19世纪80年代后期，以"不分种族、性别、熟练程度和肤色把所有行业的劳动者团结在一起"为宗旨的劳工骑士团盛极而衰。[3] 但在西部山区，却保留了其部分组织和影响，并在此基础上形成西部矿工联合会。西部矿工联合会在最初几年类似于其他行业工会组织，致力于提高工资、减少工时和争取雇主对工会的承认，其活动范围主要集中在科罗拉多、爱达荷和蒙大拿三州。在工业化之前，这里居民的阶级界限并不明显，依靠传统经营手段的小雇主与普通工人可能同住一个社区。雇主对工会活动基本持理解和宽容的态度。19世纪晚期，科罗拉多是美国几个发展最快的州之一，罗基山区的丰富矿藏资源吸引了众多的投资者，1893—1997年，3057个矿业公司注册成立，每个都拥有上百万美元的资本。[4] 无论是在科罗拉多、爱达荷还是蒙大拿，当地人在矿区占据支配地位。西部山区的矿主们对工会主义十分熟悉，因此，对矿工联合会的活动多半能够予以配合。当地的商人和农民也经常站出来支持矿工争取承认工会和提高工资的斗争。世界产联的激进领袖比尔·海伍德后来回顾说，在1903—1904年冲突前，科罗拉多的跛溪（Cripple Creek）地区的矿工与商人和睦相处，同属

---

[1] Kim Voss, *The Making of American Exceptionalism*: *The Knights of Labor and Class Formation in the Nineteenth Century*, Ithaca and London: Cornell University Press, 1993, pp. 23 – 45.

[2] Kevin Hillstrom, *Defining Moments*, *Workers Unite!*: *The American Labor Movement*, Detroit, M. I.: Omnigraphics, 2011, p. 17.

[3] 张友伦、陆镜生：《美国工人运动史》，天津人民出版社1993年版，第349—380页。

[4] Melvyn Dubofsky, *We Shall Be All*, Urbana: University of Illinois Press, 1988, p. 22.

一个兄弟般的社会,因共同的伦理而团结在一起。①

如同美国的其他地区一样,工业化所带来的产业纠纷败坏了原来社区的和谐与宁静。打破旧的社区和谐的是乘工业革命之势蜂拥而入的外地资本和技术。这些来自东部的投资者唯利是图,既不尊重工人的人格,也没有社区意识。他们不承认工会的地位,不理会工会的要求,追逐的是最大限度的超额利润。在与外来资本家斗争的开始阶段,矿工们并不是孤军作战,绝大多数矿区的农民、商人和职业阶层站在工会会员的一边;而政府雇员,包括由工会会员参与选举产生的法官,也经常支持劳工们所提的要求。所以,在这一阶段,我们看到的是地方社区各阶层联合在一起反击入侵的外来资本家。然而,经济法则与人文法则经常是背道而驰的。外来资本家们通过压低成本使他们的产品在市场上占据优势,让当地竞争者无法招架。很快,他们就控制了这些矿区,旧的社区文化在工业化潮流下荡然无存。

这种因不同伦理观念导致的内外之争是暂时的,工业化带来的产业结构的变化才从根本上改变了原来社区的性质和居民的命运,老邻居们在工业化潮流中沉浮游离,加入不同的阶级。新技术、新发明提高了生产效率,同时导致传统的工艺迅速贬值。原来的熟练工人被换到非熟练岗位,其收入也随之下降。产业结构的变化使阶级界限空前分明,劳资矛盾日益加剧。在科罗拉多,雇主们为了对付工会组织,在1903年10月25日成立了一个全州范围的雇主联盟。这个取名"市民联盟"的雇主组织号称拥有三万名会员,其共同的目标就是要在科罗拉多州铲除西部矿工联合会和其他工会组织。

劳资矛盾的激化将一批原来思想温和的工人运动领袖推向激进主义,尤金·德布斯便是其中之一。德布斯成长于印第安纳州特雷霍特的一个"令人喜爱的小社区"。根据他的回忆,那里"所有的邻居

---

① Melvyn Dubofsky, *We Shall Be All*, Urbana: University of Illinois Press, 1988, p. 26.

都是朋友"①。德布斯代表的是美国当时正在沉沦中的熟练和半熟练工人，面对工业化压力，努力维护他们过去相对体面的生活。出身工人家庭的德布斯十四岁开始在铁路上工作，从洗车工干到火车司炉。19岁那年，他成为特雷霍特霍尔曼公司的一名办事员。同年，他以优势选票战胜另外十位候选人而当选市公务员（City Clerk），并在他的第一个任期展示了他的"勤奋、能干和正直"。虽然离开了司炉的工作，但他从未停止对司炉工人的关心。1874年2月，他创办了美国司炉兄弟会维哥分会。几年后被选为全国司炉兄弟会的书记、司库和《司炉杂志》的主编。他在赢得工人信任的同时，还一直与特雷霍特的商业精英保持着较为友好的关系。作为劳工领袖，德布斯曾努力填补劳资双方之间的距离。开始，他对罢工之类的激进活动并无兴趣，对劳工运动中的激进倾向持批评态度。他甚至认为龚帕斯的行业工会主义不是太保守，而是太激进。② 他在1887年1月还著文谴责无政府主义者目光短浅、野蛮好斗。他所要维护的是体制内的"公民身份"。③

然而，日益深入的工业化，将劳资之间的距离越拉越大，不断冲击着德布斯对美国制度的乐观主义看法。认识到行业工会已经无力对付联合起来的雇主，德布斯转而致力于一个向所有铁路工人敞开大门的工会，这就是成立于1893年的美国铁路工会（ARU）。投身产业工人的事业，是德布斯由温和走向激进的起点。作为铁路工会的领袖，德布斯极不情愿地卷入了普尔曼大罢工。这次罢工尽管受到社会各界的同情，却在美国铁路资本家以及联邦和地方的政府与法院的联合努力下被无情地绞杀了。参加罢工的工人，尤其是工会领袖们受到不同

---

① Nick Salvatore, *Eugene V. Debs: Citizen and Socialist*, Urbana: University of Illinois Press, 1982, p. 12.
② Ibid., p. 45.
③ Ibid., p. 70.

程度的惩罚。① 德布斯由于"蔑视"法院禁令被判刑六个月。在狱中，德布斯认真研究了劳资冲突的现实，由原来只重视经济斗争转而强调政治斗争的重要性，并接受了社会主义理论。所以，杜波夫斯基认为，德布斯以一个工会主义者的身份进入乌德斯塔克监狱，却以一个社会主义者的身份走了出来。② 当世界产联开始酝酿之即，德布斯已经成为这一新的工运组织的最热心的支持者之一。

世界产业工人联合会就是在这种背景下登上美国的历史舞台的。一方面，工业化和新移民使美国非技术性产业工人的数量迅速增加，另一方面，无论是轮流执政的共和党、民主党，还是最有影响的工人组织美国劳工联合会，都拒绝为产业工人维权和代言。当身处下层的广大产业工人发现自己被美国体系出卖了，被美国社会抛弃了，他们就自然而然地诉诸马克思所指明的道路，即推翻现存的资本主义制度。与行业工会相比，产业工会关心的不是某个行业工人的直接利益，而是全体工人的整体利益，因此，其组合自然带有浓厚的阶级色彩。工会走向产业化，是美国工人阶级意识增强的体现。当西部矿工联合会和美国铁路工会两股洪流汇集其他支流而形成美国历史上第一个以产业为基础的工会组织的时候，没有人能够否认美国工人阶级阶级意识的存在。1905年6月27日，在芝加哥布兰德会堂举行了世界产业工人联合会的成立大会，这个被威廉·海伍德称作"工人阶级的大陆会议"的盛会，宣告美国工人运动进入长达十年的激进时期。

1905年1月2日在芝加哥举行的世界产联预备会议通过了一系列原则，其中包括建立一个跨行业的产业总工会，承认阶级斗争和劳资冲突不可避免。海伍德在讲话中直截了当地阐明："这个组织的宗旨

---

① 张友伦、陆镜生：《美国工人运动史》，天津人民出版社1993年版，第455—467页。
② Melvyn Dubofsky, "The Origin of Western Working Class Radicalism", in David Brody, ed., American Labor Movement, Lanham: University Press of America, 1971, p. 63.

和目标是要工人阶级掌握经济权利、生活手段，控制生产和消费机制，而不必在意那些资本家企业主。"① 芝加哥会议的组织者之一威廉·特劳特曼（William E. Trautmann）对大会纲领解释说："这个文件依据的是与大陆欧洲有组织劳工相同的原则"，即"革命的工团主义"或"无政府工团主义"。② 其革命目标，用后来成为美共领导人的威廉·福斯特的话来说，"就是建立一个行业工会'政府'来管理工业和其他社会活动"③。

关于世界产联所代表的美国激进主义，部分新劳工史学家们倾向于从美国的本土文化中寻找其思想渊源。杜波夫斯基认为，"世界产联的信仰是马克思主义、达尔文主义、无政府主义和工团主义的混合物，而所有这些因素都被涂上美国色彩"④。也就是说，这些被称作瓦布里的人们是从他们的美国经验提炼出他们的信仰的。也有学者认为，世界产联的纲领是美国本土激进主义的最佳体现。⑤ 但菲利普·方纳仍然认为，"忽视世界产联与欧洲，尤其是法国工团主义之间存在的思想渊源是错误的"⑥。

应该看到，作为美国激进主义代表的世界产联，在其为时不长的存在过程中所表现的激进思想并不是完全一致的，其激进程度也不一样。如果说世界产联在成立之初还吸收了美国本土社会主义传统的某些成分的话，那么在1908年第四次会议以后，以无政府工团主义为特征的欧洲式激进主义则占据上风。在这次会议上当选为总

---

① Melvyn Dubofsky, "The Origin of Western Working Class Radicalism", in David Brody, ed., American Labor Movement, Lanham: University Press of America, 1971, p. 81.

② Philip S. Foner, History of the Labor Movement in the United States: The Industrial Workers of the World, New York: International Publication, 1965, p. 19.

③ Ibid., p. 20.

④ Melvyn Dubofsky, "The Origin of Western Working Class Radicalism", in David Brody, ed., American Labor Movement, Lanham: University Press of America, 1971, p. 147.

⑤ Steward Bird, Dan Georgakas, and Deborah Shaffer, Solidarity Forever: An Oral History of the IWW, Chicago: Lake View Press, 1985, p. 2.

⑥ Philip S. Foner, History of the Labor Movement in the United States: The Industrial Workers of the World, New York: International Publication, 1965, p. 158.

书记和司库的圣约翰提出了一些更激进的斗争方式,包括破坏和违法。所以,一般认为,1908 年以后,世界产联演变成为一个更具战斗性的革命组织。① 在随后的两年中,无论是与企业主的冲突还是与政府的对抗都进入一个新的暴力阶段。1910 年 10 月 1 日,在一次制铁工人罢工的僵持期,一颗炸弹炸毁了《洛杉矶时报》大楼,20 人死于非命。当地工会干部麦克纳马拉兄弟被怀疑是爆炸案的制造者。在指控方与辩解方争执不休的一年中,混乱波及全国各地。一年以后,麦克纳马拉兄弟出人意料地承认了他们是爆炸案的制造者。许多美国人在震惊之余开始认真考虑劳资冲突所带来的社会问题。

世界产联倡导的是消除资本主义和政治性国家,这样他们就将自己摆到了美国政治制度的对立面。换言之,世界产联所面对的不仅仅是美国的资本家及其联盟,而且有强大的联邦和地方政府。而作为他们行动主要方式的罢工甚至总罢工,因其扰乱了人们的正常生活而遭到大多数美国人的反感。

从其成立到美国加入第一次世界大战约十年间,世界产联领导了一系列被称作"阶级战争"的罢工运动,范围跨越整个大陆。其中影响较大的包括:1909 年在宾夕法尼亚的麦柯吉斯洛吉斯;1912 年在马萨诸塞的劳伦斯;1913 年在新泽西的帕特森和俄亥俄的阿克隆;1915 年在加利福尼亚的维特兰;1916 年在华盛顿州的摩萨比牧场和埃弗雷特;1917—1918 年在蒙大拿、亚利桑那、爱达荷、俄勒冈和华盛顿等州的矿藏地带。由于世界产联对所有产业工人开放,其成员多来自社会下层,往往缺乏良好的教育。长期的压抑使他们产生了对整个社会的仇视,一旦有了发泄机会,情绪往往失控。所以,杜波夫斯基写道:"瓦布里们为自由演讲和较好的工作条件而战,但所到之处

---

① Anne Huber Tripp, *The IWW and the Paterson Silk Strike of 1913*, Urbana: University of Illinois Press, 1987, p. 15.

尾随其后的却是混乱与暴力。"①

当然，混乱与暴力不能单单归咎于瓦布里，为了摧毁这支"危险"的队伍，企业主阶层无所不用其极。他们雇用的平克顿侦探常常制造谋杀，然后再嫁祸于瓦布里们。联邦和各州的各级官员都欲将世界产联置之死地而后快。② 此外，由于上边所提到的原因，许多普通的美国人也将世界产联看作社会混乱的根源。正是因为有这样的氛围，才出现乔·希尔这样的冤案。③ 在这个案子中犹他州政府的蛮横行径激怒了更多的人，在乔·希尔被处死后三天，《纽约时报》披露，一些产业工人正在制造炸弹，要为乔·希尔的死抗议和复仇。对立造成的惩罚与报复形成恶性循环。一方面，被激怒的工人情绪越来越激动，工运领袖们如果不能顺应这种情绪就会被思想激进的其他领导人所取代；另一方面，激进行动造成的后果又将产业工人推到整个社会的对立面。

菲利普·方纳在回顾美国世界产联的早期斗争史时写道："在第一次世界大战之前和期间，也许没有哪个组织在美国比世界产联更引起体面阶层的恐慌和仇视。"④ 或许世界产联成员们的言论比他们的行动更具有杀伤力。在美国资本主义制度以最野蛮的方式扩展之时，他们的无情批判和揭露是具有强烈的颠覆性的。受到威胁的不仅仅是当时那些以近乎掠夺方式疯狂地聚敛财富的企业家，而且包括以维护资本主义制度为己任的各级政府领导人。

尽管世界产联一直以合法斗争为主要方式，但为了争取演讲自

---

① Melvyn Dubofsky, *Industrialism and the American Worker*, 1865 – 1920, Arlington Heights: Harlan Davidson, 1985, p. 108.

② Philip S. Foner, *History of the Labor Movement in the United States*: The Industrial Workers of the World, New York: International Publication, 1965, p. 59.

③ 1915年11月19日，美国犹他州政府不顾证据不足的事实和来自澳洲、欧洲几十万人要求重新审理乔·希尔（Joe Hill）一案的呼吁，并拒绝了威尔逊总统和瑞典大使的干预，将世界产联在犹他州的组织者乔·希尔处死。

④ Philip S. Foner, *History of the Labor Movement in the United States*: The Industrial Workers of the World, New York: International Publication, 1965, p. 157.

由，他们在1909年11月集体挑战华盛顿州斯波坎市政会关于街头演讲的禁令。其结果是，一个月内有五百名演讲者被逮捕，世界产联的会员挤满了这个小城的监狱。市政会迫于财政和舆论双重压力不得不取消禁令。随后世界产联在全国领导了约三十起争取演讲自由的斗争，取得了巨大成功。这可能是世界产联最值得自豪的胜利，不仅在当时赢得了全国性同情，而且为以后美国弱势群体挑战不合理的地方法令开创了先例。20世纪60年代美国民权分子挑战南方诸州的"吉姆·克劳法"，运用的就是类似的斗争方式。

然而，世界产联的其他斗争却很少能唤起当时的其他社会阶层，尤其是为数众多并且在政治影响上举足轻重的美国中产阶级的同情和支持，对此，我们从《纽约时报》对世界产联的报道中可见一斑。这个被认为代表着美国中产阶级自由派的重要媒体，对世界产联诸多罢工斗争的报道经常表现出冷漠和反感，并有意无意地夸大其负面效应。下面我们以世界产联组织的帕特森大罢工为例看一下来自美国自由主义媒体的反响。

1913年5月6日《纽约时报》第二十版以《罢工者攻击警察：帕特森两人受伤，更多孩子离开》为题报道说：

> 骚乱者们正在强行开展一场总罢工……通过将一批手推车工驱离伊利火车站，他们开始强迫别的劳工离开工作。……七名警察手持警棍阻止骚乱者，却被淹没在石块弹雨之中，其中夹杂着手枪的射击。警察卡西迪和拉乌难忍伤痛，栽倒在地……

5月25日的《纽约时报》关于帕特森大罢工的后续报道这样写道：

> 帕特森市打算决不向威廉·D. 海伍德的世界产业工人联盟屈服。当局决心从现在起甩掉手套来对付海伍德和他的同伴煽动

者们，这些家伙的任何违法行为将会导致国家和市政当局迅速行动。

同一篇报道还引述帕特森市长麦克布莱德（H. G. McBride）的话说："帕特森正在进行的战斗，是一场全国性战争。如果不能马上制定法律来对付眼前的形势，这帮职业煽动者们不仅将会在帕特森继续制造产业纷争，而且会在全美国建立恐怖统治。"随后，这名记者似乎要以事实说明麦克布莱德市长的话并非虚言恫吓，便做了如下报道：

> 这个城市的丝绸厂罢工始于三个月前。从那时起，这个大工厂就处于瘫痪状态。……从开始，海伍德、伊丽莎白·格利·弗林、帕特里克·奎兰这些已经被起诉的煽动者，加上克罗·特莱斯克和弗雷德里克·阿莫斯·鲍伊德以及其他世界产联煽动者们，通过对罢工者的鼓动一直将这次罢工保持在高温状态。对此鲍伊德有一天说过这样的话："我们已经扼住了帕特森的喉咙，我们要不断用力地扼下去。"……他们威胁要将帕特森变成荒无人烟的地方，一个工业的墓葬，还威胁要将它从地图上抹掉。

该报道将瓦布里们指责为"一个不负责任的劳工煽动集团，其唯一目的就是要蔑视法律、鼓动纠纷、暴力和混乱"。同时还警告说："这是一个正在孕育某些情况的形势，如果不能得到控制和干预，每一个美国城市早晚都会面对它。"像《纽约时报》那样的报道毫无疑问将影响大众对世界产联的印象和态度。一些更富敌意的报纸将世界产联的缩写 IWW 解释为"我不要工作"（I Won't Work），"我要威士忌"（I Want Whiskey）。① 许多美国人认为瓦布里们是一群"亲德或

---

① Philip S. Foner, *History of the Labor Movement in the United States*: *The Industrial Workers of the World*, New York: International Publication, 1965, p. 157.

者亲布尔什维克的亡命徒，他们会割断人的喉咙，烧毁田野里的庄稼，将铁钉嵌入良好的木料以毁掉锯木厂，设计爆炸装置。他们阻挡参战，破坏军火制造厂"[①]。就是这样的流言从1909年到1919年的十年间一直包围着世界产联。

被妖魔化的世界产联被各地方当局甚至居民视为洪水猛兽。1913年4月12日的《纽约时报》报道说，当世界产联企图重回科罗拉多而发起向丹佛的进军时，他们在中途遭遇了当地居民的围攻，公众要求当地政府将世界产联驱离。4月16日的一篇文章幸灾乐祸地描述了瓦布里们如何掉进了丹佛警察布好的陷阱：一百名"入侵者"中有六十六人被捕并被投入监狱，最后每人罚款一百美元被驱逐出境。虽然瓦布里们从来没有向这种违背人权的政府行为屈服，但面对一个敌对的政府和保守的社会，他们很难摆脱孤军奋战的困境。

小　结

内战前后的两次工业革命在很大程度上改变了美国的社会结构，在传统城镇居民中占多数的工匠阶层在工业革命的冲击下进一步分化为资本家和工人两大阶级；原来可以和睦相处的邻居因贫富距离拉大而势同水火。尽管美国主流媒体和学派刻意抹杀阶级矛盾，但阶级对立已经是19世纪后期美国历史的主旋律。世界产联所代表的美国工人阶级激进主义所带来的动荡已经给全美国社会鸣响了警钟。富有同情心的改革家们开始推动政府关注那些被忽视的弱势群体。1911年底，一批社会改革派人物汇集纽约，探讨如何解决日益加重的工业骚乱。在这次由著名改革家甄妮·亚当斯主持、几大改革团体领袖人物参加的会议上，改革派们给塔夫脱总统发出呼吁书，要求成立工业关

[①] Melvyn Dubofsky, "The Origin of Western Working Class Radicalism", in David Brody, ed., *American Labor Movement*, Lanham: University Press of America, 1971, p. 146.

系委员会"调查、研究和认识"国家所面临的"这些严重问题"。改革家们呼吁"全体美国人民都来考虑这些问题":"今天,如同五十年前一样,裂开的房子立不住。我们必须解决工业关系中的民主问题,并且在工业内部解决。"[1] 尽管改革派所呼吁的工业关系委员会几经周折,直到威尔逊上台之后才成立,但美国工人运动激进主义震荡下的改革热情却一发而不可收。美国历史也从此走出镀金时代,跨入绵延几十年的进步主义改革时代。

---

[1] Shelton Stromquist, "Class Wars: Frank Walsh, the Reformers, and the Crisis of Progressivism", in Eric Arnesen, et al., eds., *Labor Histories: Class, Politics, and the Working Class Experience*, Urbana: University of Illinois Press, 1998, p. 101.

第六章　豆萁相煎：美国劳工队伍中的种族、文化差异

19世纪后期美国劳工组织的崛起，在很大程度上依赖于内战后大批移民的加入。然而到19世纪末，劳工组织却成为排斥新移民的主要政治力量。同处于社会底层的新老移民劳工之间形成豆萁相煎的局面：新移民为了生存的需要纷纷加入劳工队伍，而以较早移民为主的美国劳工联合会等劳工组织，却为了自身的地位和利益不受新移民低要求的损害而对后者极力排斥，并参与、推动了排华法案等限制移民立法的出台，从而形成延续至今的美国劳工组织排斥新移民的传统。在这一传统中掺杂了文化、种族、阶级等多种因素，也反映了美国劳工运动的特殊性与复杂性。

一　美国劳工运动中的本土主义

激进主义思想在美国缺少市场的一个重要原因是美国从建国以来一直保持着较强的社会流动性。这种流动性可分为两个方面：一是地域上的流动性，即特纳学派所强调的边疆所起的安全阀作用。二是社会流动，包括横向的职业流动和纵向的地位流动。弗雷德里克·杰克逊·特纳的边疆学说早已被融入美国历史教科书，在中国史学界也广为人知。特纳认为，传统美国思想中的两个根本的理想都是拓荒时代发展起来的。一个是自由的理想，表现为"争取大陆自然资源的个人

自由"；另一个是民主的理想，"建立在大量充裕的自由土地之上"。19世纪末，随着自由土地的消失，这两种理想就面临着新的挑战。特纳写道："如今越来越多地转而依靠政府去保存传统的民主。在所进行的选举中，社会主义显现出引人注意的成功。"①

尽管特纳的"安全阀"理论受到质疑，如有的学者通过实证研究发现："向西开垦的移民多半是从农场到农场，或从农场到城镇，而很少从城镇到农村。即使在经济不景气的年代里，有的工人离开城镇，但不是移向西部，而是返回原地。虽然西部土地在某些地方或某些时间可以改善工人的状况，但并不能保证整个东部社会的'阶级协调'。"② 当然，特纳的"安全阀"说即使成立，也主要是指19世纪早期西部土地对于缓解东部阶级矛盾的作用，而与西部土地已经消失而资本主义的某些固有矛盾又异常尖锐的19世纪最后一二十年没有多少关系。特纳本人也注意到，19世纪末20世纪初人们已经在寻求新的途径来维护美国的民主、自由传统了，其中包括政府干预和社会主义。然而，围绕边疆学说进行的讨论还没有深入美国作为移民国家在社会结构上所具有的某些特征，尤其是社会流动，对于缓解社会阶级矛盾所起的作用，而这些特征对于解释19世纪末20世纪初劳工运动的走向却至关重要。

与美国社会流动不可分割的两个因素是种族与新移民。美国虽然很少有欧洲社会那样的封建残余，但从殖民地时期就保持着种族界限。非裔美国人很长时期得不到公民待遇，老移民歧视新移民，西欧移民歧视东欧、南欧移民，欧洲移民歧视亚洲移民，凡此种种，都让美国的阶级界限变得模糊、滑动，让美国的工人队伍缺乏阶级意识。这种本土主义意识形态还产生了另一种效应，就是老移民对自己社会

---

① ［美］弗雷德里克·杰克逊·特纳：《美国历史中的社会力量》，载杨生茂编《美国历史学家特纳及其学派》，商务印书馆1983年版，第94页。
② 杨生茂：《论弗雷德里克·杰克逊·特纳的边疆和区域说》，载杨生茂编《美国历史学家特纳及其学派》，商务印书馆1983年版，第11页。

地位认知的提升：由新移民变作老移民，不仅改变了他们的职业选择，也让他们的自我感觉和社区认同发生变化，源源不断的新移民的到来让他们的社会地位得到被动提升；在歧视新移民的潮流中他们的社区认同和民族认同建立起来。

"本土主义"一词出现于19世纪40年代，其思想渊源却远早于此，而其影响之深远则跨越到20世纪。约翰·海厄姆对美国的本土主义总结说：

> 无论本土主义者是一名工人，还是一名新教福音派，是南方的保守派还是北方的改革派，他都具有某种民族主义立场。他相信——不管是因为惧怕天主教对美国自由的威胁，还是担心贫苦劳工的入侵，或者仅仅是一场反对英国演员威廉·麦克里迪（William Macready）的骚乱——一些源自国外的影响从内部威胁到民族的生活。本土主义因而应该被界定为对内部少数族群的强烈反感，依据则是他们具有国外（也就是说"非美国"）联系。[①]

本土主义势力形成之后遇到的第一个目标是19世纪40—50年代逃荒而来的天主教爱尔兰人，而德裔天主教徒也经常成为他们攻击的对象。内战之前，在新移民比较集中的巴尔的摩、纽约和费城，本土主义者制造的骚乱频频发生。在灾荒打击下，一批批贫穷的爱尔兰移民背井离乡来到美国，成为东部大城市中的最底层。他们在大城市中跟稍早的下层工人争夺着劳动机会，因此成为本土主义团体"一无所知"党的眼中钉。而一些稍微富裕的德国移民则通过雇佣自由人而与蓄养黑奴的南方农场主展开竞争，因而被后者看作建立在奴隶制基础上的南方经济结构的破坏者。总之，由于爱尔兰和德国移民的涌入导

---

① John Highm, *Strangers in the Land: Patterns of American Nativism 1860 – 1925*, New York: Atheneum, 1975, p. 4.

致了带有暴力色彩的"一无所知"党在19世纪50年代的崛起，在其顶峰时期曾经控制了马萨诸塞州63%的选票。①

欧洲1848年革命的流亡者可能是继天主教徒之后本土主义者的第二个目标，其中就包括跟马克思关系密切的约瑟夫·魏德迈和弗雷德里希·阿道夫·左尔格。魏德迈在1851年11月7日带着家属到达纽约后，一直保持着跟马克思的联系，将马克思主编的《新莱茵报》上的文章汇编后在美国出版，传播当时被认为激进的革命言论。② 以德国移民为主的"四八年人"成为美国带有激进色彩的共产主义运动和无产阶级革命理论的主要传播者，而这些激进思想的影响也很少超出德国移民的范围。这就不可避免地激起那些以美国民族主义者自居的本土主义者的反感。"四八年人"所带到美国的是一整套非正统的思想，本来就会引起恐慌，这种恐慌在南部和西部尤为强烈。南部的恐慌是因为德国移民是反对奴隶制的先锋，而在中西部则因为有大量的德国移民定居，他们的激进思想被认为对美国制度构成威胁。③

霍夫斯塔特试图用本土居民的眼光去审视新移民：

> 这个国家长期以来习惯于大批移民，但本土扬基还没有为移民来源的转变做好准备，尤其值得一提的是1900年以后的转变，从熟悉的英国、爱尔兰、斯堪的纳维亚和德国移民转向南欧与东欧的农民，成群结队的波兰人、意大利人、俄国人、东欧犹太人、匈牙利人、斯洛伐克人和捷克人。本地人被这些新的美国人的生活条件惊呆了——他们的贫民窟，他们的拥挤不堪，他们的肮脏悲惨以及他们的外国口音和宗教——新移民靠选票利用地方

---

① A. E. Zucher, *The Forty-Eighters: Political Refugees of the German Revolution of 1848*, New York: Russell & Russell, 1967, p.114.
② 张友伦、陆镜生：《美国工人运动史》，天津人民出版社1993年版，第148—153页。
③ John Highm, *Strangers in the Land: Patterns of American Nativism 1860–1925*, New York: Atheneum, 1975, pp.8–9.

机器也让本地人极为不满。①

本土主义的核心是盎格鲁—萨克森文化至上主义，在四五十年代兼并得克萨斯和加利福尼亚的民族主义高潮中，很多早期移民把美国的扩张看作盎格鲁—萨克森自由主义传统的延展。②然而，排斥新移民的做法却不是盎格鲁—萨克森血统的专利，第一代移民定居之后，其后代很快加入美国的社区文化，甚至第一代移民本身就可以很快转化身份和认同，在把自己定位为美国人之后，他们转过头来开始排斥晚于他们的新移民，因为后者的到来对他们的工作机会和工资水平都构成了威胁。地位被定为"本地人"（natives）的人口就可以提出一些要求，包括以各种理由将另一批人以"外国人"（alien）的名义加以排斥的要求。③

在这方面，长期处于城市底层的很多爱尔兰移民表现得尤为突出。爱尔兰裔为提高自身地位而做出的努力常常以侵害其他少数民族团体的权益为代价，其中包括对解放黑人奴隶的反对和对华工的排斥与迫害。④为了强化他们与其他白种美国人同属一个"我们"，爱尔兰移民中的政治和劳工领袖们刻意树立一些种族和文化特征与盎格鲁—萨克森传统有更多差异的"他们"，以此作为被主流社会接纳的手段。这种倾向在爱尔兰人地位得到大幅提高的内战后历史中有增无减。⑤

---

① Richard Hofstadter, *The Age of Reform: From Bryan to F. D. R.*, New York: Vintage Books, 1955, p. 177.

② John Highm, *Strangers in the Land: Patterns of American Nativism 1860 – 1925*, New York: Atheneum, 1975, pp. 10 – 11.

③ Brian N. Fry, *Nativism and Immigration: Regulation American Dream*, New York: LFB Scholarly Publishing LLC, 2006, p. 30.

④ Ronald Takaki, *A Different Mirror: A History of Multicultural America*, Boston and New York: Little, Brown and Company, 1993, pp. 149 – 154.

⑤ 原祖杰：《1840—1850年天主教爱尔兰移民及其在美国的政治参与》，《世界历史》2007年第4期。

种族文化上的差异是导致美国工人阶级难以取得一致行动的重要原因。作为美国劳工队伍的主力,爱尔兰移民不仅要与资本家做斗争,还要面对跟他们一样贫困的其他国家移民带来的挑战。爱尔兰裔劳工与华裔劳工在加利福尼亚的冲突构成美国排华法案的导因之一。或许受到西海岸不同种族背景的劳工纠纷的启发,新英格兰地区的制鞋企业在应对爱尔兰工会组织的罢工时,把目光投向了中国移民。新英格兰以爱尔兰移民为主的制鞋工人为了提高工资建立了"圣克里斯平秘密骑士团"(The Secret Order of the Knights of St. Crispin),[1] 并迅速发展为一个全国性的劳工组织,1870 年时其成员达到 50000 人,在马萨诸塞北部的北亚当斯组织了一场罢工,以提高当地工人的工资。企业主加尔文·桑普森(Calvin T. Sampson)为了破坏这场罢工,从旧金山招募了 75 名华裔劳工,补充到参与罢工的制鞋工人的工作岗位。从他们到达马萨诸塞后三个月内,这批华裔劳工制造了比同样时间白人工人更多的产品。桑普森成功的试验吸引了其他工厂主和全国的媒体。《民族》(The Nation)杂志主编写道:"激怒了克里斯平鞋匠们的华工展示了他们民族在学习一种新行业过程中的通常神速以及他们在手艺和机器操控上的可靠性。"《速记月报》将华人劳工与爱尔兰劳工进行比较:华工们"工作有规律有恒心,不会因为星期天的放松而在星期一懈怠,不会把时间浪费在无所事事的节日上。工作的质量完全抵得上克里斯平鞋匠们"[2]。为了对付企业主破坏罢工的手段,爱尔兰工会的组织者们也曾试图在华工中建立圣克里斯平的分支工会,但这种以自利为出发点的举措很快就失败了。[3]

如果说华工经常被企业主雇来充当破坏罢工的替补工人会激怒爱

---

[1] 传说圣克里斯平为生活在罗马帝国时代的基督徒兄弟,白天传教晚上制鞋,致富后资助从事制鞋业和皮革业的穷人,引起统治者的嫉妒和恐慌,公元 286 年 10 月 25 日被罗马皇帝处死。

[2] Ronald Takaki, *A Different Mirror*: *A History of Multicultural America*, Boston and New York: Little, Brown and Company, 1993, p. 148.

[3] Ibid., p. 149.

尔兰移民的话，后者对华人的仇恨在排华浪潮中得到了宣泄的机会。1877年的经济危机加剧了劳资矛盾，各地工人罢工频仍，在要求得不到满足的时候，移民劳工经常成为白人有组织劳工发泄的对象。一个典型的事件就是这年在加利福尼亚州旧金山发生的排华歇斯底里，一场在沙地举行的支持罢工的会议在爱尔兰裔工人丹尼斯·科尔尼的煽动下，变成对当地华人社区的明目张胆的攻击。科尔尼借机组织起"加利福尼亚工人党"（Workingmen's Party of California），其纲领中明确要求停止中国移民，并推动加州公投以修改加州宪法，在排华浪潮中推波助澜。科尔尼和他的工人党虽然政治上并无建树，却让原来局限于加州的地方性排华运动波及全国，最终在1882年促成国会通过了排华法案。[1]

由此可以看出，在身份和认同处于变化之中的19世纪的美国，我们很难指望一个跨越了种族界限、新老移民界限和文化界限的团结的工人阶级队伍。正如一些美国学者所总结得那样："工人队伍在民族和宗教方面的差异使之很难形成统一战线。没有哪个工业国家制造业的劳工队伍如此沉重地依赖于移民。缺少共同的文化传统和目标造成了摩擦和误解。"[2]

二 "劳联"——具有中产阶级情结的工人阶级

在美国劳工组织中，生命力表现最强的可能要数成立于1886年的美国劳工联合会（American Federation of Labor, AFL, 简称"劳联"）了。而从建立以来就饱受诟病的"劳联"之所以能够有如此坚韧的生命力，一个重要原因是它根植于美国的本土文化。换言之，

---

[1] George B. Tindall, David E. Shi, and Thomas Lee Pearcy, *The Essential America*, Volume Two, New York: W. W. Norton & Company, 2001, p.334.

[2] Gary B. Nash, et al., *The American People: Creating a Nation and a Society*, Volume Two, New York: Harper Collins College Publishers, 1994, p.634.

"劳联"是"美国例外论"的副产品,其章程和行动特征与前文讨论的美国例外论的文化、社会依据相呼应。

"劳联"是由分裂了的劳动骑士团组织转化而来,而其真正崛起得力于著名劳工运动领袖塞缪尔·龚帕斯的杰出领导。出生在英国的龚帕斯13岁随全家来到美国纽约,稍大后随父亲到雪茄烟厂工作。从1864年开始,龚帕斯成为一家有工会组织的雪茄烟厂工人,并开始在工会活动中崭露头角。1886年"劳联"成立后,他当选为主席,除了1894年一度落选,他连续担任这个职务一直到去世,可以说龚帕斯是美国"劳联"的灵魂式人物。"劳联"的第一次辉煌是在1890年成功地组织了争取八小时工作日的运动。龚帕斯1890年5月在给一位法国社会党人的信中写道:"八小时工作制运动的狂澜,其结果不仅仅是美国粗细木工业工人取得了巨大利益,而且还给几年来心灰意冷和对雇主阶级的进攻采取防守态度的劳动人民以勇气和希望。美国的每个行业和劳工工会都大大增加了会员人数。"[1]

张友伦、陆镜生在其著作中对"劳联"的早期活动给予充分肯定:"劳联"曾经是一个激进的有战斗性的工人组织。它的纲领包含有阶级斗争和最后推翻资本主义雇佣劳动制度的思想。在它的队伍中也有一定数量的社会主义者。"劳联"在19世纪80年代和90年代初所采取的支持罢工运动,加强工人团结和积极开展八小时工作日运动的政策无疑是有积极意义的。更为难能可贵的是,"劳联"对于消除工会活动中的种族歧视做出了积极的努力。1890年大会宣布:"不赞成那些订有由于种族和肤色关系而排除人们取得工会会籍的条例的工会。"[2]

然而,尽管龚帕斯与欧洲社会主义者保持着密切的联系,他却领

---

[1] 转引自方纳《美国工人运动史》第2卷,唯成译,生活·读书·新知三联书店1963年版,第225页。
[2] 张友伦、陆镜生:《美国工人运动史》,天津人民出版社1993年版,第431页。

导"劳联"走上追求工人阶级"一般利益"而非根本解放的"纯粹工会主义"的道路。他宣称:"不论我们对将来的社会形态持何种看法,不管作为阶级运动的工人运动的目的如何,他们都必须隐蔽起来,而且我们必须使我们的信念,我们的观点和我们的行动服从于一般利益。"[①] 当"劳联"走上历史舞台时,发现自己陷入双重政治束缚之中:工人们都已经是忠诚的民主党人或共和党人了,而雇主们则严重敌视任何有激进主义嫌疑的事。"劳联"解决的办法就是"纯粹而简单的"工会主义(pure and simple unionism)。[②]

对"劳联"的评价,不同时期的不同学派有不同的态度。20世纪初受威斯康星学派(康芒斯学派)影响的一批历史学家认为,"劳联"的特征在于其成员与领导人之间有一种默契,即认为非政治、非社会主义的努力最符合他们的利益。那种默契来自美国劳工的中产阶级情结。马克·卡尔森写道:"美国劳工一言一行都像中产阶级。要了解其政治观点,必须认清其大多来自于中产阶级的情结。"[③] 劳工们的中产阶级情结导致其支持美国的资本主义和个人主义。"当社会主义者批评资本主义的自私自利,工人们感到他们自己受到了攻击,因为他们内心深处燃烧着资本主义精神。"[④]

"劳联"的取向曾受到广泛批评,但历史证明他们的选择是明智的。学者们的研究至今仍倾向于将"劳联"与因种族、文化背景差异而分崩离析的劳动力市场联系在一起,认为"劳联"是通过技术和等级,而非阶级来促进其组织的发展。这样,"技术工人就相对容易地被吸收到中产阶级改革政治之中,从而建立起一种奇特的本土主义联合,将威胁他们中意岗位的人排斥在外"。美国劳工史学家敏克

[①] 张友伦、陆镜生:《美国工人运动史》,天津人民出版社1993年版,第432页。
[②] Howard Kimeldorf, "Historical Studies of Labor Movements in the United States", *Annual Reviews of Sociology*, Vol. 18, 1992, p. 497.
[③] Julie Greene, *Pure and Simple Politics: The American Federation of Labor and Political Activism, 1881–1917*, Cambridge and New York: Cambridge University Press, 2004, p. 6.
[④] Ibid..

（G. Mink）认为："这一跨阶级联合将工人阶级粉碎于民族与职业的交叉分割之中，本土出生的技术工人与中产阶级改革家的紧密联合起来，反对外国出生的非技术工人群体。"① 这样，我们看到，熟练工人可以通过"劳联"这样的劳工组织来提高自身的政治、经济地位，使之接近于他们向往的中产阶级。

20世纪60年代崛起的新劳工史学派开始将关注点从传统的国家、政府和制度层面转移到社区与工作地点之间的关系，并且更热衷于劳工运动中激进主义的形成，对于社会主义党和国际产联提出很多新见解，而对"劳联"所代表的劳工运动保守派却少有人问津。② 中国美国史学界对"劳联"的评价多受菲利普·方纳等左翼劳工史专家的影响，贬多于褒，尽管也肯定了龚帕斯早期和"劳联"成立之初在种族政策上对劳工骑士团的继承，但所强调的主要是其保守妥协的一面。③ 对"劳联"等劳工组织的负面评价除了其在19世纪90年代以后与政府当局的妥协与合作姿态之外，主要还是指向其实践中对以黑人、少数民族和新移民为主体的产业工人的排斥。在"劳联"身上集中反映出美国劳工运动中老移民与新移民、熟练工人与产业工人、白人劳工与黑人等少数民族劳工之间的利益冲突，正是这种利益冲突促成这些社会底层群体之间豆萁相煎的局面。而对于这一冲突中利益各方的评价则要涉及如何界定和援引社会公正原则。

三 塞缪尔·龚帕斯与美国劳工联合会

谈及"劳联"，还是要从其创建者和领导人龚帕斯说起。如前文

---

① Howard Kimeldorf, "Historical Studies of Labor Movements in the United States", *Annual Reviews of Sociology*, Vol. 18, 1992, p. 497.
② Julie Greene, *Pure and Simple Politics: The American Federation of Labor and Political Activism, 1881–1917*, Cambridge and New York: Cambridge University Press, 2004, p. 6.
③ 张友伦、陆镜生：《美国工人运动史》，天津人民出版社1993年版，第431页。

所述，龚帕斯年仅14岁就参与了纽约市地方雪茄制作者工会，耳濡目染了这个由说英语的雪茄工匠组成的工会组织中的团体文化，这个组织当时的一个重要诉求就是抵制来自德国的雪茄工人，因为后者对工资待遇和生活水平要求较低，给同业者带来不利的影响。1873年龚帕斯进入戴维·赫石雪茄公司，在那里加入了主要由德国移民组成的具有社会主义经济理念的工会。然而，龚帕斯当时即对于以德裔为主的工会组织中充斥的社会主义思想表现出不满，认为其受拉萨尔"政党行动"说教的影响远甚于"马克思好斗的经济计划"。1875年，在当选为雪茄制作者国际工会第144区主席之后，龚帕斯开始更积极地参与工会的组织工作。他告诫工人们，资本家唯一感兴趣的是利润，因此工人们必须组织起来。从十几岁加入雪茄烟制作者行列，直至其去世，龚帕斯终生为雪茄烟工人的福利事业而奋斗。1886年他当选为雪茄制作者国际工会第二副主席，十年后当选为第一副主席，并担任这个职务直至1924年去世。1886年他组建了美国劳工联合会，并担任主席，直至去世。从此走上一个更大的舞台，成为美国劳工史上首屈一指的领导人。

受到雪茄烟工会领袖中两位前辈阿道夫·施特拉瑟（Adolph Strasser）和费迪南·劳瑞尔（Ferdinand Laurrell）影响，龚帕斯在与社会主义者经历了一段短暂接触后就投身于工团主义运动。"龚帕斯从未放弃马克思主义的一些思想，包括基于经济利益的阶级的正当性以及阶级对于社会中每个人观念与行为的影响。"[①] 龚帕斯后来越来越敌视社会主义者们，一方面因为他们在工会中对他领导地位的挑战，另一方面也认为激进的社会主义的重建计划与美国工人阶级对直接利益的追求和对私有财产的接受相冲突。社会主义者利用工会达到激进政治目的的努力不仅不会成功，而且会招致政府的镇压进而损害工会

[①] Irwin Yellowitz, "Samuel Gompers: A Half Century in Labor's Front", *Monthly Labor Review*, July 1989, p. 28.

组织。因此,在他看来,社会主义不仅是错误的,而且威胁到工团主义。①

龚帕斯对工会组织的职能有一个明确认识,那就是通过改善工人的经济条件提高他们的社会地位。他在《劳工与雇主》一书中指出:工会的目标就是将互不关心的工人组织起来,激发他们的道德意识,"让他们成为富有激情的人——具有新观念、较大的期望和较高的追求,具有更长远的目标,对社会和人生有一个更宏观的认识,那将会对事物形成不同的观察,启发他认识到一个事实,那就是不管他的职业是什么,处境如何,他都有获得体面生活的机会,没有人因为他的财富和天赋可以自称主人——这样就形成一种独立自主的意识,是工会的骄傲和荣誉,也是一切文明的希望与保障"②。

有学者认为,龚帕斯的劳工运动思想可以总结为以下三点:其一,龚帕斯支持将行业作为工人组织的基础,排斥产业工会组织。随着工业技术的变化,行业工会之间的界限不断变更并日趋模糊,行业工会之间为争夺工作岗位和成员而不断发生纠纷,龚帕斯不得不花费大量时间加以协调和排解。其二,龚帕斯认为,劳工运动应该首先将那些最好组织的熟练工人组织起来。尽管他也认同组织所有工人的原则,但"劳联"的大部分资源都是用来支持各地已经存在的工会组织及其活动。尽管"劳联"成员在工人队伍中只是少数,龚帕斯却经常代表所有工人说话,而其目标却总是反映有组织工人的诉求。其三,龚帕斯对于政府的态度是自相矛盾的。一方面,他秉承其 70 年代对马克思主义的认识,认为所有社会都存在基于经济地位的阶级结构,工人与中产阶级和富裕阶级的利益是不同的;另一方面,他又以同样的理论拒绝劳工运动与平民党领导的农民的联合。基于他对马克思阶

---

① Irwin Yellowitz, "Samuel Gompers: A Half Century in Labor's Front", *Monthly Labor Review*, July 1989, p. 28.

② Samuel Gompers, *Labor and the Employer*, New York: E. P. Button & Company, 1925, pp. 2-3.

级理论的接受,他认为政府不是不偏不倚的,而是那些强大到能够掌握权力的阶级的工具。在美国,劳工的政治力量还十分弱小,政府处在其他阶级的掌控之下,这些阶级为了追求自身利益而牺牲工人的利益。基于此,他反对政府对劳工运动的干预,而主张自愿主义(voluntarism)。[1]

龚帕斯的劳工运动思想主要体现在他长期领导的美国劳工联合会的行动纲领中。他提出:"美国劳工联合会旨在联合所有阶层的工薪工人于一体,通过他们各自不同的组织以实现:(1)清除阶级、种族、信条以及政治和工会间的歧视;(2)道德和财政上相互支持。"他进一步论证说,"劳联"的"存在基于一条经济规律,即没有哪个特殊的工会可以长期保持超出公共水准的工资水平;要保持高工资水平,所有工会团体必须组织起来;缺乏组织的非熟练工人对于有组织熟练工人的影响是致命的;只有通过联合行动,才能实现熟练工人和非熟练工人的联合"[2]。

在崇尚个人主义的美国,强调团队意识的工会活动受到各种质疑。1904年在参议院教育与劳工委员会的听证会上,对于有人提出的工会活动妨害个人自由的指责,龚帕斯反驳说:"我们的敌人说人们加入工会组织就会失去他们的个体性。纯粹是无稽之谈。一位劳动者一旦走进现代产业工厂,他就失去了他的个体性,不再拥有他前些年所拥有的完整的劳动者的权利。他只是庞大工业车轮上的一个微不足道的齿子。他是完成一件产品生产的众多雇员中的一颗微粒。今天如果一名工人要找回他失去的作为行业或手工业工匠那样的人和劳动者的个体性中的某些东西,每个人和所有人都有必要组织起来,这样

---

[1] Irwin Yellowitz, "Samuel Gompers: A Half Century in Labor's Front", *Monthly Labor Review*, July 1989, pp. 30 – 31.
[2] Samuel Gompers, *Labor and the Employer*, New York: E. P. Button & Company, 1925, pp. 5 – 6.

他们才能代表所生产的产品中的制造者。"① 龚帕斯拒绝斯宾塞的社会达尔文主义,认为合作是人类本性的一部分,因为人不能单独生活。尤其是在大公司将所有权与管理分开后更缺少了人性化色彩,因此劳工们要达到他们的个人目标,就有必要组织起来。②

然而,在19世纪后期的美国,个人主义和社会达尔文主义仍然大行其道,带有明显集体主义色彩的工会组织及其行动不仅会引起政府和普通民众的警惕,而且受到知识界的抨击。芝加哥大学经济学教授詹姆斯·劳伦斯·拉福林(James Laurence Laughlin,1850—1933)认为:(1)工会刺激了而不是试图消除劳资之间的阶级感情上的对立;(2)工会向其成员灌输一些社会主义的和非美国的文献;(3)工会错误地将他们的整个行动基于对某一职业劳动力供应的垄断;(4)工会主义将导致恐怖行动,直接动摇文明世界。③ 龚帕斯对于这些问题的回应显得底气不足。1905年他在俄亥俄州代顿市的演说中讲道:"我听说在亚特兰大的制造商组织大会上有人谴责行业工会。……谴责我们,为什么?因为,如他们所称,行业工会剥夺了工人的自由。历史上何曾有过主人为了他们奴隶的自由而斗争和牺牲的?何曾有过雇主为工人们的真正自由而斗争和牺牲的?"④ 针对劳动力供应垄断问题他回应说:"工会寻求减少劳工供应上的竞争。相信'供求关系'的人会加以反对吗?什么原则禁止以集体谈判代替个人谈判?"⑤

可以看出,龚帕斯对工会主义的理解主要基于其作为一名熟练工

---

① Samuel Gompers, *Labor and the Employer*, New York: E. P. Button & Company, 1925, p. 16.
② Fred Greenbaum, "The Social Ideas of Samuel Gompers", *Labor History*, Vol. 7, No. 1, 1966, p. 37.
③ Samuel Gompers, *Labor and the Employer*, New York: E. P. Button & Company, 1925, p. 21.
④ Ibid., p. 44.
⑤ Ibid., p. 23.

人和工会活动家的长期经验,而非那些高深莫测的理论和主义。龚帕斯认为只有行业工会才能改善工人的条件,因此所有工人必须加入和分担。如果一名工人受雇于工会工厂,从雇主那里争取来的工资和条件中获益,他就没有权利忽视厂里大多数人的声音而待在工会之外。如果非会员工人坚持他们有权利工作,那么会员工人同样有权利拒绝和他们一起工作。龚帕斯拒绝"开放工厂"的说辞,认为那是对工会成员的关闭。[1] 作为一名劳工领袖,龚帕斯对熟练工人的处境的确有很细致的观察。他对于失业工人有过如下描述:"当你在街头碰到一位失业很久的熟人,你热情的招呼遭遇的却是躲避的眼神,因为他失业了,流浪街头了。他失去了自信、自尊、力量、骄傲和勇气。"[2] 应该说,龚帕斯的情感所系主要还是他周围所熟悉的熟练工人。美国的熟练工人队伍是一个值得研究的特殊群体,他们的身份构成与价值取向不仅影响了美国劳工运动的发展趋势,也关系到美国社会的稳定与发展。

北美殖民地从初建开始就缺少熟练工人,对熟练工人的高度需求一直贯穿着整个殖民时代并保持到建国之后。曾经在欧洲社会中普遍存在的商人和工匠行会在北美殖民地时期并未出现,原因是"殖民地对熟练工人的需求是如此之高,以至于他们无需联合起来争取经济利益"[3]。这种格局在19世纪随着工业革命的发展而发生变化,产业工人队伍迅速扩大,其重要性也日益显现,成为劳工运动中不容忽视的力量。经过两次工业革命的冲击,美国的熟练工人已经失去了早年的风光。在19世纪最后30年,面对移民潮中形成的产业大军,这些本来可以靠自己手艺养家糊口维持一点基本体面的工匠后代,现在却离

---

[1] Fred Greenbaum, "The Social Ideas of Samuel Gompers", *Labor History*, Vol. 7, No. 1, 1966, p. 40.
[2] Samuel Gompers, *Labor and the Employer*, New York: E. P. Button & Company, 1925, pp. 141 – 142.
[3] Kevin Hillstrom, *Defining Moments, Workers Unite!: The American Labor Movement*, Detroit, M. I.: Omnigraphics, 2011, p. 16.

他们梦想挤入的中产阶级越来越远,而离那些他们过去瞧不起的靠力气吃饭的产业工人越来越近。然而,熟练工人较之于产业工人有一个明显的优势,那就是他们在内战前后就已经形成行业性的工会组织,而龚帕斯所建立的劳工联合后正是依靠这些分布在各州的不同行业的工会组织建立起来的,因此不可避免地带着行业工会的烙印。

"劳联"在其成立之初原则上继承了劳工骑士团的种族原则,强调"工人们必须团结和组织起来,不论信仰、肤色、性别、民族或政治倾向"。但是,与劳工骑士团努力将所有工人,无论是熟练工人还是非熟练工人组织在一个"大一统工会"的目标不同的是,"劳联"感兴趣的主要是行业工会组织和熟练工人。龚帕斯本人早年也曾观点前卫,胸怀大志,但后来不得不跟保守的地方工会妥协,在反种族隔离与种族歧视立场上退步。[1]

龚帕斯在"劳联"成立后不久的1893年提出他的"纯粹而简单"的工会主义理论:他声称工会"纯粹而简单,是工资劳动者的自然组织,目标是确保当下的和现实的改善以及争取最终的解放"。从此,"纯粹而简单"成为龚帕斯保守工会主义的标志。[2] 龚帕斯的劳工关系理念是保守而实用主义的。他的劳工运动核心是工人的经济终端,即提高工资,减少工作时间,安全可靠的工作条件。这样美国工人阶级就可以享受到美国人的基本生活标准——体面的家、体面的食品和衣服,一定的积蓄让他们的孩子可以接受正常教育。与将斗争矛头直接指向美国资本主义制度的世界产联不同的是,"劳联"采用的是与美国政府合作的政策。根据美国劳工史专家杜波夫斯基的观察:迟至1896年,龚帕斯和"劳联"就开始采用与资本主义制度和美国体系和平共处的政策。龚帕斯对于其"纯粹而简单"的工会主义也毫

---

[1] Bernard Mandel, "Samuel Gompers and the Negro Workers, 1886 – 1914", *The Journal of Negro History*, Vol. 40, No. 1, January 1955, p. 34.

[2] Julie Greene, *Pure and Simple Politics: The American Federation of Labor and Political Activism, 1881 – 1917*, Cambridge and New York: Cambridge University Press, 2004, pp. 2 – 3.

不讳言，他写道："'劳联'的目标，从一开始就是要从繁重的长时间的劳累中解放工人，解放劳动人民；保护他们的工作，他们的生活，他们的健康；改进他们物质、社会、道德和政治地位；为我们国家的劳动者提供较好的条件以报答他们对社会的贡献。"①

美国劳工史学家们注意到，在19世纪70年代到90年代的镀金时代，绝大多数美国行业工会成员拥护更广泛、更激进的政治改革计划。② 是什么因素使劳工们更宏观的改革眼光让位于龚帕斯"纯粹而简单"的行业工会主义呢？除了资本家在美国联邦和地方政府支持下对激进劳工运动的打压使之难以生存之外，作为"劳联"主要领导人的龚帕斯本人的思想观点无疑起到了关键作用。从家庭中继承的英国实用主义和从少年时期开始积累的行业工会经验都决定了龚帕斯领导的工会运动必然会循着一条相对保守、狭隘的渐进改良道路。正如龚帕斯自己所界定的，"行业工会运动是一场进步运动，旨在争取因巨大财富生产所带来的种种好处；争取正常的工作日；争取能够改善家庭生活、为工人有机会施惠于他们的子女和亲属、让他们的子女有机会进入学校、学院和大学的工资"③。也正是这一取向决定了龚帕斯既不会从阶级立场出发像世界产联那样寻求一种对现行制度的彻底改造，也不会将包括新移民在内的广大产业工人团结在其劳工运动的麾下。

四 "劳联"与移民问题

龚帕斯一生致力于提高有组织工人的工资水平、工作条件和生活

---

① Samuel Gompers, *Labor and the Employer*, New York: E. P. Button & Company, 1925, p. 26.
② William E. Forbath, *Law and the Shaping of American Labor Movement*, Cambridge, M. A.: Harvard University Press, 1991, p. 3.
③ Samuel Gompers, *Labor and the Employer*, New York: E. P. Button & Company, 1925, p. 37.

保障，而对威胁工人利益的所有外在因素保持警惕和抵制，其中最典型的就是他对移民问题的态度。与那个时代的大多劳工组织领导人一样，龚帕斯担心大量移民会降低工人的工资标准，坚决反对无限制的移民，尤其是所谓带有异质文化的移民。因此，除了要求限制欧洲移民的数量之外，他主张杜绝所有亚洲移民。他是1882年排华法案的积极支持者。在他的领导下，"劳联"也成为从19世纪90年代到20世纪20年代一系列限制移民法案的推动者。

龚帕斯对移民劳工的立场根植于美国建国以来几次移民浪潮中形成的老移民对新移民固有的偏见。当来自伦敦东部的犹太移民呼吁限制来自东欧的犹太移民时，表现出典型的"老移民"对难以同化的"新移民"的歧视。一位犹太移民写道："这个民族的保持依赖于其种族的纯洁与力量。"龚帕斯对于来自东欧移民的所谓遗传优劣理论不感兴趣，他对他们的悲惨处境寄予同情。但他关注的是，这些来自东欧的移民因其母国行业工会组织的薄弱而拒绝加入行业工会运动，这样就会降低美国的生活水平。因此，他要求强化反对合同劳工的法律，支持语言测试，争取彻底的移民限制。[1]

龚帕斯对中国移民的态度要比对欧洲移民更为敌视。他明确支持排华法案。甚至将他们的名字借给西海岸的雪茄烟工人赫尔曼·古茨塔特（Herman Gutstadt）用在后者的辱华手册上。[2] 龚帕斯率领的有组织劳工在世纪之交的一个重要的立法目标就是排华法案。龚帕斯自己就在1892年和1902年竭力推动延续排华法案。一般认为他的这一态度与他奉行的国际主义背道而驰，但龚帕斯认为这对于防止向国外招募破坏罢工者，保护工人劳动条件免受苦力的侵扰是必要的。[3]

---

[1] Fred Greenbaum, "The Social Ideas of Samuel Gompers", *Labor History*, Vol. 7, No. 1, 1966, p. 43.

[2] Ibid. .

[3] Gus Tyler, "The Gompers Heritage", *New Republic*, May 1950, p. 14.

19—20世纪之交,"劳联"领导人支持限制东欧和南欧移民进入美国的人数,包括波兰人、希腊人、意大利人、匈牙利人等。作为组织领导核心的"劳联"的执行委员会只对接受白人工人的全国工会开放。从1891年起,"劳联"的确允许黑人充当罢工的组织者,但迟至1900年,该组织一直支持地方工会的隔离思想。[1]

19世纪末20世纪初,美国工业化高歌猛进的时代,产业工人却忍受着低工资和长工时,其主力军是刚刚从欧洲各国涌入的大批移民。1900年,有2600万美国人,超过美国总人口的1/3来自移民家庭,不是本人出生在国外,就是其父亲或者母亲是国外出生的。移民浪潮在20世纪之初有增无减,仅1905年一年就有100万人移民到美国。新移民劳工大多被排斥在工会组织之外。1901年美国有组织劳工只有112.5万人,不到美国劳工总人数的1/10。"劳联"对东欧、亚洲和墨西哥等国移民的长期排斥是美国工会组织难以扩大的根本原因。[2]

"劳联"排斥新移民劳工的原因,概括起来主要有如下三点。

其一,新移民劳工的增加会改变劳动力供求状况,从而削弱工会对于工厂劳动力的控制能力。前文中谈到的龚帕斯对于"开放工厂"的反对就是基于这种考虑。源源不断的新移民的到来,让资方在挑选劳动力方面有了更多的选择,可以很容易地找到罢工破坏者,进而挫败工会提出的各种要求,甚至威胁到工人的岗位,增加他们失业的风险。

其二,新移民劳工的低要求会导致工人队伍整体收入的下降。由于新移民主要来自一些贫穷落后的国家和地区,在母国艰难的工作和生活经历以及在新国度的适应困境降低了他们对工作岗位的要求,很

---

[1] Tim McNeese, *The Labor Movement: Unionizing America*, New York: Chelsea House Publisher, 2008, p. 91.
[2] Kevin Hillstrom, *Defining Moments, Workers Unite!: The American Labor Movement*, Detroit, M. I.: Omnigraphics, 2011, p. 45.

多新移民不在乎美国的一般工资水平而乐于接受低工资和其他工作待遇,从而拉低了美国劳工阶层的整体收入水平。

其三,新移民带来的所谓"异质"文化给劳工运动的一致性制造了障碍。即使劳工组织并非如其所声称的那样真正关心美国文化的纯洁性和对外来文明的同化速度,他们却不能不关心异质文化给工会带来的组织上的困难。19世纪中后期来到美国的新移民大多来自非新教国家和地区,如内战前来到美国的爱尔兰天主教移民,[①] 内战后来到美国的意大利移民、东欧犹太移民等,不可避免地增加了美国劳工文化的多元性,对"劳联"等工会组织的劳工政策的理解也因文化差异而大打折扣。

出于对自身工作机会和待遇的担心,"劳联"对妇女、非裔美国人和东欧移民都持否定态度,原因是这些团体都可能给熟练工人的工作造成潜在的威胁。而世界产业工人联合会则反其道而行之,誓言对所有工人开放,无论男女、熟练非熟练、土生还是移民、白人还是黑人。[②] 然而,曾给产业工人和新移民劳工带来一丝希望的"产联"在美国劳工史上只是昙花一现,很快就走向衰落,原因是其"一次性彻底"解决美国社会问题的革命姿态引起美国政府和很多普通美国人的恐惧。[③] 相比之下,"劳联"的发展虽然也同其他劳工组织一样,在工业主义居于统治地位的19世纪末不断遭受来自政府和企业界的打压而屡遭挫折,但其温和而功利的政策目标保证了这一组织能够在美国资本主义制度的夹缝中逐步发展壮大。1881年初创时只有5000人;1887年正式成立时达到15万人;5年后的1892年达到25万人;十年后的1902年翻了4倍,达到100万人。1919年达

---

① 参见原祖杰《1840—1850年天主教爱尔兰移民及其在美国的政治参与》,《世界历史》2007年第4期。

② Kevin Hillstrom, *Defining Moments*, *Workers Unite*!: *The American Labor Movement*, Detroit, M. I.: Omnigraphics, 2011, p. 51.

③ 参见原祖杰、邓和刚《重新认识世界和美国工人阶级激进主义》,《天津师范大学学报》(社会科学版) 2007年第1期。

到 405 万人。① "劳联"的成功能否说明其劳工政策方向更具合理性？如果回答是肯定的，那么"劳联"所采取的抛弃阶级认同、排斥新移民劳工的做法是否也具有一定的正当性？如果同样是肯定的，那么美国进步时代追求的社会公正目标在劳工运动中又是如何体现的？这都是我们客观评价"劳联"及其领导人龚帕斯所无法绕开的问题，只有在理论上重新审视才能做出正确的判断。

五 公正的限度

以"劳联"为代表的美国劳工组织与新移民劳工的矛盾根本原因在于缺少一个两全其美的整体解决方案。在美国劳工史上，我们看到的奇怪一幕是，在新移民劳工问题上，工会所对立的不仅是那些急于移民美国的各国移民，还包括渴望廉价劳工的广大工厂主和期待经济高增长的美国各级政府。劳工组织的保守与狭隘尽管能够保护少数工人的利益，但从长远来看，却降低了劳工阶层的整体福利。正如美国学者威廉·E. 福尔巴兹所关注的，即便是今天，美国劳工的待遇仍要逊于其他工业化国家。他写道：

> 美国劳工法对于抵御剥削、伤害、疾病和失业提供的保护远少于其他十几个西方工业国。我们的法律还把更多的工人从其含糊的适用范围排除在外。美国劳工法和社会规则之所以如此无足轻重，一个关键性原因在于这样一个事实，那就是美国工人们从未形成一个在阶级基础上的政治运动来推动更慷慨更包容的保护。在世纪之交，其他一些地方的全国性劳工组织曾经拥护更广泛的以阶级为基础的改革和再分配计划，但是，诚如无数学者的

---

① Samuel Gompers, *Labor and the Employer*, New York: E. P. Button & Company, 1925, p. 80.

所记述的，美国劳工联合会利用其持久的影响力使之化为泡影。①

如何解释这样一种现象？福尔巴兹追究到美国劳工缺乏必要的阶级意识和劳工组织长期奉行的自愿主义。所谓自愿主义，按福尔巴兹的解释，就是"左右从1890年代到1920年代美国劳工运动并且到现在一直影响有组织劳工世界观的政治哲学"，"它代表了一种对于工会与资方之间工业关系的执着。自愿主义教育工人要通过'私人'范围的集体谈判和协商行动，而非通过公共政治行动和立法，来实现生活和工作条件的改善。因此自愿主义是劳工版的自由放任，一种无政府主义哲学，认为'国家为劳工能做的最好的事就是别管劳工的事'"。福尔巴兹认为："自愿主义意味着摒弃广泛'积极的'的国家对工业关系的规范，如针对所有工人的最长工时法或者国家层面的社会保险。"② 福尔巴兹批评说，"美国工人和美国劳工运动，对于广泛意义上的改革和再分配一直是保守的、敌视的"。美国独特的社会背景造就了缺乏"阶级意识工运动总体上蔑视以基于阶级的改革努力"。美国行业工会是"实用主义的"，不是"阶级意识"而是"工作意识"的。社会流动、工人当中的种族划分以及普遍存在的个人主义削弱了明显表现于欧洲工人阶级中的具有典型意义的团结与阶级政治。③

在很多美国劳工史学家看来，缺乏必要的阶级意识是美国劳工运动逊色欧洲等其他工业化国家和地区的根本原因。新劳工史学家戴维·蒙哥马利也谈到美国的个人主义与阶级意识问题："尽管与家庭、移民组织、青年女工、工匠、罢工者、投票人以及闹事者的个人联系说明人们不同的有时甚至相互冲突的忠诚，但所有这些联系都是基于一个共同的设定，那就是个人主义只适合于发达的出身好的人。然

---

① William E. Forbath, *Law and the Shaping of American Labor Movement*, Cambridge, M. A.: Harvard University Press, 1991, p. 1.
② Ibid., pp. 1-2.
③ Ibid., p. 2.

而，要组织一种协调的行动，形成所有工人共同的社会目标，却需要深思熟虑的人类主体。阶级意识比未经转化的人类日常经验要更重要。"① 然而，也有学者认为龚帕斯并未脱离阶级意识，如弗雷德·格林鲍姆则认为："龚帕斯致力于行业工会主义因为它对工人最有利。他从未抛弃早年的阶级意识，这种意识对他来说曾经如此强烈，担任雪茄烟地方工会主席的他，在他父亲被同一家公司任命为工头的10个月期间没去看过后者。然而，他对这种意识的运用一直是实用主义的，唯一的标准就是运动要给工人带来好处。"② 然而，格林鲍姆也指出："龚帕斯的阶级意识并未引导他拥护工人阶级统治。他接受的是传统的观点，即认为美国缺少无产阶级；没有等级制度，工人也不认为自己会被固化在一个较低的社会地位。"[3]

从工人阶级的整体利益出发，可以认为一个有鲜明阶级意识的统一的大工会对于改善整个阶级的长远待遇是有利的。然而，具体到每一个工人，这种固化了的阶级意识也可能会阻碍其自身社会地位的升迁。从这个意义上看，缺少固定的阶级意识又是促进社会流动的必要条件。对于一个出于社会底层的阶级，如果被固化了，又怎样看待每个人的利弊得失？多元、分化是美国劳工运动之所以比欧洲各国更为复杂的原因所在。

小 结

美国著名新劳工史学家赫波特·加特曼曾写道："美国社会的历史是一部充满经济、性别和种族等种种不公的历史。但却不仅如此。

---

[1] David Montgomery, *The Fall of the House of Labor*, Cambridge and New York: Cambridge University Press, 1989, p. 2.

[2] Fred Greenbaum, "The Social Ideas of Samuel Gompers", *Labor History*, Vol. 7, No. 1, 1966, p. 38.

[3] Ibid., p. 39.

它也是一部穷人和妇女如何赢得他们的民主权利,如何组织起来利用自己的力量去扩大自身权利和改变他们的不平等地位的历史。"① 美国建国之初确立的民主、自由等原则让美国从开始就占据了道德优势,但这些原则并没有惠及每位居民。穷人、妇女、儿童、少数民族和新移民等弱势群体要争取自己的权利,就不得不靠集体的努力去抗争,去战斗。包括"劳联"在内的几个著名劳工组织并没有像欧洲工人阶级那样推出激进的政治纲领,而是把争取的目标放在了实实在在的工资水平和工作条件等方面。这些看起来目光短浅的措施却被历史证明是卓有成效的,"劳联"的持久生命力足可以说明这一切。在一些更为激进的劳工组织,如20世纪初昙花一现的"世界产联"相继凋零之后,"劳联"依然保持着其持久影响力。原因在于,"劳联"所采取的许多政策比那些源自欧洲的社会理论更符合美国的实际。

然而,符合美国的实际情况,却并不意味着符合美国工人阶级的长远利益。从长时段看,一直保持较为鲜明阶级意识的欧洲工人阶级,无论在政治地位和社会福利上,都比美国工人阶级获得更大的改进。

---

① Herbert G. Gutman, "Foreword", in Paul Buhle and Alan Dawley, eds., *Working for Democracy: American Workers from the Revolution to the Present*, Urbana and Chicago: University of Illinois Press, 1985, p. ix.

第七章　现代城市分两半

　　现代城市的崛起是人类社会现代化的必然路径，也是现代化最为自豪的成果之一。在现代化的初期阶段，很多人会把城市跟现代等同起来，因为城市是现代化的窗口，集中展示了现代化的各种面相。19世纪美国工业化给这个国家带来的最明显变化就是城市化。同工业化一样，城市化在给人类带来诸多方便的同时，也带来很多问题。

一　19世纪崛起的美国城市

　　美国建国之初还是一个典型的农业国，根据1790年的联邦统计，生活在城市中的人口仅占全部人口的5.1%；全国只有八个城市人口超过8000人，其中人口最多的费城是43000人，其次是纽约，人口达到33131人。而根据1900年的统计，城市人口已经达到全部人口的39.75%。[①] 从1860年到1910年的半个世纪，城市如雨后春笋般在美国各地成长起来，城市人口在这半个多世纪增长了近七倍，5万人以上的城市从16个增加到109个，其中25万人以上的城市达到11个，有1/3的美国人口成了城市居民，中西部的城市发展尤其迅猛，芝加哥仅1880年到1890年的十年间人口就翻了一番，同一时期明尼

---

① Paul C. Violas, *The Training of the Urban Working Class: A History of 20th Century American Education*, Chicago: Rand McNally College Publishing Company, 1978, p. 2.

苏达州的双城（明尼阿波利斯与圣保罗）人口翻了三倍，其他如底特律、密尔沃基、哥伦布和克利夫兰的人口增长率达到60%和80%不等。①

工业城市在激发了人们无穷希望的同时，也让很多人感到不安和恐惧。哲学家乔赛亚·斯特朗（Josiah Strong）将城市描述为国家的"风暴中心"，"奢侈汇集而来——所有的东西都是那么炫目、诱人"。另外，这里也有"令人绝望的饥饿"。②城市汇集了来自不同区域、不同国家，具有不同文化背景、宗教信仰和生活习惯的各个阶级的居民，因此也成为各种社会矛盾的聚集地。诚如已故美国历史学家保罗·博耶（Paul Boyer）所指出的，"工业化、移民、家庭分裂、宗教变化以及阶级划分的深化带来的惧怕，都聚焦在成长中的城市身上。社会思想家、改革家、慈善家以及其他担当和行为本来互不相干的人，却经常因为他们对城市的共同关注而联系在一起，更具体地说，他们都有一个共同的兴趣，那就是如何控制不断增加的城市人口的行为"③。快速成长的美国城市所暴露出的问题是多方面的，主要表现在原来生活在乡村的农业人口如何适应城市生活；新移民与原来居民之间的矛盾与冲突；城市居民作为消费者与生活用品的供应方之间的矛盾与冲突；等等。

二 老邻居与新邻居

在美国踏上工业化道路之前，无论是在城市还是在乡村，人们居

---

① Richard Hofstadter, *The Age of Reform: From Bryan to F. D. R.*, New York: Vintage Books, 1955, p. 174; John Mack Faragher, et al., *Out of Many: A History of the American People*, Volume One, Upper Saddle River, N. J.: Prince-Hall, 2000, p. 559.

② John Mack Faragher, et al., *Out of Many: A History of the American People*, Volume Two, Upper Saddle River, N. J.: Prentice Hall, 2000, p. 559.

③ Paul Boyer, *Urban Masses and Moral Order in America, 1820–1920*, Cambridge, M. A.: Harvard University Press, 1978, p. vii.

住的社区都是比较紧密、稳定和平等的。这种传统始于殖民地时期简单朴素的生活环境。直到 18 世纪末,东部沿海城市中的居民大多属于英裔美国人,无论是商人、工匠、牧师、律师,还是普通劳工,都选择离他们工作地点较近的地方居住,因此,一条街上可能住着不同职业、不同身份的邻居们。美誉远播、声望卓著的本杰明·富兰克林,在费城的近邻们就包括一位商人、一位制桶工和一位管道工。[1] 人们喜欢生活在熟悉的环境中,稳定的生活本身就能带来幸福感。然而,建国以后工商业的迅速发展,尤其是内战后的工业化和城市化带来的令人目不暇接的社会变化,将大多数美国人抛进充满陌生与不安的环境中。

有学者注意到,在城市的数量和规模都在扩大的同时,城市中的各种工商业单位也在膨胀与分解,小作坊变成大工厂,合伙制(partnership)演变为公司制(corporation),同时商业交易、信贷、销售都以前所未有的规模进行。有学者注意到,"过去国家的经济条件、城市市场和商业组织都非常稳定,变化是一个长期缓慢的过程"。人们的生产和生活节奏都可以长期保持按部就班。然而,"从 18 世纪后期和 19 世纪初期开始,交通运输和科技方面一个接一个的急速变化打破了过去的稳定,带来城市体系数次近乎全面的重组。新的国民经济、新的市场、新的商业、新的城市以及新的城市结构从这些发明中繁殖出来"[2]。

直到 19 世纪 40 年代,涌进城市的居民大多来自美国农村。从 40 年代以后,欧洲移民开始大批抵达东海岸的港口城市,在美国开始他们的新生活。内战前后到来的北欧和西欧移民中,来自德国和斯堪的纳维亚的移民经济条件相对较好,他们大多选择离开拥挤的港口城市

---

[1] Paul Boyer, *Urban Masses and Moral Order in America*, 1820 - 1920, Cambridge, M. A. : Harvard University Press, 1978, p. 4.

[2] Sam Bass Warner, Jr. , *The Urban Wilderness*: *A History of the American City*, Berkeley: University of California Press, 1995, pp. 58 - 59.

深入内地创业，而很多被饥荒打击得一文不名的爱尔兰裔移民，则只能选择蜗居在大城市里。1821—1850年有400多万爱尔兰人移民美国，其中1/3的爱尔兰移民生活在当时15个较大的城市中，包括13.4万人生活在纽约，7.2万人在费城，3.5万人在波士顿。①

新移民的到来加剧了19世纪上半叶已经逐步显现的贫富分化，财富越来越聚集到少数人手中，这种状况在城市中更为明显。"因为美国人相信，收益属于那些为它们工作的人"，有钱人在致富热潮中占尽优势，而工人则步步失利。商人、经纪人、律师、银行家、制造商控制了越来越多的城市财富，他们离开原来的街道，搬进坐落于富人区的宽敞的住宅，而穷人则不得不租赁价格便宜的简陋住房，并且因为要经常搬迁，互相之间也缺乏照应，在城市中的生活就更加艰难。②

无论是在当时还是后来的美国人眼中，美国社会从淳朴的农村向光怪陆离的城市的转变所带来的首先是道德问题。在过去的两个多世纪里，世界曾经是自耕农的天下，农业曾经在社会中居于主导地位，现在却令人不安地走向衰落。这种趋势加重了美国人的传统性怀疑，即认为"城市是滋生邪恶的温床"③。面对民众对新崛起的城市产生的不安，作为当时人的埃德温·查平（Edwin Chapin）持较为乐观的态度。在他1854年出版的《城市生活的道德面相》（*Moral Aspects of City Life*）一书中认为，"城市作为人类活动的中心，包含了人类所有形式的腐败"，那里的"璀璨夺目与贫困犯罪似乎是互相重叠的"，"城市不仅仅是高楼大厦、人口密布，更为重要的是其道德上的重要性"，"走在街上，走进熙熙攘攘的人群里，不管是喜欢的还是厌恶的，都会光怪陆离地呈

---

① 关于爱尔兰移民在美国的早期经历，参见原祖杰《1840—1850年天主教爱尔兰移民及其在美国的政治参与》，《世界历史》2007年第4期。
② Gary B. Nash, et al., *The American People: Creating a Nation and a Society*, Volume One, New York: Harper Collins College Publishers, 1994, pp. 337-338.
③ Paul C. Violas, *The Training of the Urban Working Class: A History of 20th Century American Education*, Chicago: Rand McNally College Publishing Company, 1978, p. 2.

现在你眼前"。① 保罗·博伊尔将查平的城市观总结为：在查平看来，"城市带来的是好与坏的一般混合"。根据他的观点，让城市看来威胁到道德秩序的原因是它与预设的乡村日常秩序的对比，它掀起事端，提供选择，强求决策。但这一事实本身就具有深远的历史意义："城市揭露了事情的道德目标，汇集了生活中的大量问题……当人们聚集在一起时，他们中的高尚与邪恶都被集中激发出来，暴露于表面……城市是原则的大课堂，因为它给原则提供了尖锐的考验。"②

一些有关美国城市化早期治安和警察的研究在一定程度上支持了查平的判断。在相关研究中，对19世纪马萨诸塞州犯罪率的研究被认为是最为仔细且可靠的。统计结果显示，在城市化速度较快的1871—1892年，马萨诸塞的重罪犯罪率有所减少，按照人均起诉率计算的各种程度的谋杀案在全州都有所下降，但波士顿比其他地方下降得更多，农村地区下降率最少。另外，波士顿因为较大冒犯而造成的刑拘案数量从1849年到1879年一直呈上升趋势，之后则保持相对平稳，直到20世纪20年代末才有所下降。③ 这些研究说明不能简单地得出城市化会增加犯罪率这样的结论。相反，因为现代城市的发展和教育设施的完善，民众受教育的机会在增加，从长远来说，犯罪率应该会减少。④

然而，在城市化之初，无论是作为硬件的基础设施还是作为软件的法律法规都欠完善，加上各种移民都需要一段时间来适应环境，城

---

① E. H. Chapin, *Moral Aspects of City Life: A Series of Lectures by Rev. E. H. Chapin*, New York: Kiggins & Kellogg, 1854, pp. 11 – 12, 14.

② Paul Boyer, *Urban Masses and Moral Order in America, 1820 – 1920*, Cambridge, M. A.: Harvard University Press, 1978, p. 74.

③ Eric H. Monkkonen, *Police in Urban America, 1860 – 1920*, Cambridge: Cambridge University Press, 2004, p. 67.

④ 人均犯罪率的统计数据不能反映人们对城市整体上犯罪率上升的一般印象。根据《芝加哥论坛报》的数据，1881—1898年杀人罪增加了500%。参见 Paul C. Violas, *The Training of the Urban Working Class: A History of 20th Century American Education*, Chicago: Rand McNally College Publishing Company, 1978, p. 3。

市听上去并不宜居。直到19世纪末20世纪初,美国人对城市的恐惧并没有减少。霍夫斯塔特的观察也许更有代表性:

> 美国人在这个时期的全部思维都受到乡村心理经验的影响,与这种经验形成对比的是城市生活的各种现象,它的拥挤、贫穷、犯罪、腐败、冷漠与伦理混乱。对于来自乡村的移民来说,他们在安静肃穆并笼罩着福音派基督教的高标准道德要求下长大,城市对他们来说不仅仅是一种新的社会形式和生活方式,而且是对文明本身的奇特威胁。①

如果说来自乡村的新移民惧怕的是城市对传统道德和生活方式的威胁的话,他们在城市里感受到的还有更令人担忧的国外移民对美国民主制度的威胁。城市是本土居民与外来移民相遇的第一场所。正如霍夫斯塔特所观察的,"在城市里,本土扬基—新教徒美国人遇到了移民。在内战结束与第一次世界大战爆发之间,美国工业的兴起与限制的缺失持续吸引大批移民,在1907年达到其最高峰,移民记录为1285000人。1910年为止,在美国居住的外国出生人口是13345000人,几乎是全国总人口的七分之一"②。霍夫斯塔特继续写道:

> 在很多大城市中本土美国人发现他们自己已经在数量上被超越、淹没了……最为典型的是东部与中西部的波士顿、芝加哥、克利夫兰、纽约、费城、匹兹堡和圣路易斯,那里外国出生和第一代移民的孩子的数量已经远远超过本土族群。……作为成功移民而知道如何去处理的爱尔兰裔的政客在度量了形势后感觉良

---

① Richard Hofstadter, *The Age of Reform: From Bryan to F. D. R.*, New York: Vintage Books, 1955, p. 176.

② Ibid., pp. 176–177.

好，但本土美国人焦虑的是"爱尔兰人攻占了我们的城市"，并忖度着这是否是传统美国民主终结的起点。①

对新移民怀有敌意的主要还是平民主义进步派和劳工组织的领袖们，因为新移民给他们带来的不仅是生活上的不便，还包括工作机会上的竞争。由于经济条件和语言文化方面的限制，新移民在他们融入美国社会之前经常会成为公共秩序、公共道德和普通行为规则的破坏者，因而加剧了城市中新老邻居之间的对立与隔阂，也加剧了老移民中本土主义的滋长。

三　城市社区中的新移民

由于内战后从东欧和南欧来到美国的大部分新移民都选择城市作为他们的安身立命之地，美国城市的移民特征是明显的。成千上万的新移民离开艾里斯岛后最先进入的就是沿海的城市，来自不同国家、地区的移民首先选择他们熟悉的人文环境，各大城市中的移民聚居社区就成为他们的第一站。意大利移民直接进入纽约的"意大利区"，瑞典移民更愿意长途跋涉奔向明尼苏达州由瑞典裔美国人组成的农业社区。因此，19 世纪美国社会人口分布上具有明显的族裔化特征。一本美国历史教材对 19 世纪的新移民社区有一段生动的描述：

> 为了减轻因适应陌生的城市生活而产生的压力，新来者经常要建立紧密的民族社区网络。欧洲移民一般要选择与其来自同一国家，如果可能的话甚至同一地区的人住在一起。新移民中最穷的部分，如罗德岛州普罗维登斯的意大利人、宾夕法尼亚州霍姆

---

① Richard Hofstadter, *The Age of Reform: From Bryan to F. D. R.*, New York: Vintage Books, 1955, pp. 177–178.

斯特德的斯拉夫人，宁可付出很大代价也要与熟悉的人住在一起。叔叔婶婶变得像父母一样亲切，表兄妹形同亲兄妹。年轻的夫妇在他们自己的社区中成婚，经常就在离他们父母住处几条街的地方成家立业，与他们父母同住一座"三层交叠式"（triple-decker）或公寓楼的情况也并不少见。①

19世纪末，芝加哥的德裔居民只比某些德国城市少些，而其波兰裔居民超过了大部分波兰城市；纽约的意大利裔居民比几个意大利大城市人口还多，而波士顿的爱尔兰裔人口跟爱尔兰首都都柏林的人口一样多。移民中不乏怀有美国梦想，指望在这片沃土上发财致富、安家立业的人，但也有很多移民来到美国只是为了寻找工业革命带来的充裕的工作机会，他们节衣缩食、拼命工作，为的是赚到足够的钱后回到母国，改善原来的家庭生活。由于他们来美国工作的目的不是永久性定居，为节省旅行和居住费用，这些移民往往以男性为主，男女比例相差悬殊。19世纪80年代，将近一半的意大利、希腊和塞尔维亚移民后来又回到了他们的家乡。②

以新移民为主的种族界限与阶级界限经常是重合的，因为内战以后到来的新移民大多充实了工人队伍，尤其是处于工业生产底层的产业工人队伍，所以，贫民区往往也是新移民和少数民族集中的区域。少数民族群体经常会选择在靠近他们工作地点的住宅区毗邻而居。例如，在1880年的底特律，37%的土生家庭（native-born families）住在一个区域，而40%的爱尔兰移民住在"爱尔兰西区"，一半以上的德国移民和3/4的波兰移民住在城市的东区。③由此我们看出，城市

---

① John Mack Faragher, et al., *Out of Many: A History of the American People*, Volume Two, Upper Saddle River, N. J.: Prentice Hall, 2000, p. 569.
② Ibid., pp. 560–561.
③ Gary B. Nash, et al., *The American People: Creating a Nation and a Society*, Volume Two, New York: Harper Collins College Publishers, 1994, p. 613.

的发展在很大程度上集中展现了美国社会的分化,即如约翰·海厄姆所概括的,"人们分别归属于两个严重分离的阶级。鸿沟的一边是商业和职业人员,大多是本土出生、新教背景的。另一边是工人阶级,几乎都是外国背景的,很多是天主教徒,其余也认为新教只是为富人服务的"①。

新移民做出这样的选择不仅是因为文化上的联系和生活上的方便,也是因为已经成为美国人的老移民对于新来者缺乏信任,不是担心他们毁坏了美国的生态资源,就是警惕他们会抢夺自己的工作机会、拉低自己的工资和工作条件。美国移民史研究专家奥斯卡·汉德林(Oscar Handlin)在他的名著《背井离乡的人》(*The Uprooted*)一书中,对19世纪美国新移民的心态与处境有着详细的描述和深刻的分析。汉德林书中描述的城市场域中新老移民带来的文化交替与交锋具有典型意义。同样信奉天主教的早期法国移民、内战前的爱尔兰移民和内战后的意大利移民,围绕教堂的建立和利用、神父的遴选和教区的分布展开的纷争几乎贯穿了整个19世纪。他写道:

> 在19世纪的历程中,移民给天主教人口增加了大量新的圣餐领取者,迅速超越了原来的团体。他们来自在历史上彼此远离而隔膜的欧洲的不同地区,从爱尔兰西海岸,到科尔巴阡山脉东麓,新来者带来的是不同的且根深蒂固的观念,诸如什么是教堂的合适形式,每一方都想把自己在家乡所习惯的教会生活中的特殊品质坚持下去。其结果则是长期的内部不和。②

需要指出的是,无论以阶级为特色的区域还是以种族为特色的区

---

① John Higham, *Strangers in the Land: Patterns of American Nativism, 1860 – 1925*, New York: Atheneum, 1975, pp. 39 – 40.
② Oscar Handlin, *The Uprooted: The Epic Story of the Great Migrations That Made American People*, Boston: Little, Brown & Company, 1973, p. 117.

域，都不是封闭的、排他性的。新移民与土生土长的美国人经常会住在同一街道，甚至同一公寓楼中。即使到19世纪末因为新移民数量激增而产生半独立于市区的少数民族飞地，如中国城、意大利城等，这些区域之间也没有严格的界限，也不会明确排斥其他族类的居民。但同时也应该承认，19世纪后期急剧增多的南欧、东欧和亚洲移民，由于他们的母国文化在主流的盎格鲁—萨克森民族的眼中带有较强的异质性，不可避免地会感受到来自主流文化的排斥和压迫，聚居在一个社区就成为他们抵御这种排斥和压迫的本能，而本土主义的猖獗不仅未能促使他们加快融入美国社会，反而成为他们建立新的文化认同的障碍。

较早的"本土主义"（Nativism）始于内战前四五十年代兴起的"一无所知"运动，针对的主要是那个时期大批来到美国的爱尔兰天主教移民和德国移民，尤其是前者。由于担心爱尔兰移民的天主教信仰威胁到美国的共和制度，首先是东北部的新英格兰城市和中大西洋城市开始形成排斥新移民的骚动。本土主义团体的名称几经更换，到50年代合并成全国性的半秘密组织"一无所知"党（Know-Nothing Party），当被问及有哪些行动时，这个组织的成员会统一口径："我一无所知。""一无所知"党的主要活动就是在各地的选举中排斥爱尔兰人等少数民族移民，其成员在50年代曾席卷新英格兰和部分中大州和城市的地方选举。当"一无所知"运动波及全国时，本土主义者们攻击的目标也由爱尔兰天主教移民转变为当地的新移民；在南方可能是黑人，在西部则往往是亚洲移民。1854年，"一无所知"党在旧金山建立了分支机构，成为当地排斥和迫害中国移民的主要力量。作为一个曾经有全国影响的党派，"一无所知"党在50年代中期以后很快走向衰落，到内战之后已经近乎销声匿迹了。

内战后新崛起的本土主义，针对的目标主要是这个时期在母国不讲英语的欧亚移民。与内战前的本土主义相比，19世纪后期的本土主义在理论支撑上更为系统，就像约翰·海厄姆所分析的那样："本土主义之类的现代种族骚动的完整故事有两个层面，一个涉及平民情感，另一个则关注或多或少的系统观念。"① 19世纪末流行的达尔文主义和科学观念为种族主义思想家们提供了理论支持。按照达尔文主义或自然主义观点，人种和文明的生存与发展也像其他物种一样经历了一个优胜劣汰的过程。种族的优劣影响到制度选择；盎格鲁—萨克森民族从其历史中继承下来的自由和自治传统是美国赖以存在的根本。"但是现在"，海厄姆写道，"从80年代中期以来的混乱令人怀疑一个自由的社会能否得以幸存。焦虑的盎格鲁—萨克森信徒们知道，原因就在于其他所有种族大规模地涌入美国"。② 在土生土长的美国人眼中，新来的南欧和东欧移民在伦理、文化上与美国主流格格不入，他们"懒惰、愚蠢以及不讲道德"，"像传染病一样从艾利斯岛登陆，侵蚀着美国的政治、经济和社会体系"。③

对于美国的建国之父们来说，无论当时还是未来的美国社会都应该是同质同族的，即便已经远离了温斯洛普构想的由新教徒组成的"上帝之城"，也应该是以盎格鲁—萨克森民族为主的白人社会。美国西北大学教授乔治·M. 弗里德里克森曾对美国本土主义和白人优越论的渊源做过如下分析：在很多本土美国人看来，杰斐逊的自治民共和国理想是以"同质和聪慧的公民（citizenry）"为基础的，黑人在其中得不到平等的对待是因为他们"缺乏生来的智慧或者对于履行公民责任的文化准备"。弗里德里克森写道："一般认为，一个成功的共和国依靠的是其公民之间能够感受到的礼仪与同胞意识，如果按种族和民族标准严格划分，这样的意识是不可能的。在宪法生效之前，将美

---

① John Higham, *Strangers in the Land: Patterns of American Nativism 1860 – 1925*, New York: Atheneum, 1975, p. 132.
② Ibid., p. 137.
③ Laurie Collier Hillstrom, *Defining Moments: The Muckrakers and the Progressive Era*, Detroit, MI: Omnigraphics, 2010, p. 41.

国看作一个主要由盎格鲁—萨克森成员继承而来的并与'种族'密切相关的同质的白人国家的假设就已经牢固建立起来了。"这种设想在1790年国会通过的归化法中得到强烈的表达,该法明确规定,只有白人移民才能获得公民权。[1]

的确,无论是殖民地之初"上帝之城"的实验还是美国建国之初共和国的实验都没有把有色人种包含在内,就连真正的本地人印第安人也被排除在归化之外。美国建国之初的一系列法院判例做出一个结论,那就是美国印第安人不是公民,因为"虽然他们生在美国领土,他们的忠诚并未超出其部落"。直到1868年,公民权才赋予每一位生于美国的人,但"不纳税的印第安人"仍被排除在外。1870年通过修改1790年归化法,允许"非裔外国人"和"非洲血统的人"归化为美国人。1882年"排华法案"以"不符合公民资格的外国人"为类目,将所有外国出生的华人排斥在归化之外,后将这个类目延及所有亚洲人。以后几年虽然有些例外,但这个类目直到1952年才正式撤销。[2] 将一部分长期居住在美国的人口排斥在公民资格之外从而剥夺他们的公民权利,足见美国早期的执政实践与美国《独立宣言》所宣扬的"人人生而平等"原则一直保持着很大距离。

在19世纪后期的快速城市化将各种各样的人口抛入城市之前,不同种族、身份、地位的人可能生活在不同的社会环境,彼此没有接触,也很难形成比较,只有当这些人在城市相遇,人们才发现同是美国人,身份、地位和生活环境竟然差距如此之大。面对这种社会分化和贫富差距上的尴尬,精英们炮制出一套看似合理的科学理论,即从达尔文物种进化论演绎而来的社会进化论,也就是社会达尔文主义。从19世纪后期到20世纪初期,"种族科学"(racial science)与"种

---

[1] George M. Fredrickson, *White Supremacy: A Comparative Study in American & South African History*, Oxford: Oxford University Press, 1981, p. 145.

[2] Brian N. Fry, *Nativism and Immigration: Regulating American Dream*, New York: LFB Scholarly Publishing LLC, 2006, pp. 28 – 29.

族民族主义"（racial nationalism）越走越近，终于合流。一批欧洲的自然学家运用语言上的相似之处作为依据，论证他们在遗传上的联系，民族主义逐渐吸收了生物学上有关种族特征的假设。海厄姆认为："这种互动构成了一种知识背景，在此背景下模糊的盎格鲁—萨克森传统转变为锋利的本土主义武器，并最终成为一种完整的种族哲学。"① 以英国赫伯特·斯宾塞（Herbert Spencer）为代表的一批社会科学家将达尔文的进化论引入社会科学，用优胜劣汰解释人口变异的自然选择过程。按照社会达尔文主义的解释，从个别穷人，到多数人穷困的种族之所以贫穷，只是因为他们竞争失败，而竞争失败只能证明他们是生存竞争的"不适者"；财富既是成功的标志，也是"适者"的标志。有学者指出："对于工业秩序的辩护者来说，为生存而奋斗、自然选择和适者生存这样的词语为贫穷和剥削提供了解释和借口。"②

　　社会达尔文主义与当时流行的经济学中的自由竞争理论结合，为分化的美国社会找到了合理的解释。美国著名历史学家埃里克·方纳在讨论"进步时代的自由"问题时，记录了1902年《独立》月刊杂志组织的一场关于经济不平等的专题讨论。参加讨论的一方是自由放任和社会达尔文主义的捍卫者，他们坚信美国社会中存在的巨大财富差距是个人自由的自然结果。华尔街金融巨头拉塞尔·塞奇说，富有是对高智商、诚实和节俭的回报，"指责对财富的积累也就等于指责正义的法则"。根据方纳的记录，"后来成为社会达尔文主义在美国的代表人物的威廉·格雷厄姆·萨姆纳也认为，经济不平等不但不可避免，而且也并不违背'任何自然的、宗教的、道德的和国家的法

---

① John Higham, *Strangers in the Land*: *Patterns of American Nativism*, *1860 – 1925*, New York: Atheneum, 1975, p.134.

② Robert C. Bannister, *Social Darwinism*: *Science and Myth in Anglo-American Social Thought*, Philadelphia: Temple University Press, 1979, p.3.

律'"①。尽管劳工经济学家约翰·R.康芒斯指出当时美国的工业垄断已经阻碍了竞争,但可以看出,很多社会精英在以自由的名义为财富分配不公辩护的时候,并没给日益显著的机会不公现象以足够的重视。事实上,随着国家的工业化向纵深发展,贫富差距超过了历史上以往任何时候,先富者在经济生活中的优势是多方面的,如无外力干预,所谓自然竞争的结果就是富者越富贫者越贫,社会分裂不可避免。

四 隔离但平等?

19世纪后期美国城市中以阶级、种族为界限的社区分隔,最突出的表现是黑人区的出现。王旭曾在其《美国城市史》一书中指出,内战后最初十来年,刚刚获得自由的黑人在城市中还是获得了平等的接纳的,城市中的黑人和白人基本保持混居状态。重建之后,南方种族主义开始逐步回潮。八九十年代以后,黑人不断受到政治迫害和种族歧视,地位每况愈下。"吉姆·克劳法"(Jim Crow Laws)造成工作、学习和生活方面的全面隔离,首先在南方城市出现了黑人聚居区,继而扩及北方城市。王旭写道:"在城市中,为防范种族主义者的暴力骚扰并彼此照应,黑人倾向于聚居,再加上富有的白人不断外迁,市中心区逐渐形成黑人聚居的地方……黑人聚居区的初步形成,加速了整个城市居住区的分化。"② 19世纪后期美国城市中的种族隔离既反映了美国从建国以来一直携带的种族主义基因,也折射了当时美国政府对于整个社会中种族主义余毒的姑息养奸。对于后者,我们从臭名昭著的普莱西诉佛格森(Plessy V. Gerguson)一案中即可见一斑。

---

① [美]埃里克·方纳:《美国自由的故事》,王希译,商务印书馆2003年版,第206页。
② 王旭:《美国城市史》,中国社会科学出版社2000年版,第125—126页。

南方重建以后，共和党控制的国会曾在1870年通过《宪法》第十五条修正案，规定"合众国公民的选举权不得因种族、肤色或过去的劳役状况而被合众国或任何一州否认或剥夺"；1875年通过《民权法》，规定"任何州都不得在戏院、饭店、旅馆等公共设施内实行种族歧视"[①]。但民主党人坚持认为各州不受战后宪法修正案的制约。在一些民主党人控制州议会和州长职位的州，如佐治亚州，共和党的影响在重建结束后很快被洗涤殆尽，亚特兰大等城市在通过人头税、居住注册等限制剥夺了黑人和贫穷白人的选举权之后，市政会完全被民主党人控制。[②] 其他州也开始使用类似的方法绕过第十五条修正案，限制黑人的选举权，除了人头税和居住登记的措施外，还包括读写能力测试和祖父条款等。进入80年代以后，南方各州民主党的反攻倒算已经从驱除共和党人发展到全面打击和迫害黑人，不仅"三K党"猖獗泛滥，还通过了不同形式的被称为"吉姆·克劳法"的种族隔离法，而这样一些违反宪法修正案的州法却得到联邦最高法院的支持。在最高法院的纵容下，南方各州变本加厉，在公共设施使用上推行种族隔离的政策。

在美国内战中获得解放的广大黑人，在19世纪最后30年的工业化时代不仅未能借机获得完整的公民权利，反而在各州和联邦政府的联合压制下丧失了在重建时期已经获得的部分权利。即使在追求社会公正的进步主义运动中，黑人的正当权益也成为"被改革遗忘的角落"。诚如李剑鸣所总结的，"进步主义运动主要是一场白人的运动，所要解决的乃是'工业文明综合征'的消极后果，而黑人问题则显得不甚重要，进步派心目中的'社会正义'，还未将黑人涵盖在内"[③]。

---

① 王希：《原则与妥协：美国宪法的精神与实践》，北京大学出版社2000年版，第329页。

② Eric Foner, *A Short History of Reconstruction*, New York: Harper & Row, Publishers, 1990, p. 183.

③ 参见李剑鸣《大转折的时代——美国进步主义运动研究》，天津教育出版社1992年版，第127—131页。

五 城市中的另一半

不同阶级、种族、文化以及不同来美时间的各种社会群体，在19世纪后期相遇在美国的各大城市里，将工业化引发的各种问题和矛盾突出展现在这个时期的城市面貌中。随着城市化向纵深发展，城市在空间划分上越来越多元化，不仅有中心、边缘的区分，而且出现因居民成分和文化特点而分成的不同的阶级和种族区域。19世纪后期美国城市居民之间的隔阂与对立主要是沿着阶级和种族两条界限形成的。

阶级界限是划分城市中具有不同特点的居民区的自然标准。由于早期工业城市的厂房多坐落在市中心地带，在工厂工作的工人家庭多选择在城市中心居住。除了工作上的方便之外，他们还可以更接近城市的公共设施而避免交通上的麻烦。出于同样的考虑，经济条件较差的新移民也选择在城市中心居住，因此，几乎所有大城市的中心区域都人满为患，贫穷的工人家庭住的贫民窟（slums）通常都拥挤不堪，卫生条件很差，也缺少公共服务。居于市中心的贫民窟，原来可能是属于中等或上等阶级的住宅。19世纪后期，随着城市道路的延伸和交通工具的改善，中等和上等阶级为了逃避城市中心区域的喧嚣、嘈杂和脏乱，搬到较为安静的郊区。他们在市中心的房子被转卖或者转租到穷人手中，原来的单元为了装进更多的人家被一再分割，这样，原来为一家人设计的房子现在挤进了几家人。往往是几家合用一个设在室外的厕所和水龙头，住宅区内到处堆满垃圾。即使有勤快的家庭主妇能够把室内收拾得干干净净，但室外的公共空间通常都是肮脏混乱的。这也是那个时期城市中心死亡率居高不下的原因。只是到了世纪末，在公共健康运动的推动下，才开始采用饮用水消毒等措施，贫民区的卫生条件才得到改善。[①]

[①] Gary B. Nash, et al., *The American People: Creating a Nation and a Society*, Volume Two, New York: Harper Collins College Publishers, 1994, pp. 612–613.

美国的历史学家们也注意到，并非所有属于工人阶级的家庭都住在贫民区。熟练工人可能会选择租一套舒适的房子，有的甚至拥有自己的住宅。一项对这个时期马萨诸塞工人家庭的研究发现，一个熟练工人家庭住在一套拥有五个房间的公寓里，地点舒适，周边环境也很不错。公寓设施齐全，客厅还铺了地毯。[1] 为了保障市民基本生存条件，1879年纽约通过一部住宅法，又称"旧住宅法"，要求每间住房必须有窗户通风。开发商有针对性地发明了"哑铃"式（dumbbell model）楼房，在内战之后美国的大城市中一度颇为流行。所谓"哑铃"式住宅，一般是在25英尺宽100英尺长的地基上建造的五层楼房，每层分为四个单元，供四家居住，每个单元有两三个房间。[2] 这种住宅设计与贫民窟相比可算是一种"科学"的飞跃，就是在有限的空间里建造更多的房间以供给更多的人居住。

当然，拥有上述马萨诸塞州个别熟练工人家庭那样的生活环境的并不多，更多的工人还是几家甚至几十家人挤在一栋楼里，共用一两个厕所和水龙头，室内室外环境都脏乱不堪，与中上层家庭住宅区形成强烈反差。很多城市的设计既不考虑美观也不考虑舒适，而只考虑容纳更多人居住。但即使是为满足住宅法要求而设计的"哑铃"式建筑也常常不按标准居住，一个单元中可能住进几家人，一家人合住在一个房间中的情况也并不少见。图7—1是美国哥伦比亚大学数码知识平台"建筑学与纽约市区发展"中所载"哑铃"式建筑图样。

雅各布·里斯的《另一半如何生活》（*How the Other Half Lives*）生动展现了当时的社会状况。从基督教福音派的观点出发，里斯以同情的目光观察了新移民工人阶级恶劣的生存环境，并认为"只有基督

---

[1] Gary B. Nash, et al., *The American People: Creating a Nation and a Society*, Volume Two, New York: Harper Collins College Publishers, 1994, p. 613.

[2] John Mack Faragher, et al., *Out of Many: A History of the American People*, Volume Two, Upper Saddle River, N. J.: Prentice Hall, 2000, p. 562.

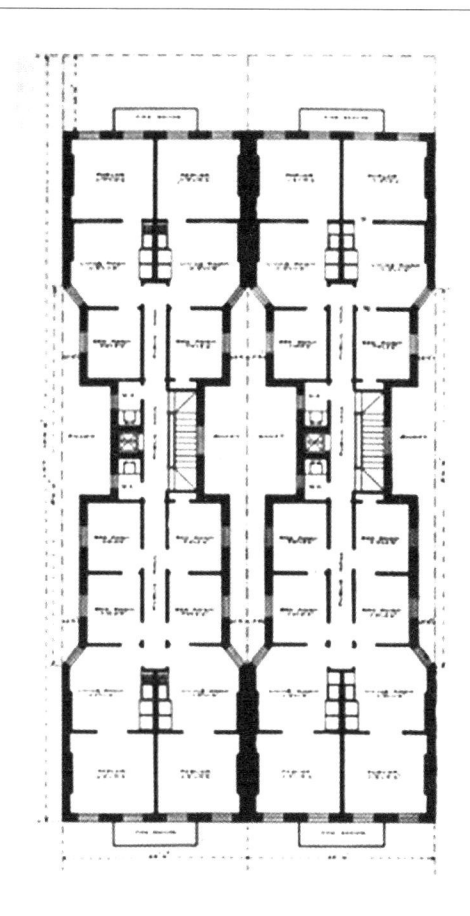

图 7—1 "哑铃"式建筑图样

资料来源：http://ci.columbia.edu/0240s/index.html。

教正义观可以阻止贪欲在廉租房住户与上等阶级之间制造的可怕裂痕"①。

里斯是丹麦移民，1870年来美国定居，很快就在《纽约论坛》(New York Tribune) 找到一份工作，报道纽约警察活动。跟警察追踪犯罪活动让他熟悉了曼哈顿下东区居民的生活状况，并根据自己的观察，在1890年出版了《另一半如何生活》一书。里斯在调查中发现，

---

① John Higham, *Strangers in the Land: Patterns of American Nativism 1860 – 1925*, New York: Atheneum, 1975, p. 40.

37000幢公寓楼，住着超过100万人。低工资、高房租让很多租户生活在极度贫困中，饥寒交迫，朝不保夕。他们的住处往往肮脏不堪，令人作呕。里斯在他的书中写道："公寓所及之处都在酝酿着祸端，因为它们是疫病的温床，将死亡带给穷人的同时也带给富人；它们是贫困和犯罪的摇篮，把罪犯塞满我们的监狱和警局；它们年复一年地把4万人渣抛向避难所和劳动救济所；过去8年有差不多50万乞丐靠救济为生；它们保持着一个与上述因素相关的10000人的流浪汉常备军，因其致命的道德污染触及家庭生活。"[①] 另一半人的落后、贫穷和犯罪，不仅拉低了整个城市居民的生活水平，也加深了美国社会的分化与矛盾。

六 城市之耻

给世纪之交的美国城市带来耻辱的不仅仅是贫民窟和种族隔离等表面上的丑陋，更主要的是城市中乏善可陈的人文环境，以及明目张胆的腐败和犯罪。贫穷与腐败都是犯罪的温床，共同构成美国历史上的所谓"城市之耻"。《麦克卢尔》杂志的主笔林肯·斯蒂芬斯（Lincoln Joseph Steffens）在他的《城市之耻》（*The Shame of the Cities*）中揭露的主要是大都市人文环境的恶化。他的美国城市调查始于圣路易斯，接着是明尼阿波利斯，然后是匹兹堡、费城、芝加哥、纽约。斯蒂芬斯把他发表在《麦克卢尔》杂志上的调查文章结集出版时介绍说："以杂志文章的篇幅覆盖任何一座城市的市政全貌都是不可能的，所以我才选择一些可以在某个或某些方面具有代表性的城市。这样圣路易斯代表了贿赂；明尼阿波利斯是警察受贿；匹兹堡是一架政治与工业机器；费城是一般性市政腐败；芝加哥诠释了改革；而纽约则是

---

① Laurie Collier Hillstrom, *Defining Moments: The Muckrakers and the Progressive Era*, Detroit, MI: Omnigraphics, 2010, p. 38.

一个好城市。"① 1903 年 1 月，斯蒂芬斯将笔触伸向密西西比河上游最大的都市明尼阿波利斯。这个主要由新英格兰人和斯堪的纳维亚半岛上的瑞典人和挪威人共同建立的城市，在 19 世纪末已经成为中西部的商业中心，人口达到 20 万人。镀金时代的明尼阿波利斯也成了冒险家的乐园，当淳朴的新移民走向田野，留在城里的多是"三教九流"之辈。而管理这个城市的多半是一些憎恨和抵触法律的人："他们是游手好闲的人，酒馆老板，赌徒，罪犯和全国最不节约的穷光蛋。"② 被他们选出来领导这个城市的是医生艾尔伯特·阿朗索·埃姆斯（Albert Alonzo Ames）。从埃姆斯的个人背景和从政经历可以看出制度与文化环境对人的致命影响。

埃姆斯出生在伊利诺伊州的一个清教徒家庭，但从小在自由、宽容的环境下长大，坚持言行自由，因此在他身上没有一点清教徒的影子。内战中他曾经参加明尼苏达志愿步兵营，退役后随其父亲在明尼苏达从医。曾经到加利福尼亚主编过一本杂志，但在他父亲 1874 年去世后就回到明尼苏达继承其父在那里的医疗事业。"埃姆斯医生高大、正直、令人愉快并很有魅力。他们给他投票就是冲着他的微笑。"③ 埃姆斯的人缘不仅来自他的个人魅力，更重要的是他急公好义、慷慨大度的名声。他同情穷人，经常免费为他们诊治，他的"好人"（good fellow）名声应该是从这些善行中获得的。但埃姆斯还有另一面：

> 埃姆斯不仅仅是弱者和穷人的阳光，他还是邪恶和堕落者的

---

① Lincoln Steffens, *The Shame of the Cities*, New York: McClure, Philips & Co., 1904, p. 16.

② Lincoln Steffens, "The Shame of Minneapolis", *McClure's Magazine*, Vol. 20, No. 3, January 1903；参见［美］林肯·斯蒂芬斯《美国黑幕揭发报道经典作品集》，展江、万胜主译，海南出版社 2000 年版，第 8 页。

③ Lincoln Steffens, "The Shame of Minneapolis"；参见［美］林肯·斯蒂芬斯《美国黑幕揭发报道经典作品集》，展江、万胜主译，海南出版社 2000 年版，第 8 页。

避风港。如果一个人酗酒成性,这位好医生会再敬他一杯;如果有人偷了什么东西,医生会帮助他逃脱惩罚。他天性爱慕虚荣;广受欢迎更助长了他对赞许的热爱。①

无论是作为好人还是好医生,埃姆斯在明尼阿波利斯都广受欢迎。他在1875—1876年就被选进市政务会(City Council);1878年被任命为市卫生官员。他在1876年、1882年和1886年三度当选明尼阿波利斯市长。虽然也有官场上的失意或者政治角逐中的失利,但仍不失为明尼阿波利斯历史上卓有影响的人物。斯蒂芬斯对埃姆斯的观察可谓入木三分。这位三度担任市长的医生只是一位蹩脚的政治家,既没有发展自己的势力,也没有安插自己的帮手。忽而民主党忽而共和党,拥有的少数支持派也飘忽不定,离开市长的位置,他的政治生命也就枯竭了。但斯蒂芬斯关心的是他是如何治理明尼阿波利斯这个城市,这位好人市长治理下的明尼阿波利斯又是什么样的。斯蒂芬斯这样写道:

> 现在,明尼阿波利斯迎回了他们的老市长,他曾经是革新过的。在这之前埃姆斯并不是一个唯利是图的人。他是一个"挥霍者",而不是一个"贪污者",他犯的腐败罪主要是通过代理人完成的;他获得了荣誉,却把胜利成果交给他的追随者去分享。他的治理并不比最坏的更坏。但现在,他开启了腐败生涯,其深思熟虑、发明创造和贪得无厌的程度可谓天下无双。好像他已经下定决心,从前的漫不经心已经足够长久了,最后几年要捞一把。
>
> 刚刚当选市长,他就开始布局,制定计划要把这个城市交

---

① Lincoln Steffens,"The Shame of Minneapolis";参见[美]林肯·斯蒂芬斯《美国黑幕揭发报道经典作品集》,展江、万胜主译,海南出版社2000年版,第9页。

给一些不法分子，这些人在警察的指挥下为他的统治利益服务。他选了他在菲律宾战场上因胆小如鼠而声名扫地的弟弟做警察头子，并给他找了一个当过赌徒的助手诺曼·金（Norman W. King）担任侦探头目。金的计划是邀请明尼阿波利斯的窃贼、骗子、扒手、赌徒，并释放一些还在地方监狱里的在押犯。将他们按照职业分成不同的小组，将探警分派到各小组帮助和指导他们。一个赌场辛迪加的头领负责赌博业、订立协议和收取"贿赂"；金和希尔队长负责向窃贼收钱；一个叫埃尔文·加德纳（Irvine A. Gardner）的家伙，原来是诊所里的医学生，现在编为特种警察，专门负责从城里的妓女那里收取罚金。然后他们对警察队伍进行整编，从225名警察中选择一批能够信任、听话的，收他们一笔留职费继续服役，其他107名好警察都被开除出警察队伍。一个叫约翰·费希特（John Fitchette）的家伙，原来曾开了一家臭名昭著的咖啡店而经常被称为"咖啡约翰"，现在摇身一变成了警队队长，上任后除了出卖警队的官职外就没有别的任务。可以想象，明尼阿波利斯在他们的管理下的治安情况，一切非法的勾当只要按潜规则交上贿赂就可以明目张胆地招摇过市。

  对警察来说，收取明妓暗娼的钱是最容易的。妓院在明尼阿波利斯是得到默认的，妇女们每月要到市政厅去交100美元"罚款"。然而，为了得到第一手"贿赂"，加德纳说服这些妇女，以开糖果、香烟店等形式，前台将糖果卖给孩子，后台经营的是见不得人的勾当。唯一的要求是，他们要给市长交一笔钱。这些为生活所迫出卖肉体的妇女不仅要缴纳各种费用，还要把自己的珠宝首饰拿出来贿赂警察。终于，市长动了恻隐之心，摆出他过去同情被压迫阶层的老面孔，声明说每月100美元的罚款对这些妇女来说太多了，要改为两月付一次，因为交给市政厅的钱不在市长关心范围之内。他还派出两名医生经常到妓院检查卫生，每次要收取5—20美元，检查只是纯粹的形式，收钱才是目的。[1]

明尼阿波利斯在埃姆斯的管理下治安状况与社会风气自然是江河日下。1902年4月，在哈维·C. 克拉克（Hovey C. Clarke）领导下的大陪审团开始调查市政府及其官员。克拉克先从外围下手，这年6月对市长的弟弟弗雷德·埃姆斯、加德纳等埃姆斯集体的核心成员提起公诉。埃姆斯开始还想逃避并守住权力，后来看到防线已经崩溃，在外地宣布他从1902年9月6日起辞去市长职务，并为逃避调查东躲西藏。1903年2月16日的《纽约论坛报》（New York Daily Tribune）报道，"前市长被逮：明尼阿波利斯的埃姆斯医生在一位牧师家中被发现"："已经精神崩溃身体衰竭的埃姆斯医生，明尼阿波利斯的前任市长，因被指控受贿而受到追捕。今天在一位当地牧师家中被发现，并被曼彻斯特警察局长多安逮捕"[2]。不过，该报道也顺便提醒，预计审讯埃姆斯的工作不会顺利，因为"他仍有很多朋友和充足的财源，要想在明尼阿波利斯将他送上审判席将会经历激烈争议"[3]。结果，埃姆斯还是受到了审判，罪名是接受一位妓女600美元贿赂。他因而被判有罪，要在明尼苏达州监狱中服刑6年。后经上诉后，刑期被取消了，但他从此一蹶不振，郁郁而终。

小　结

明尼阿波利斯之耻与埃姆斯的悲剧看上去都是19世纪快速工业化与城市化产生的副作用。一个快速转型的社会，在新的价值观没有占据主导地位之前，旧的价值体系已经摇摇欲坠，生活在其中的人们

---

[1] Lincoln Steffens, "The Shame of Minneapolis"；参见［美］林肯·斯蒂芬斯《美国黑幕揭发报道经典作品集》，展江、万胜主译，海南出版社2000年版，第11—12页。

[2] New-York Tribune, February 16, 1903, p. 2.

[3] Ibid. .

会感到无所适从；全新的城市环境让守法者谨小慎微，也让冒险家们如鱼得水，不知底线。因此，人们往往能在一个社会的转型时期看到最不可思议的乱象，如埃姆斯在明尼阿波利斯所为。纠正这样的乱象既需要法治，也需要以记者、作家为主体的广大知识分子揭露黑暗，彰显正义，为推动社会改革摇旗呐喊。

第八章　谁来主持公正

美国在19世纪发生的由农业国向工业国的社会转型，一方面，其本身引发了一系列结构性矛盾，包括工农业发展的不平衡导致农民的不满、贫富分化导致的阶级矛盾，以及移民人数增加导致的新旧移民之间的矛盾等；另一方面，由于城市化进程的加速，大量人口聚居在城市，城市在展示现代文明的种种成绩的同时，也成为所有现代矛盾与冲突的聚焦点，成为社会不公最集中、最突出的地方。农民的造反，工人的抗争，新老移民之间的纠葛，各种利益诉求最终都将在社会公正的层面得到满足。如何平衡各种诉求，首先涉及谁来主持公正的问题。对于一个现代社会，以维护公正为宗旨的法院至少在理论上是社会公正的最终主持者。但在一件事以诉讼案的形式被提交到法院之前，可能已经在社会上酝酿已久。在这个过程中，社会中的某个阶层、某一群体和某些事件都可能成为推波助澜的主力。回到19世纪晚期，看看当农民、工人为自身的困境而呐喊、抗议时，当新移民受到无端攻击时，当广大妇女的正当权利被忽视时，当黑人的基本人权被剥夺践踏时，当普通市民作为消费者权益受到损害时，这些社会不公首先触动了谁的神经、激发了谁的良知，又是以何种方式得以改进的？

一　知识分子与媒体人的使命

知识分子经常扮演社会良心的角色，在现代社会尤其如此。对于

19 世纪后期也就是所谓"镀金时代"中出现的诸多社会问题，敏感的知识分子是最早被触动的阶层之一。19 世纪后期美国高等教育中社会科学领域的发展为国家现代化进程和社会改革准备了较好的知识条件。换言之，美国知识分子"在教育、法律、经济和社会等领域的新理论为改革者提供了有效工具。社会科学的一些新领域，包括社会学、精神分析学、人类学与经济学——强调的是对人们在其社区中实际生活与行为的实证观察"，而改革者们可以利用这些研究制定出科学的改革方案："这样做时，他们第一次求助于学术界，要求后者提供实际帮助，来面对史无前例的工业化和城市化挑战。"[1] 19 世纪后期蒸蒸日上的美国高等教育为进步运动改革提供了可观的知识储备。社会学家莱斯特·弗兰克·瓦尔德（Lester Frank Ward）的《动态社会学》（*Dynamic Sociology*，1883）一书对当时被奉为权威的社会达尔文主义进行了理论批判。哲学家约翰·杜威（John Dewey）在其著作《学校与社会》（*The School and Society*，1899）中号召培养学生的"创造性思维"。劳工经济学家约翰·康芒斯不仅在威斯康星大学开拓了工业关系（industrial relations）这一新领域，而且组织建立了州工业委员会协调劳资关系，并被其他州效仿。社会学家爱德华·罗斯（Edward A. Ross）的《社会控制》（*Social Control*，1901）一书为进步运动中的社会改革提供了直接的理论指导，其"社会控制"概念被广泛使用。罗斯论证说，社会需要公民中的"伦理精英"（ethical elite），包括牧师、教育家、专业人士等，"他们心系大众福祉，并知道何种举措可以推动这一福祉"[2]。

（一）报纸的力量

知识分子在现代社会中的特殊地位不仅在于他们敏感的神经能够及

---

[1] John Mack Faragher, et al., *Out of Many: A History of the American People*, Volume Two, Upper Saddle River, N. J.: Prentice Hall, 2000, p. 619.

[2] Ibid., p. 620.

时地感触社会的脉搏，还在于他们能够通过自己的表达影响公共舆论，进而影响整个社会的发展变化。在西方社会，从15世纪中期古登堡印刷术发明以来，有权有势的人就已经认识到，用铅字印出来的话语对于公共舆论有着特殊的影响力。从报刊在北美出现开始就建立了自己的传统，那就是"提醒读者政府和社会中存在的问题"[①]。19世纪晚期的美国知识分子还没有忘记，"殖民地时代的报刊在美国革命的酝酿阶段对于左右公共舆论曾经发挥过重要作用。约翰·亚当斯、塞缪尔·亚当斯、约翰·汉考克等人通过发表政治攻击性文章鼓励殖民地人民反抗英国的统治"[②]。美国的建国之父们不仅通过媒体鼓动了这场革命，而且利用媒体将殖民地人民凝聚在一起，最终赢得了独立战争的胜利。

建国之后的第一次工业革命在改变了美国社会的同时也大大推动了媒体的发展。滚筒印刷机的发明让报纸印刷更为快捷，每小时1500页的速度与过去一晚上只能印几百页相比不啻于另一场印刷革命，因而促成了19世纪30年代到50年代美国报纸业的第一次繁荣，先后出现了《纽约太阳报》（*The New York Sun*，1833）、《纽约先驱报》（*The New York Herald*，1835）、《纽约论坛报》（*The New York Tribune*，1841）和《纽约时报》（*New York Times*，1851）等一些对后来美国历史影响深远的报纸。

如果说第一次工业革命带来了现代报纸在美国的立足，那么内战后的第二次工业革命带来的社会动荡则扶起了几位报业巨子，其中最有代表性的两位是普利策与赫斯特。

约瑟夫·普利策（Joseph Pulitzer，1847—1911）出生于匈牙利，1864年17岁时移民美国，并旋即参加了联邦军队对南方的战争。战后普利策曾参与圣路易斯共和党的活动，后因不满当地共和党的腐败

[①] Laurie Collier Hillstrom, *Defining Moments: The Muckrakers and the Progressive Era*, Detroit, MI: Omnigraphics, 2010, pp. 21 – 22.
[②] Ibid., p. 24.

而转入民主党。1879年他买下《圣路易斯邮报》和《圣路易斯报道》两份报纸，将其合并为《圣路易斯邮报报道》（*St. Louis Post Dispatch*）。1883年，他又以346000美元的价格买下年亏损数万美元的《纽约世界报》（*New York World*）。与普利策形成激烈竞争的是威廉·兰道夫·赫斯特（William Randolph Hearst，1863—1951）。赫斯特进入报业是从1887年接手其父亲的《旧金山考察者》（*The San Francisco Examiner*）开始的。后来他迁居纽约并在1895年买下了《纽约杂志》（*The New York Journal*），与普利策展开激烈竞争。赫斯特的扩张策略是通过雄厚的经济实力建立一个连锁报纸帝国，在其顶峰时控制了美国各大中城市近30家报纸。

从历史的眼光看，无论普利策还是赫斯特在进步运动时代都在关注社会改革。普利策在1883年买下《纽约世界报》时曾承诺，他的报纸将"揭露所有的骗子和假货，打击所有的公害和罪恶，热诚真挚地为人民而战"[1]。1884年普利策当选纽约州的众议员，后因为报业压力主动辞去这一职务，但一直致力于丑恶的揭露和社会的改革。他的世界报图文并茂，目的是适应工人阶级的品位。"改革先锋与娱乐新闻是世界报的两大主题。"

与普利策相似，赫斯特也很关注工人阶级。他在政治上被认为是"进步运动的左翼"，经常"为工人阶级说话"。赫斯特曾当选纽约州众议院议员，并参与竞选纽约市长和州长的位置。除了在纽约，他还积极支持其他地方的民主党进步派。他创办的波士顿《美国人》（*American*），"给新英格兰进步派民主党人提供了一个勇敢、进取和正直的喉舌。这份报纸几乎从开始就是一个象征性的成功，现在是新英格兰发行量最大的日报"[2]。得益于赫斯特的投入和支持，波士顿的

---

[1] Laurie Collier Hillstrom, *Defining Moments: The Muckrakers and the Progressive Era*, Detroit, MI: Omnigraphics, 2010, p. 26.
[2] George Fred Williams and Winston Churchill, "In the Mirror of the Present", *The Arena*, Vol. 36, No. 203, October 1906, p. 408.

民主党进步派又走上前台,并在一些重要公职的竞选中颇有斩获。

(二) 期刊的深度

80年代崛起的媒体不仅仅是报纸,期刊在这个时期也呈现高涨之势。导致期刊也繁荣的因素与报纸类似,主要有以下几个方面:其一是科技进步,尤其是得益于滚筒印刷技术的发明;其二是中、高等教育的扩张带来的阅读群体的增加;其三是城市化等社会变动,不断刺激着广大读者对新闻和娱乐的渴求与兴趣;其四是这个时期科学主义、平民主义和进步主义等社会思潮异常活跃,也促进了社会各阶层对知识的消费。一些期刊在这个时期渐渐有了自己的声誉,奠定了名刊的基础,如19世纪80年代初出现的新刊《星期六晚邮》(Saturday Evening Post)、《哈珀周刊》(Happer's Weekly)和《大西洋月刊》(Atlantic Monthly)等。

首先自觉地利用期刊作为思想表达和政治鼓动工具的是一批有志于社会进步的改革者。他们多带有平民主义倾向,对于镀金时代工商业巨头操纵一切的政治局面极为不满,对于社会转型中出现的世风日下、人心不古十分担忧,并将这些忧患意识诉诸文字和漫画,形成以一本或几本杂志为核心的社会改革群体。很多严肃的半学术半大众化的杂志既是某些改革派的喉舌,对于传播改革派的观点想法,鼓动和推进政府、民众的改革意识起了重要作用,也是严肃的学术讨论的园地,将启蒙时代和建国之初的政治理念和社会规划与工业时代的政治和社会实践结合起来,具有特殊的时代意义。

1889年12月在波士顿出现了一份政治色彩浓厚的评论性杂志,叫作《竞技场》(The Arena),出版人是后来被列为"扒粪"记者的本杰明·奥兰治·富拉沃(Benjamin Orange Flower,1858—1918)。富拉沃早期接受的是基督教教育,曾梦想成为一名新教牧师,后来却服膺于唯一神论而放弃了他的宗教职业。投身出版事业之初,他先是创办了一份叫作《美国旁观者》(American Spectator)的文学刊物,取得一定成功后,将其合并到新创办的政治评论杂志《竞技场》。

富拉沃是一位公共道德和社会改革的倡导者。除了在《竞技场》上刊发改进社会公德的作品外,他还在1893年组织了"正义联盟",动员具有进步思想的个人参与对人文环境的改善,后来又以此为基础,组织了一个叫作"实践进步联盟"的新组织,力图在全国范围内,围绕《竞技场》杂志推动社会改革。作为一个社会改革论坛,《竞技场》发文的内容涵盖从平民主义、无政府主义到社会主义等具有不同政治倾向的改革设想,但从其本人的言论看,富拉沃一直是一位渐进式改革派,而不是革命派。《竞技场》刊发的文章,关注和揭露的多是工业化带来的社会问题,包括经济垄断、贫民窟、血汗工厂、童工和贫困等,支持亨利·乔治(Henry George)的单一税制、计划生育、自由白银、工会组织和农业改革计划,倡导修建幼儿园、图书馆等公共设施,改善市民的住房条件。《竞技场》的作者队伍包括了厄普顿·辛克莱(Upton Sinclair)、史蒂芬·克兰(Stephen Crane)和哈姆林·加兰德(Hamlin Garland)等具有相似改革思想的人。后来该杂志还主动雇用一批调查和揭露社会问题的记者,因而其本身也被称为"扒粪者"(muckraker)。

我们以该刊1892年的目录为例看一下其所覆盖的文字内容。除了如瓦尔特·惠特曼(Walt Whitman)等写作的少数文学类文字外,这一年刊载的73篇文章绝大多数讨论的是严肃的政治、经济、社会、宗教、伦理和科学等方面的话题,处于醒目位置的是哈姆林·加兰德的《办公室的腐败:现代西部的故事》("A Spoil of Office: A Story of the Modern West"),讲述的是美国西部农民生活的各个方面,分五次连载,足见编者之重视。

《竞技场》从1889年创刊,到1909年出版最后一期,前后只存在了20年,却较为完整地记录了进步时代美国中产阶级知识分子寻求和推动社会改革的历史。出版于1906年7月到12月的《竞技场》第6卷刊发了一篇编辑速写,题为《G. R. 斯宾塞:一位当仁不让的进步民主党漫画家》。文章开宗明义地介绍了斯宾塞的身份和在进步期刊中的作用：

> 在辽阔的中西部，没有哪位漫画家能够像身兼奥马哈的《世界论坛》(*World-Herald*) 和布莱恩先生的《普通人》(*Commoner*) 两处工作的 G. R. 斯宾塞那样面对时代的要求和进步民主的原则所需当仁不让（aggressive honesty）。他的漫画被广为复制，不是因为它们艺术上有多高的价值，而是因为漫画背后的思想，因为所强调的真相，或者因为这些寄回家的教育能够给看到它们的人留下生动的印象。①

这位名不见经传也没被收录到"扒粪"运动英雄谱中的小画家，的确为进步运动贡献了不少优秀作品。就像当时的很多改革派或同情改革的进步派一样，斯宾塞生于密苏里，在内布拉斯加的一个小镇长大。高中毕业后受过简单的绘画训练，就开始为报刊作画。当布莱恩被提名为总统候选人之后，他注册为员工，"要为这位伟大的内布拉斯加人的成功而战，同时也像那些没有被托拉斯、垄断和既得利益集团所控制或收买的大部分更具清醒目光和头脑的美国人一样，看到真正的问题还不是急需的金钱问题，而是如何保持《独立宣言》的原则、杰斐逊和林肯的理想以及真正民主的基本要求，或者政府是否应该交给通过腐败老板和金钱控制的机器操纵一切的既得利益集团"②。

就像很多时代悲天悯人的文人所表现的那样，"斯宾塞深信不疑的是旧的理想——自由、博爱、公平、诚信，这些理想是富兰克林、华盛顿、杰斐逊和林肯时代的标志。他致力于自由制度和所有人的利

---

① An Editorial Sketch, "G. R. Spencer: A Cartoonist of Progressive Democracy and Aggressive Honesty", *The Arena*, Vol. 36, No. 203, October 1906, p. 351.

② Ibid., pp. 351–352.

益,他自己充满朝气,一个志存高远、行为方正的年轻人,代表着国家的未来"①。

漫画以直观、形象的方式表达了镀金时代人们关注的问题和心存的不满。在《竞技场》上刊登的瑞恩·沃尔克(Ryan Walker)的一幅名为"世纪精神"的漫画,描绘了一位"贪腐"巨人,手持"唯利是图"(The "Get-the-Money" Idea)的大棒,将小人物所代表的"公共良心"(Conscience of the Public)打压得抬不起头来了。②

(三)流行杂志与黑幕揭发

然而,这个时期最负盛名的并不是学术性很强的政治和文学杂志,而是适合大众品位和城市风格的流行杂志(magazine),它们往往能够把思想和娱乐巧妙地糅合在一起,以物美价廉和喜闻乐见的形式直接面对更广泛的读者,因而得以畅销全国。研究黑幕揭发运动的美国学者劳瑞·科利尔·希尔斯特罗姆针对这个时期杂志广受欢迎的局面分析说:"杂志能够对国家的社会和政治生活提供一种深度观察,这是报纸无法相比的。……通过10美分一本的低价销售,新一代期刊不仅扩大了美国阅读群体的规模,也扩大了自身影响。"③ 也有学者评论说:"当《芒西》(Munsey)、《麦克卢尔》(McClure)和《时尚》(Cosmopolitan)以《世纪》(Century)、《哈珀》(Harper)和《斯克里布纳》(Scribner)一半的价格出售时,就是发出致命一击——这个国家是低价、多图、广告搭载的流行月刊的帝国,其内容关注的是年轻人的乐观、自我进取和成功。"④

进步时代著名的"黑幕揭发者"或称"扒粪者"就是在这样的

---

① An Editorial Sketch, "G. R. Spencer: A Cartoonist of Progressive Democracy and Aggressive Honesty", *The Arena*, Vol. 36, No. 203, October 1906, p. 352.
② Ibid., p. 402.
③ Laurie Collier Hillstrom, *Defining Moments: The Muckrakers and the Progressive Era*, Detroit, MI: Omnigraphics, 2010, p. 27.
④ Ibid., p. 28.

氛围和语境下诞生的。热衷于黑幕揭发的一批杂志的崛起与西奥多·罗斯福上台及其进步主义改革方针的提出可谓不约而同，换言之，公共舆论的变化与罗斯福的改革政策形成了相互呼应的局面。

所谓"扒粪者"主要指进步时代一批具有改革思想的新闻记者、编辑和作家们，是现代调查记者（investigative journalist）的前辈。他们关注的是社会弊端，尤其是权钱交易、政治腐败。以黑幕揭发为主要内容的杂志以《麦克卢尔杂志》最负盛名，该刊1903年1月号的出刊被认为是黑幕揭发运动的正式起点，此后数家杂志参与了这场运动，对当时美国社会的经济垄断和政治腐败有大量揭露，也因此引起政府和社会关注。一批以黑幕揭发为志业的流行杂志的崛起具有很深的时代背景，诚如希尔斯特罗姆的总结：

> 首先，在电视和互联网还未发明的时代，他们的杂志是能够在全国传播并抵达广泛观众的唯一消息来源。其次，他们的读者群，包括很多受过教育的中产阶级读者，具有很强的求知欲和公民责任意识。有历史学者评论说："在他们发起攻击之前，不满和失落的声音也会有，但为10美分工作的专业新闻记者们穿过全国的迷惘，给美国人提供了一个全面报道，让他们知道在他们不知情未同意的情况下发生了什么跟他们有关的事"。最后，黑幕揭发者们得到一批优秀的主编和出版商的指导和支持，他们对于美国社会所面临的问题有同感。[①]

再开明的国家领导人也不喜欢一帮专门盯着社会阴暗面来吸引公众注意的记者，西奥多·罗斯福显然是怀着爱恨交加的复杂心情来看待这批以黑幕揭发为职业的新闻记者的，这或许是他称他们为"扒粪

---

① Laurie Collier Hillstrom, *Defining Moments: The Muckrakers and the Progressive Era*, Detroit, MI: Omnigraphics, 2010, pp. 28–29.

者"的心理原因。如果要追溯这个不登大雅之堂的词汇的高雅源头的话,美国学者们一般会想到班扬(John Bunyan)的《天路历程》(*The Pilgrim's Progress*: *From This World to That Which is to Come*)。他在书中有这样一段话诠释了"扒粪者"的执着:

> 这个人手拿粪耙,这个人心无旁骛,只盯着手中的粪耙;他因为扒粪而获得圣冠,但他无法抬头看一眼,而是继续清洁肮脏的地板。①

班扬在其著作中描述的"扒粪者"是缺乏远大目标拒绝上帝救赎而只盯着眼前工作的人,因此罗斯福把这个称号用在黑幕揭发者头上不免带有几分讽刺意味。然而,"扒粪运动"的崛起,意味着一种新的新闻形式,即调查性新闻走向前台。对于什么是调查性新闻,S.S.麦克卢尔与林肯·斯蒂芬斯有一段富于启发性的对话:

> 麦克卢尔对林肯·斯蒂芬斯说:"你或许是一个主编,但你不知道怎样编一本杂志。你必须学。"
> 斯蒂芬斯当时是《麦克卢尔杂志》的编辑主任,先前他担任《商业告知报》本市新闻主编。
> "怎么学呢?"斯蒂芬斯问道。
> "不是在这儿,你在办公室里不可能学会主编杂志",麦克卢尔回答说。
> "那我能到哪儿学?到哪儿我能学会成为一个主编?"
> "任何其他地方",麦克卢尔答道,"走出办公室,去旅行,到任何地方。到广告部去问问,他们那儿有交通部门的欠款,买

---

① Mark Feldstein, "A Muckraking Model: Investigative Reporting Cycles in American History", *The International Journal of Press/Politics*, Vol. 11, No. 2, April 2006, p. 1.

张火车票,登上火车,火车载你去的地方就是你学习编杂志的地方。"①

这样,林肯·斯蒂芬斯踏上了去芝加哥的火车,开启了他的以黑幕揭发为主调的调查新闻生涯。他从芝加哥赶往明尼苏达州的圣保罗,然后回到芝加哥再从那里赶往圣路易斯,这一圈旅行让他收获颇丰,看到了坐在办公室里无法想象的城市中的种种丑行。他以《城市之耻》为标题,组织了一组文章,刻画了发生在明尼阿波利斯、圣路易斯等中西部都市的腐败、堕落与混乱。

除了斯蒂芬斯外,围绕《麦克卢尔杂志》活跃着一批从事黑幕揭发的调查记者,其中包括通过调查洛克菲勒的发家史而写成《美孚石油公司史》的艾达·塔贝尔(Ida M. Tarbell)、报道过普尔曼大罢工并一直关注劳工疾苦的雷·司丹纳·贝克(Ray Stannard Baker)。1903年1月号的《麦克卢尔杂志》同时刊登了斯蒂芬斯的《明尼阿波利斯之耻》、塔贝尔的《美孚石油公司史》和贝克的《工作权利》,由此开启了"扒粪"时代,他们的文章也都被称为"扒粪"文章。1906年,贝克、斯蒂芬斯和塔贝尔因为不满被贴上"扒粪者"的标签,同时离开了《麦克卢尔杂志》,创办了《美国人杂志》(The American Magazine),逐渐淡出了黑幕揭发运动。

除了上述三位为《麦克卢尔杂志》工作的黑幕揭发者外,还有其他很多记者、作家和杂志活跃在黑幕揭发运动中。其中最值得一提的是《纽约论坛》(New York Tribune)的朱利叶斯·钱伯斯(Julius Chambers)。钱伯斯被认为是最早从事黑幕揭发的"扒粪者"。他的揭发活动始于1872年对布鲁明戴尔精神病院的调查和报道。他的文章在《纽约论坛》上发表以后,促成该精神病院释放了12名没有精神

---

① 参见[美]林肯·斯蒂芬斯《美国黑幕揭发报道经典作品集》,展江、万胜主译,海南出版社2000年版,第136—137页。

问题的病人，调整了其人员和管理制度，并最终促成了美国精神病法的修改。1876年钱伯斯基于他的调查报告出版了《疯人世界及其居民》(*A Mad World and Its Inhabitants*)，通过揭露弊端促进了精神病治疗管理的规范化。①

其他贡献卓著的"扒粪者"还包括：

海伦·亨特·杰克逊（Helen Hunt Jackson，1831—1885），代表作《一个世纪的耻辱》(*A Century of Dishonor*)，针对美国对待印第安人的政策进行了揭露和批判。

亨利·得莫利斯特·劳埃德（Henry Demarest Lloyd，1847—1903），代表作《财富对抗国家》(*Wealth Against Commonwealth*)，揭露了美孚石油公司内部的腐败。

艾达·B. 威尔斯（Ida B. Wells，1862—1931），出身黑人奴隶家庭，发表过一系列涉及"吉姆·克劳法"的文章，并以其《自由言论》(*Free Speech*)为阵地发起反私刑运动。

安布罗斯·比尔斯（Ambrose Bierce，1842—1913），从1883年到1896年发表一系列文章揭露铁路公司内部的政治腐败。

厄普顿·辛克莱（Upton Sinclair，1878—1968），代表作《屠场》(*The Jungle*)，揭露了肉食品工业的状况，引起全社会对食品卫生与安全的关注，推动了1906年《纯净食品和药品法》(*Pure Food and Drug Act*)的出台。

一般认为，以调查新闻为主要形式的黑幕揭发运动主要发生在1902—1912年，持续了大约十年的时间。历史学家对于这场运动的评价受时代氛围的影响前后有所变化，早期大多是肯定的，将黑幕揭发

---

① 另有学者将"扒粪"传统上溯到殖民地时代，认为最早的"扒粪者"是1690年本杰明·哈里斯（Benjamin Harris）创立的殖民地第一家报纸《公共事件》(*Publick Occurrences*)。该报第一期就刊文曝光了殖民地虐待法国战俘的"野蛮"人权问题，导致4天后报纸被英国政府关闭，第一期成了最后一期。参见Mark Feldstein, "A Muckraking Model: Investigative Reporting Cycles in American History", *The International Journal of Press/Politics*, Vol. 11, No. 2, April 2006, p. 3.

与进步时代的一系列改革联系在一起,促成了"清洁食品和药品法"、童工立法、联邦所得税、参议员直选和反托拉斯法等具有鲜明进步意义的立法。后期的历史学家,尤其是20世纪50年代以后的历史学家则在肯定黑幕揭发的进步意义的同时,也对"扒粪者"表现出的种族主义倾向不无微词,批评他们对少数民族遭受的更严重的社会不公没有给予足够的重视。[①]

然而,总的来看,黑幕揭发运动对于美国历史的贡献是不言而喻的。正如霍夫斯塔特所言,"进步运动在很大程度上依赖于其新闻工作。美国进步主义最基本的批判性成绩就是揭露与曝光,而新闻媒体则是其创造性写作的主要业务资源。就其特色来看,说进步观念就是新闻观念并非夸大之词,其特色性贡献来自肩负社会责任的记者改革家。扒粪者扮演了主要角色"。他还进一步指出,黑幕揭发在美国历史上并不新鲜,从19世纪70年代以来美国政治经济生活中的各种丑闻、阴谋频频揭露于报端,而"进步运动时期扒粪行动的新颖之处既不在其思想也不在其存在,而是在于它的波及面——它的全国范围和它吸引全国范围的注意力的能力,在于大众性扒粪媒体的出现及其在全国范围的传播,在于大量资料被用于付诸曝光的研究"[②]。通而观之,黑幕揭发新闻在这个特殊历史时期的作用主要表现在两个方面:其一是通过他们的政论性文章和批判性报道彰显了社会公正思想,并使社会公正观念在社会的不同层面、不同领域得到重新诠释;其二是作为媒体将社会黑暗面和弱势群体的声音表达出来,并传递给权力机构,包括共和党总统西奥多·罗斯福,推动了政府层面的各种改革。

---

① Mark Feldstein, "A Muckraking Model: Investigative Reporting Cycles in American History", *The International Journal of Press/Politics*, Vol. 11, No. 2, April 2006, pp. 5–6.

② Richard Hofstadter, *The Age of Reform: From Bryan to F. D. R.*, New York: Vintage Books, 1955, pp. 186–187.

二 政府改革举措

所有的社会抗议和媒体揭发如果不能在制度层面激起变革就将付诸东流，而制度层面的变革需要的是联邦、州和地方政府的积极反应。镀金时代社会各界的改革要求在内容和范围上不尽一致，"然而，无论是在地方、州还是全国层面，改革的话语和能量决定着这个时代绝大多数政治和文化辩论"。一般认为，"进步改革的言辞和方法来自两个不同的资源：其一是福音派新教教义，尤其是19世纪后期的社会福音运动"。社会福音派"强调基督徒对于清除世界上的贫困、不公和经济贪婪的能力和责任"。其二是"从自然和社会科学家那里寻找改善人类状况的理性措施，相信经过统计和工程训练的专家能够让政府和企业更有效率。因此，进步主义提供的是社会公正与社会控制的困难结合"[1]。一套完整的改革计划应该是各种利益形成的平行四边形合力作用的结果。

（一）西奥多·罗斯福和他的"公平施政"

无论是黑幕揭发新闻的兴起还是进步主义改革的启动，都与西奥多·罗斯福入主白宫有着某种巧合。他的传记作者曾不无夸张地写道："西奥多·罗斯福对于那个世界是如此重要，1898年以后有20年时间他在公众眼中都是决定性角色——很难设想没有他会是什么样子。"[2] 在1898年美西战争中声名鹊起的西奥多·罗斯福在战后当选为纽约州州长。1900年大选中共和党候选人威廉·麦金利（William McKinley）邀请他为自己的搭档，共和党取得大选胜利后他也顺利成

---

[1] John Mack Faragher, et al., *Out of Many: A History of the American People*, Volume Two, Upper Saddle River, N.J.: Prentice Hall, 2000, p.612.

[2] Carleton Putnam, *Theodore Roosevelt*, Volume One, New York: Charles Scribner's Sons, 1958, p.ix.

为美国副总统。然而翌年9月6日，麦金利出席在布法罗举行的泛美博览会时被一位无政府主义者刺伤，并在六天后去世，副总统西奥多·罗斯福因而在9月14日继任为美国总统，成为美国第26位总统。

在大多数历史学家眼中，19世纪后期的各种改革努力主要停留在州和地方政府的层面，只有当罗斯福入主白宫之后，进步主义改革才有了全国性气象。罗斯福将他的强势性格带进了白宫，恰恰适合进步主义改革事业。[1] 事实上，罗斯福继任总统之初，很多人都拿不准这位战场上的英雄要把美国带往何处。有的政治人物担心他过于激进；但一部分主张社会正义的进步派对他在普尔曼大罢工中的开枪建议记忆犹新。[2] 不过，人们的疑惑很快就被罗斯福鲜明的性格和坚定的姿态一扫而散。上任不久，罗斯福即向美国人证明他是自林肯以来最强势的美国总统，这一点首先从他的以"公平施政"（square deal）为口号的反垄断行动中得到证明。针对大垄断企业的横行和社会抗议的高涨，罗斯福不准备袖手旁观。他祭起《谢尔曼反托拉斯法》（Sherman Antitrust Act）来抑制大公司的垄断行为。该法通过于1890年，旨在"禁止某些被联邦政府认为是反竞争的公司行为"。

罗斯福谨慎地选择他感觉较有胜算的目标。1902年罗斯福起诉了掌控着北方铁路和北太平洋铁路的北方证券公司；1904年最高法院在"美国诉北方证券公司案"（U. S. v. Northern Securities Company）中解散这个公司的联合。接着他把目标指向广受诟病的肉制品公司，在1905年"斯威夫特诉美国"一案中，最高法院判决跨州的肉制品加工业隶属于联邦政府管辖范围，从而加强了联邦政府对影响人民

---

[1] George B. Tindall, et al., *The Essential America*, Volume Two, New York: W. W. Norton & Company, 2001, p. 399.

[2] Gary B. Nash, et al., *The American People: Creating a Nation and a Society*, Volume Two, New York: Harper Collins College Publishers, 1994, p. 730.

基本生活的肉制品加工企业的干预。为了坚持反托拉斯法的执行，加强政府对工商业活动的监督，国会在1903年通过了《埃尔金斯法》（Elkins Act），并据此成立商务与劳工部（Department of Commerce and Labor）。此外联邦政府还建立了企业局来调研州际公司的活动。凡此种种，都加强了联邦政府对经济生活的干预，抑制了大公司通过经济实力和垄断行为妨碍自由竞争、侵害消费者利益的行为。

罗斯福与调查新闻记者们开始能够保持一定的默契。他需要后者曝光一些不端行为，引起全国关注，然后通过公共舆论压力迫使国会通过重要的改革法案。上述对大公司行为的规范就是在双方积极配合下完成的。然而，随着新闻界"扒粪运动"的扩展，罗斯福的态度也发生转变，他对于某些调查记者只盯着消极、阴暗的现象越来越不满，因此称他们为"扒粪者"，语带讽刺，也因此得罪了一些从事黑幕揭发工作的记者。

（二）州政府中的改革派

与共和党执政的联邦政府相比，州政府中进步派代表人物罗伯特·拉福莱特（Robert La Follette）却能够跟黑幕揭发者们保持长久的呼应关系。这位在威斯康星州的一个小镇上长大的本地人1879年从威斯康星大学毕业后就开始在麦迪逊执律师业，曾站在威斯康星州的密尔沃基铁路一方对抗劳工运动。然而，1893年的经济萧条导致威斯康星州1/3以上的人失业，小农场和小企业也纷纷破产，而少数富裕阶层为富不仁，导致社会矛盾异常尖锐。不知是因为受到经济危机和失业大军的震撼还是能够精确把握转变的政治风向，拉福莱特一反过去站在铁路公司一边的立场，转而为工人、农民呼号，并顺利地在1901年当选为州长。在整个改革时代，拉福莱特先后任威斯康星州州长（1901—1906）、国会参议员（1906—1924），还曾作为进步党（the Progressive Party）候选人参加过1924年总统大选。在他担任威斯康星州州长期间就建议设立铁路委员会，发对托拉斯的垄断行为，向铁路公司征税，虽然他的很多主张遭到共和党内部阻挠而没有实现，他的改革计划逐渐引起全国媒体的注意，在他第二次当选威斯康星州州长之后，他已经成为一个全国性人物，成为进步运动改革的明星。他利用威斯康星大学教授们提供的准确数据，成功地推动进步立法，并提出口号："回到民主的最初原则；回到人民当中。"并使之成为"威斯康星理念"（Wisconsin idea）的标志性口号。[1] 拉福莱特不仅能够顺势应时地驾驭威斯康星州的改革，还能够利用媒体宣传自己的改革形象。林肯·斯蒂芬斯、雷·贝克都在一直关注威斯康星的改革，并将其宣传为全国"民主实验室"。[2]

进步时代各州的改革很多是由一位改革派州长领导的，除了威斯康星州的拉福莱特外，还有纽约州的查尔斯·伊万斯·休斯（Charles Evans Hughs），佐治亚的霍克·史密斯（Hoke Smith），加利福尼亚的海勒姆·约翰逊（Hiram Johnson），以及新泽西州的伍德罗·威尔逊（Woodrow Wilson）。州长们成了进步运动的改革家，为推动美国的社会正义做出了贡献，也成为美国转型时期政治生活中的一道亮丽风景。

包括威斯康星州在内的各州的进步主义改革在很多地方是平民主义运动的延续，其举措包括规范铁路运输和公共设施的使用等。在进步时代，各州和地方的努力主要集中在政治领域，大部分州都尝试通过立法来扩大公民的民主权利，尤其是在推动创制权、复议权和罢免权这些被认为是激进民主的立法方面颇有建树。一些较为激进的进步主义者认为，"美国历史上最为持久的挑战就是建立一个民有、民治、民享的政府"。在他们看来，"曾经激励革命一代的公民道德（civic

---

[1] Gary B. Nash, et al., *The American People: Creating a Nation and a Society*, Volume Two, New York: Harper Collins College Publishers, 1994, p. 729.

[2] Ibid..

virtue）以及对于公共福祉（public good）的投入在19世纪的大众民主（mass democracy）条件下被证明是脆弱不堪的"[1]。而要保证主权在民，最根本的就是要实现直接民主的三个要素，即选举权基础上的创制权、复议权和罢免权。[2]

历史学家们也注意到，"大部分'民主'立法在理论上的可行性大于实践上的可行性，但它们在很多州的通过的确体现了一种从政府中革除特权的真诚努力"[3]。各州的进步主义立法更侧重于秩序与效率，但很多州还是通过了一些维护公平正义的措施。例如，马里兰州就在1902年通过了第一部《工人补偿法》，对于雇员因为与工作相关的伤害而造成的旷工应支付工资。俄勒冈州用十小时工作立法限制过度使用女工，其他各州也纷纷效仿。

（三）平民共和主义

改革运动的核心在全国范围内一直保持在不多于几百人的积极分子身上。仅仅通过观察这几百人的努力来解释改革是否成功是不够的。他们特别关注的运动是与一些大的利益团体连接在一起的，这些团体包括劳工、农民、禁酒主义者、单一税主张者以及妇女选举权主义者，他们将直接民主作为扩大其舞台的政治策略。[4] 平民党人曾提出口号："人人权利平等，没有特殊利益"，既表达了美国农民朴素的公正观念，也体现了美国知识分子的政治传统。他们将观念、态度、语言策略和改革诉求凝聚到一起，标之以平民共和主义（populist republicanism）。"平民共和主义提供了一种政治经济学，一种政治领域

---

[1] Thomas Goebel, *A Government by the People*: *Direct Democracy in America*, *1890 – 1940*, Chapel Hill: The University of North Carolina Press, 2002, p. 1.

[2] Ibid., p. 3.

[3] Gary B. Nash, et al., *The American People*: *Creating a Nation and a Society*, Volume Two, New York: Harper Collins College Publishers, 1994, p. 729.

[4] Thomas Goebel, *A Government by the People*: *Direct Democracy in America*, *1890 – 1940*, Chapel Hill: The University of North Carolina Press, 2002, p. 6.

与经济领域之间的关系……居于平民共和主义的核心的是这样一种观点,即认为政治权力的滥用导致经济不平等。私人利益者(private interests)通过操控和侵蚀国家权力获得他们的财富和垄断地位。"①

可以看出,进步时代的改革大多是围绕如何抑制特权、保障公民的基本权利而展开的。诚如埃里克·方纳在其《美国自由的故事》中所讲的,"公民权始终是进步时代自由观的中心"②。甚至可以这样理解,当资本主义横扫世界、财阀巨富垄断一切,人民的基本权利在工业化浪潮中受到威胁和侵蚀的时候,代表社会公正的平民共和主义才是人们心目中的理想制度,公平、公正才是来自不同种族、阶级和职业的改革者们的最大公约数。共和主义在美国人心目中的地位应该不逊于民主和自由,因为它是民主、自由的制度保障。对共和主义的研究,因伯纳德·贝林和戈登·伍德的贡献,对美国革命背后的动机和力量有了新的理解,现在不再将美国革命看作仅仅是一个自治政府的自由实验,而被普遍认为是出自当时人们对美国社会腐败和道德堕落的广泛担忧,对英国奴役殖民地阴谋的抵抗愿望。整个19世纪,共和主义一直是思想、论点和习俗选择的源泉。③

小 结

综上所述,美国的建国之父们基于殖民地时期的社会实践和启蒙时代的思想渊源而设计的共和试验在19世纪的工业化和城市化浪潮中受到新的挑战。最初的试验目标主要是在社会中居于少数但处于领导地位的白人新教徒中有财产的成年男子,即使在美国革命中,建国

---

① Thomas Goebel, *A Government by the People: Direct Democracy in America, 1890 – 1940*, Chapel Hill: The University of North Carolina Press, 2002, p. 12.
② [美] 埃里克·方纳:《美国自由的故事》,王希译,商务印书馆2003年版,第222页。
③ Thomas Goebel, *A Government by the People: Direct Democracy in America, 1890 – 1940*, Chapel Hill: The University of North Carolina Press, 2002, p. 14.

之父们所承诺的自由、民主和共和制度也主要针对上述社会成分。然而，随着美国社会的演变，试验的范围也在不断扩大。19世纪的两次工业革命将旧大陆的各国移民纷纷吸引到美国，参与这个试验的成分变得复杂多样了，其效果也离原来的共和理念越来越远。尤其是19世纪后期突飞猛进的工业化和城市化，让不断拉大的贫富差距、社会不公越来越突出地暴露出来，并集中展现在新崛起的大中城市中。为争取自身的权利，减少和消除社会不公，美国的农民和工人们首先走在了社会抗议运动的前列。面对工人、农民掀起的此起彼伏的社会抗议浪潮，面对新移民和少数民族受到的压迫、剥削和排斥，敏感的知识分子首先觉察到"镀金时代"掩藏的罪恶、华丽城市遮蔽的丑陋与耻辱，纷纷参与黑幕揭发运动之中，而报纸、杂志等大众媒体的崛起恰好为他们提供了一个可以吸引各级政府和全国民众关注的理想平台。在各种社会群体的抗议声中，在媒体黑暗报道的刺激下，从联邦到地方的各级政府纷纷寻求改革出路，打击垄断企业，保护人民的基本权利，形成一场影响深远的进步改革运动，推动美国朝着公正社会迈出一大步。

第九章　转型社会中的妇女权利

在19世纪美国的多次社会改革中，都会看到女性靓丽的身影。女性对政治的参与，可以追溯到争取独立时期对英国殖民统治的抗争。为抗议英王的《印花税法》和《汤森德法》，殖民地妇女在1763年组织了"自由之女"，参与抵制英货运动。为了拒绝英国纺织品，实现服装上的自力更生，她们投身纺纱织布运动。1773年英国茶叶法案通过以后，她们放弃了自己偏爱的喝茶习惯，集体焚烧了进口茶叶。在对抗英国专制王权的斗争中，她们也逐渐意识到，她们不仅受到英国政府对殖民地的压迫和奴役，而且长期忍受来自她们自己丈夫的不公平对待。妇女史学家认为，"北美是女权运动的摇篮，殖民地的反英独立战争滋养了妇女权利运动"[①]。

美国第二位总统约翰·亚当斯的夫人阿比盖尔·亚当斯（Mrs. Abigail Adams）被认为是美国历史上第一位将家庭中男女平等提到政治讨论中的女性，她早在1776年3月就提醒她的丈夫，男性立法者们应该考虑到女性的权益和她们遭遇的不公平待遇。然而在面临妇女权益问题时，昔日志同道合的丈夫却换了一副嘴脸，自然而然地将妇女的不满看作对这个国家的新威胁，就像"政府放松控制后，小孩和学徒不再顺从、学校与大学骚乱增加、印第安人轻慢他们的监护人、

---

① Kaethe Schirmacher, *The Modern Woman's Rights Movement: A Historical Survey*, New York: The Macmillan Company, 1912, p. 2.

黑人对他们的主人日益无礼一样",这是约翰·亚当斯和秉承理性主义的其他很多建国之父们无法接受的。① 事实上,美国独立之初,秉持自由传统的个别州是允许妇女参加投票的。1776 年《新泽西宪法》(The New Jersey Constitution)将投票权向所有自由居民开放。但这样的情况并不普遍,并且在独立战争胜利后,较为开放的新泽西也从原来的立场上后撤。1807 年新泽西州议会通过一项法案,取消了妇女的选举权。在男性通过宪法第一条修正案而成功获得作为一个公民所应该享有的权利的时候,女性却只能眼睁睁地看着自己被排除在公民权利之外,她们不能参加民兵或军队,不能加入陪审团,甚至在婚后不能拥有本来属于自己的财产。②

之所以在独立革命以后会出现这样的倒退,一个重要原因是妇女权利观念在当时并未获得多数人的认可。根据美国学者苏珊娜·马里雷(Suzanne Marilley)的观察,启蒙思想家们并没有考虑到女性的政治权利。"19 世纪初期,非自由主义观念形塑着妇女们的政治立场和机会。那些介绍自由主义的社会契约论者们——霍布斯、洛克和卢梭都将妇女排除在完整公民身份之外。"启蒙思想家们或许能够认识到妇女具有某些自然权利,但普遍忽视她们应该具有的与男人平等的公民权利。"霍布斯和洛克都认为男女之间的政治关系是不平等的。"就连在启蒙思想家中偏于激进的卢梭也认为,"妇女缺少参与政治决策的自然能力"③。也就是说,17 世纪以来改变人类历史进程的启蒙思想和启蒙运动并没有波及另一半人类,所谓自由、平等、博爱的言说对象都是男人。观念上的缺陷导致实践上的倒退,革命热情冷却以后,女性的政治角色很快归于沉寂。

---

① Jan E. Lewis, "A Revolution for Whom? Women in the Era of the American Revolution", in Nancy Hewitt, ed., *A Companion to American Women's History*, Malden, M. A.: Blackwell Publishing Ltd., 2002, p. 89.

② Ibid., p. 90.

③ Suzanne M. Marilly, *Woman's Suffrage and the Origins of Liberal Feminism in the United States, 1820–1920*, Cambridge, M. A.: Harvard University Press, 1996, p. 3.

革命后美国妇女地位回落的另一个重要原因是她们对妇女作为一个群体尚缺乏清晰的认识和认同，或者说美国妇女的群体政治意识淡漠，这可能与她们在革命中独立行动的群体经验偏少有一定关系。在历次轰轰烈烈的革命和改革运动中，女性所扮演的往往是追随者或旁观者的角色。妇女的力量只有在她们独立的集体行动中展示出来，而这样的集体行动在美国早期历史上并不多见。有研究显示，在法国大革命中，可以看到很多妇女的集体抗议活动；而在美国革命中，妇女虽然也经常被组织起来，但其集体抗议活动的频率要远逊于法国妇女。这是美国与法国革命中女性经验的最大区别。[①]

曾经积极参与争取自由的独立战争的美国妇女，在建国之后却未能获得与男人平等的公民权利，这样的政治地位决定了她们与生俱来的反抗社会不公的本能。这样，建国之父们刻意回避的妇女权利问题的解决办法落在了被称为"共和母亲"（republic motherhood）的中产阶级妇女身上。在19世纪美国经历的几次重大社会转型中，很多知识女性扮演了改革家的角色，从内战前后的废奴运动，到90年代的平民党运动；从争取婚姻自由，到主张公民权利，她们在反抗不公，争取自身权利的同时，也为美国社会进步做出了巨大贡献，成为美国历史上的女英雄。前美国妇女俱乐部公会主席（President of General Federation of Women's Clubs）艾琳·M. 亨罗廷（Ellen M. Henrotin）在其为艾尔玛·C. 亚当斯（Elmer C. Adams）和沃伦·邓纳姆·福斯特（Warren Dunham Foster）合著的《现代进步中的巾帼英雄》（Heroines of Modern Progress）一书写的序言中指出："无论在何种事业，于何方土地，走出旧俗的先锋女性必须做出并严守自己的决定：她一定要独立地生活。……对于那些信条、哲学都可以置之不理，除非能为她所

[①] Glenna Mathews, *The Rise of Public Woman: Woman's Power and Woman's Place in the United States, 1630–1970*, New York, Oxford: Oxford University Press, 1992, p. 99.

用，尽管她已经尝试过所有这些男人的发明。"① 她进一步指出："我们美国人应该感恩两类先锋女性：一类是那些历经艰难险阻，与男人们并肩走入莽原森林的妇女，她们劳作于清扫和搭建，忙碌于组织学校和教会；另一类是那些真正的先锋，无所畏惧而又温柔细腻，她们的精神照亮了女性在新的思想世界以及慈善、文学与职业等方面无私奉献的新路径。"②

一 建国初期女权主义的先驱们

脱胎于英属殖民地的美国社会，独立以后并未爆发大规模的社会变革。从革命前沿回归家庭的美国妇女可能感受不到革命前后的地位有什么变化，除了个别政治敏感的女性如阿比盖尔·亚当斯，多数妇女对革命成果被男性篡夺并没有太多的抱怨，她们已经习惯了从殖民地时代就已经根深蒂固的男权社会，即所谓"不识庐山真面目，只缘身在此山中"。只是一个外来者的闯入搅动了美国妇女安于现状的平静心态。

弗朗西斯·赖特（Frances Wright，1795—1852），又称范妮·赖特（Fanny Wright）出生在苏格兰，其父詹姆斯·赖特（James Wright）是一位富有的亚麻制造商，也是一位具有激进思想的政治活动家，不仅认识亚当·斯密，还与美、法革命中的显赫人物拉法耶特侯爵过从甚密。赖特三岁时父母双亡，是住在英格兰的姨母将她抚养长大。在优裕的家境和自由的教养中长大的赖特从小就具有不凡的才华和见识，18岁就出版了她的第一本书。1818年，23岁的赖特带着她的妹妹来到美国，在纽约定居两年，以一个外来人的眼光深度观察

---

① Elmer C. Adams and Warren Dunham Foster, *Heroines of Modern Progress*, New York: Sturgis & Walton Company, 1913, p. i.
② Ibid., p. v.

了当时的美国社会。1819年，她的剧本《阿尔托夫》在纽约上演，开幕式上作者的名字却不能公开，让她初尝了女性在这个保守社会的感受。回到英国以后她又以匿名方式发表了《美国社会与风俗面面观》（Views of Society and Manners in America，1821），好在后来作者的名字传出去了，赖特也因此而声名鹊起，并因此结识了边沁（Jeremy-Bentham）和拉法耶特等欧洲社会名流。① 1824年她再次来到美国，在参观了罗伯特·欧文的乌托邦"新和谐"公社之后，也在田纳西的孟菲斯建立了专门接纳黑人奴隶的纳绍坝公社（Nashaoba Commune），可惜经营了没几年就破产了。②

在《美国社会与风俗面面观》一书中，赖特以一个外来者的眼光，以欣赏和赞誉的激情充分肯定了美国社会蓬勃向上的一面，其中包括她后来定居美国之后所致力改善的美国妇女的状况。她在1820年3月写给英国朋友的一封信中，赞扬了美国，尤其是新英格兰各州在女性教育方面自由宽松的政策："东部各州的女士们经常可以掌握最过硬的本领，包括现代甚至是死掉的语言，以及广泛的阅读，其结果是，她们在举止上有着比本地区我们这些快乐的年轻朋友更沉稳大方的特征。如我在前几封信中所述，所有地方的公共关注都转向了女性教育。在很多州中，在立法机构的监督下，女子学院纷纷成立，你朋友拉什博士认为必要的知识的一些重要分支都得以讲授。"③

赖特的作品和她的社会改革思想为她赢得了很高的声誉，她的巡回演讲总能吸引社会各阶层的人们蜂拥而至。即便是其废奴主张引来

---

① 赖特的《美国社会与风俗面面观》第一版出版于1821年，署名为"An Englishwoman"。匿名出版的原因，王晓德认为是"担心因赞美美国生活方式而受到本国精英们的攻击"，应该不无道理。除此之外，赖特在书中所提的社会改革方案在当时应该也面临着不小的社会压力。参见王晓德《文化的他者：欧洲反美主义的历史考察》，中国社会科学出版社2017年版，第120页。

② Glenna Mathews, The Rise of Public Woman: Woman's Power and Woman's Place in the United States, 1630–1970, New York, Oxford: Oxford University Press, 1992, p.109.

③ An Englishwoman, Views of Society and Manners in America, New York: Printed for E. Bliss and E. White, 1821, p.311.

南方民主党人的仇视，她的男女平等主张，尤其是她对男女公平教育机会的强调还是受到广大妇女们的欢迎。赖特的演讲经常涉及一些欧洲启蒙思想，她对妇女应该享有的平等权利尤其关注。她在一个"论知识的本性"（"On The Nature of Knowledge"）的演讲中指出了不同的信仰、观点导致的人类社会的分裂和冲突，其根源是人们对真实的知识的模糊与匮乏。同样的原因也导致妇女对自身权利的淡漠，导致她们的"社会安排和公民权利经常被忽视"。她因而宣称：

> 我怀着喜悦的心情看到每次集会中我的同性人地位的上升。如果人类平等的根本原则得到普遍认可，我乐于演讲的公众应该是不分民族、阶级、教派或者性别的。但在平等覆盖所有条件、机会和指导之前，我最特别也最殷切关心的是那些最不能享受上述优惠的人。[1]

在赖特看来，妇女未能获得与男人平等地位的根本原因是社会知识的欠缺，而导致这种欠缺的原因是她们从来没有获得与男人一样平等的包括教育在内的社会参与机会。而享受这种高人一等的优越地位的男人们明明知道这样有违《独立宣言》中宣称的平等原则，却不愿意妇女了解真相产生权利意识。赖特告诉她的妇女听众们："他们知道得很清楚，一旦现在的女儿们、未来的母亲们能够喝到知识活水，他们的统治就结束了——'他们就会失去所拥有的一切'。"[2] 她在另一篇演讲中也指出，"在妇女获取她们的社会地位，得到应给予她们的好意和好感之前，人类当然也会进步，但这种进步是软弱无力的"，因为这个民族只有一半的人可以发挥他们的作用。[3]

---

[1] Frances Wright, *Course of Popular Lectures*, New York: The Office of the Free Enquirer, 1829, p. 38.
[2] Ibid., p. 39.
[3] Ibid., p. 44.

赖特的演讲大部分都能被各地民众，尤其是女性听众所接受。然而，当她进一步提出自由恋爱、控制生育等想法的时候，却引发了广泛的道德谴责，她也因此而被美国社会抛弃，在孤独和病痛中度过晚年。后来有学者研究美国人性观念变迁时，发现赖特作为性解放的先驱也是美国保守性观念的第一个牺牲者："不管赖特支持了什么改革计划，无论是公共教育还是分散银行体系，被指责为自由恋爱就足以让她声誉扫地。有几年，当有妇女公开演讲，她们就会被疯狂地指责为'范妮·赖特派'，意为性关系不道德。"① 人们进而以赖特为模式创造了"公共女人"（public woman）一词，用来诋毁那些敢于挑战传统性角色的女权主义者。② 公共领域成为男人的专享空间，解散了"自由之女"社的革命妇女，在协助男人完成革命大业之后，又回归她们原来的家庭地位。

在美国本土女性中，第一个站出来挑战男性对公共领域垄断权的格里姆克姐妹，即萨拉·格里姆克（Sarah Grimké）和安吉丽娜·格里姆克（Angelina Grimké）。格里姆克姐妹都是在南卡罗来纳的蓄奴家庭中长大的，因看不惯家乡的蓄奴恶俗而搬到了北方。1837年她们首次以女性废奴主义者的身份在新英格兰做了反奴隶制的巡回演讲。最初她们的听众都是女性，当地社会对她们的出头露面尚能容忍。后来很多男性加入听众队伍，人数也迅速增加到上千人。这样的场面首先激怒了教会阶层，一封牧师函文开始在马萨诸塞州公理会的教职人员中流传。作者是波士顿牧师尼赫迈亚·亚当斯博士（Reverend Dr. Nehemiah Adams），他在信中警告说："我们不能不为那些纵容女性出头露面招摇过市的错误行为，为支持她们中的一些人不顾身份

---

① Glenna Mathews, *The Rise of Public Woman: Woman's Power and Woman's Place in the United States, 1630–1970*, New York, Oxford: Oxford University Press, 1992, p.111.

② Ibid..

以公共讲师和教师的姿态而四处活动而追悔莫及。"① 尽管两姐妹在两性关系方面从未表现出任何的不正常，一些地方小报仍编造了一些流言蜚语加以中伤，诸如"格里姆克姐妹长期以来到处演讲、著书立说、在大庭广众下展示自己，如此等等，却仍没找到丈夫。我们怀疑她们终归会在某些情况下比喜欢白人男孩更喜欢黑人男孩"②。更有甚者，一次安吉丽娜在费城演讲，竟遭到乱民在场外围攻。如果说赖特在男女关系和宗教信仰上不合常规让她的社会改革蒙受了道德质疑，格里姆克姐妹无论是在男女关系上还是在宗教信仰上都无可挑剔。引来各种攻击的主要原因是她们挑战了男人们垄断的公共领域。

面对各种批评和围攻，格里姆克姐妹表现出令人敬佩的冷静和理智。萨拉以说理的方式回应了亚当斯牧师的责难，坚定地捍卫了妇女的权利；安吉丽娜勇敢地在马萨诸塞州议会的一个委员会作证，被认为是第一位对立法机构讲话的美国女性。这些事迹奠定了她们在美国女权运动史上的先驱地位。尽管她们在婚后选择退出政治舞台，后来的历史学家们仍把她们姐妹看作妇女公共演讲合法权利的最先维护者。③

二 卢克丽霞——废奴运动中崛起的女权主义者

一般认为，"美国历史上有组织的女权运动（the organized movement for woman's rights）——妇女选举权的炼炉——兴起于威廉·劳埃德·加里森（William Lloyd Garrison）领导的激进废奴主义改革运动"④。加里森看到美国的土生白人中产阶级妇女是一个可以利用的改

---

① Glenna Mathews, *The Rise of Public Woman: Woman's Power and Woman's Place in the United States, 1630–1970*, New York, Oxford: Oxford University Press, 1992, p.112.
② Ibid., p.113.
③ Ibid..
④ Suzanne M. Marilly, *Woman's Suffrage and the Origins of Liberal Feminism in the United States, 1820–1920*, Cambridge, M. A.: Harvard University Press, 1996, p.16.

革力量，因为她们作为"共和母亲"（republic mothers）肩负着相夫教子的重任，具有推动社会改革的道德权威性。① 在加里森的引导下，很多早期的女权主义者投身到19世纪三四十年代的废奴运动，其中较为著名的有安吉丽娜·格里姆克、萨拉·格里姆克和卢克丽霞·莫特（Lucretia Mott，1793—1880）。

卢克丽霞·莫特1793年1月3日出生于马萨诸塞的南塔基特岛上的一个教友派家庭，父亲是一支货运船队的船长，母亲开了一个杂货店，莫特在其父母所生的八个子女中排行第二，莫特从记事起就经常在母亲的杂货店里玩耍和帮忙。1804年全家迁往波士顿，莫特在那里的公立和私立学校中感觉不到阶级的区分。14岁时她就被送往纽约州达奇斯郡一所由教友派开办的叫作"九伙伴"的寄宿学校学习，在那里度过两年的学生生活，节假日都不曾回家。

女性接受教育在殖民地时期并不是一个普遍现象。像亚当斯夫人那样出身名门并受过良好教育的上层妇女毕竟只是少数，即便本杰明·富兰克林那样有名的人物，也还是娶了一个文盲妻子黛博拉作为自己的终身伴侣。女性权利在多数启蒙思想家们的心目中并不占重要地位，洛克几乎就没有想过妇女在政府中的地位和作用，而苏格兰哲学家们如弗兰西斯·哈奇森（Francis Hutcheson）、托马斯·里德（Thomas Reid）以及亚当·斯密（Adam Smith）等人也只是认为妇女在社会中至关重要。而启蒙思想家们对政府与社会的划分似乎又诠释着男女不同的社会地位和作用。② 女性权利意识的觉醒得益于独立革命之后公立教育的普及。或许是因为出生太早，莫特显然并未接受多少公立教育，而是教友派教育传统的受益者。不管怎样，在"九伙

---

① Suzanne M. Marilly, *Woman's Suffrage and the Origins of Liberal Feminism in the United States, 1820–1920*, Cambridge, M. A.: Harvard University Press, 1996, p. 16.

② Jan E. Lewis, "A Revolution for Whom? Women in the Era of the American Revolution," in Nancy Hewitt, ed., *A Companion to American Women's History*, Malden, M. A.: Blackwell Publishing Ltd., 2002, pp. 83–86.

伴"两年的寄宿教育足以让她重新认识自己和周围的世界。崇尚平等自由的教友派在殖民地时期和早期美国的平权运动中发挥了重要作用。有学者注意到:"从她们到达新大陆的第一天开始,教友派妇女们就为女性平等参与公共事务而游说,有的甚至为此付出生命的代价。她们在教会中,为她们自身的慈善社会目标而组织妇女会议。"[1]莫特的成长环境正是集中于美国东北部和东部的教友派文化。

莫特毕业后先是做了一段时间的替补助教,后来就留在那里当了正式教师。正是在这份工作岗位上,莫特初尝了男女教员在劳动报酬上的严重不平等。1809年,由于她父亲的工作从波士顿转到费城,莫特也辞掉了在达奇斯的工作,随全家迁往费城,她的余生都是在那里度过的。莫特18岁嫁给了詹姆斯·莫特(James Mott),后者出身于长岛的一个古老的教友派家庭,曾与莫特在"九伙伴"学校一起任教。

莫特的父亲在她婚后不久就去世了,她的母亲带领全家面对1812年战争带来的经济波动。莫特的丈夫詹姆斯·莫特曾经营棉花贸易,后因为该贸易与奴隶劳动有关而放弃了这项利润丰厚的生意。在丈夫失业后,已经是四个孩子母亲的莫特靠教书养活全家。莫特25岁开始在教会布道,也更为关注政治和社会问题。当时困扰全美国人的最大问题就是奴隶制问题,莫特就是以一个坚定的废奴主义者的姿态而崭露头角。她有一段被大量引用的话,道出了她致力于社会改革的鲜明立场:

> 我的同情心很早就属于悲惨的奴隶了。学校里的教科书,克拉克逊的奴隶贸易插图,艾利亚斯·希克斯因奴隶的血汗得不到报偿而谴责并拒绝使用奴隶劳动产品,所有这一切,对于我观念

---

[1] Glenna Mathews, *The Rise of Public Woman: Woman's Power and Woman's Place in the United States, 1630–1970*, New York, Oxford: Oxford University Press, 1992, p. 93.

的形成发挥了作用。妇女待遇的不平等也给我留下深刻印象;我在学校里看到,她们的教育支出跟男人是一样的,而当了老师得到的收入却只有男教师的一半。禁酒改革早为我所关注,二十多年来(几年前就这样说),我一直身体力行地戒除各种致醉饮料。我一直致力于和平事业,因而持一种极端的不抵抗立场。没有一个基督徒能够一直拥护、实际参与和支持一个靠剑维持的政府。当前受到垄断势力压迫的工人阶级以及他们的低工资也是我的关注点,我跟他们多次集会,倾听他们的诉求,对他们深表同情,并真切希望有一场变革,能改变这个让富人更富、穷人愈穷的制度。①

美国早期的女权主义者试图用自由平等的理性主义去说服当权者,教育大众,以期通过修改法律让美国的制度符合这样的原则。她们的诉求自然不会打动男性社会的主导者们。碰壁以后,她们才开始寻求新的途径,目标在于抵制"只有男人才配享有充分公民权利的假设"②。她们往往从个人工作和生活体验中开始认识美国社会的不公之处,觉悟者因此推己及人,开始关注周围的不公现象和制度层面存在的问题。莫特正是这样从个人遭受的不公中觉悟起来,进而投身消除一切不公的社会改革运动之中。

19世纪后期,人们在回顾废奴运动时发现,"卢克丽霞·莫特属于最早的、最绅士的、最真诚的、最单纯的废奴事业的倡导者"③。早在19世纪20年代,就有很多北方中产阶级妇女加入男性领导的废奴运动之中,并很快建立起她们独立的废奴组织,在推动废奴运动的同

---

① John Greenleaf Whittier, *Lucretia Mott*, *1793 – 1880*, Philadelphia: Office of the Journal, 1880, pp. 4 – 5.

② Suzanne M. Marilly, *Woman's Suffrage and the Origins of Liberal Feminism in the United States*, *1820 – 1920*, Cambridge, M. A.: Harvard University Press, 1996, p. 3.

③ John Greenleaf Whittier, *Lucretia Mott*, *1793 – 1880*, Philadelphia: Office of the Journal, 1880, p. 5.

时酝酿着关注女性自身利益的女权主义运动。到 1837 年，美国将近 1000 个废奴组织中有 77 个纯粹是由女性组成的。[1]

1833 年 12 月，莫特参与组织了美国反奴隶制协会（American Anti-Slavery Society），并在其中发挥着重要作用；第二年她又组织了一个地方性女性反奴隶制协会（Female Anti-Slavery Society）。在林肯发布解放奴隶宣言之前，莫特被认为是美国最著名的废奴主义者之一。在对废奴派充满偏见的 19 世纪 30 年代，她的反奴隶制立场自然激起奴隶制维护者的忌恨和恐慌，即使在自由主义氛围浓厚的费城也遭遇了拥奴派的攻击。1838 年 5 月，费城的宾夕法尼亚大厅成了矛盾的焦点。刚开业第二天，莫特在那里的演讲遭遇暴徒围攻，开业第五天被人纵火烧毁。

1840 年莫特与威廉·加里森等人一起参加了在伦敦举行的世界反奴隶制大会。在伦敦，莫特与另一位女性改革家同时也是废奴主义者的伊丽莎白·凯迪·斯坦顿（Elizabeth Cady Stanton）第一次相见。后者是这样描述莫特的："她那时正值盛年，娇小的身材，稍显健壮。头颅偏大，前额高阔方正，特别精致的面庞，五官端正。黑头发，黑眼睛，举止优雅，交谈起来真挚而轻松。"[2] 两位在美国历史上注定要留下鲜明印记的改革家似乎相见恨晚，很快成为忘年交。对莫特和斯坦顿等女性参会者来说，伦敦会议虽然是为反奴隶制而来，却成了她们从废奴运动的积极参与者到女权主义运动领袖的转折点。当莫特等人因性别原因而被拒绝给予会议正式代表待遇时，她才第一次跟当时流行的性别歧视出现面对面的交锋。在教友会群体中，她可以视所有人为独立的个体而不必在意他们的性别，她布道的资格也不是来自那些男性朋友的恩赐。而在伦敦的会上，尽管她仍旧能保持平静如水，

---

[1] Harriet Sigerman, *Elizabeth Cady Stanton, The Right is Ours*, Oxford: Oxford University Press, 2001, p. 25.

[2] John Greenleaf Whittier, *Lucretia Mott, 1793 – 1880*, Philadelphia: Office of the Journal, 1880, p. 6.

但那份来自男性废奴运动同志的羞辱已经深入她的骨髓。当她和斯坦顿并肩走出会议室时，她们共同关注的唯一重要事情就是约定回国后召开全国妇女权利大会，为争取自身平等的公民权利而奋斗。①

宾夕法尼亚兰卡斯特的调查者在一期的社论中写道："笔者在1843年8月在塞西尔县砖结构会议厅中举办的教友派季会上听过她的发言，听众的注意力都很集中，也怀着激动。那时对废奴运动的偏见很强烈。莫特夫人所表达的明白而有力的真理，在当时即使一个男人也没有勇气讲出来。她的语言具有魔力，她的冷静自带力量。严谨而理智的逻辑，让那些不愿接受的听众也无话可说。她讲了两个小时，我从未听过如此动人的讲话。"②

莫特夫人的政治影响力，从1859年的丹尼尔·韦伯斯特·丹哲菲尔德（Daniel Webster Dangerfield）案的审理中可见一斑。法庭的听众席上，莫特在若无其事地织着毛衣。但她的存在本身就是对拥奴派的巨大震慑。本来要给追逃丹泽菲尔德的南方奴隶主做辩护的律师当庭放弃。事后他道出改变立场的原因，就是莫特夫人的在场。莫特夫人对于内战前美国的废奴运动，对于黑人的解放事业做出了不可磨灭的贡献。废奴之后，莫特致力于和平、禁酒、印第安人、黑人和妇女的进步事业。

詹姆斯·莫特死于1868年1月，他们的婚姻长达57年。莫特夫人死于1880年11月，享年87岁。约翰·昆西·亚当斯参加了莫特夫人的追思会，对她的一生给予高度评价。莫特夫人被认为有三大长处：准确、慷慨以及为穷人服务的愿望。③

莫特夫人一生致力于三方面的公平正义：其一是从其自身经验出

---

① Anna Davis Hallowell, *James and Lucretia Mott: Life and Letters*, Boston: Houghton Mifflin and Company, 1884, p. 298.
② John Greenleaf Whittier, *Lucretia Mott, 1793 – 1880*, Philadelphia: Office of the Journal, 1880, pp. 6 – 7.
③ Ibid., p. 12.

发为妇女在工作机会和工作报酬上遭遇的不平等待遇而抗争；其二是因对黑人奴隶悲惨境遇的同情而参与发起并推动了废奴运动；其三是因其教友派背景而激发的对整个社会不公的关注和弱势群体的声援。

卢克丽霞·莫特被她的传记作者劳埃德·黑尔誉为"最伟大的美国女人"。对于这一称号，20世纪30年代担任美国妇女俱乐部总会主席的罗伯塔·坎贝尔·劳森（Roberta Campbell Lawson，1878—1940）在她给该书撰写的序言中是这样评价的：

> 卢克丽霞·莫特是美国和英国女权运动的真正创立者和灵魂人物。在推动我们国家摆脱奴隶制的斗争中她是一位杰出的女性工作者。她在劳工工会几乎还不为人知并被普遍认为非法的时候就为其辩护，她阻止战争并为宗教自由而不懈地工作着。
>
> 一个少见的精致文雅的女人，却无所畏惧地挑战她那个时代的邪恶势力，在公共舞台上侃侃而谈，这样的行为在当时被认为既不贤淑也不体面。
>
> 这些成就，加上她公认的优雅风格和天赋气质，使她无愧于作者的标题——"最伟大的美国女人"。在她的同代人中，哈丽雅特·比彻·斯托（Harriet Beecher Stowe）与玛格丽特·富勒（Margaret Fuller）是更优秀的作家，伊丽莎白·凯迪·斯坦顿、露西·斯通（Lucy Stone）和苏珊·安东尼（Susan B. Anthony）为选举权事业投入更多的精力和贡献，但在美国历史上还没有哪个女人兼具如此多的杰出才能，以非凡的影响力参与如此多样的运动，并且总是优雅迷人，非卢克丽霞·莫特莫属。①

美国内战前的30年，正值莫特生命的壮年，社会的大环境却与

---

① Lloyd C. Hare, *The Greatest American Woman: Lucretia Mott*, New York: American Historical Society, 1937, p. 7.

女权意识格格不入。有学者评价说,"19世纪中期的妇女在她们生命的角色和行为的价值约束上陷入一种深深的彷徨。她们面临的是内战前的一系列文化习俗,被历史学家分别称为'主妇崇拜'(cult of domesticity)、'维多利亚心态'(Victorian mentality)或'分区主义'(the doctrine of separate spheres)"[1]。在这种习俗下,男人被认为应该参与"公共区域"(public sphere),包括正在兴起的市场经济和民主政治,而女人则应该占据"私人区域"(private sphere),包括操持家务、抚养子女、道德教化和照顾家人健康等。但在现实生活中,"公共区域"与"私人区域"之间的界限并不十分清晰,对于不同肤色、阶级、职业和年龄的人要求是不一样的。更为重要的是,在属于公共区域的教会活动和慈善活动中,妇女,尤其是白人中上层妇女一直充当着重要角色,这就为她们突破私人区域走向公共区域创造了条件。

三 伊丽莎白·凯迪·斯坦顿与《情感宣言》

在美国妇女运动史上,一位最为引人注目的人物是伊丽莎白·凯迪·斯坦顿。如果说莫特所致力的女权主义诉求从头到尾都没有离开反奴隶制运动和黑人权利运动这架便车的话,斯坦顿则是独立的女权运动的最早发起者之一,在《妇女选举权历史》(History of Woman Suffrage)中居于最显著地位。她是19世纪美国女权运动的旗帜性人物,是1848年塞内加瀑布会议的组织者和《情感宣言》(Declaration of Sentiments)的主要执笔人。她对美国女权运动和社会公正进程的贡献在美国历史上鲜有出其右者。她的《妇女圣经》是美国女权思想的代表性成果,不仅指导着美国女权主义者在争取平等的道路上前赴后继,而且是研究女权主义的重要参考资料。

---

[1] Ross Evans Paulson, *Liberty, Equality, and Justice: Civil Rights, Women's Rights, and the Regulation of Business, 1865 – 1932*, Durham & London: Duke University Press, 1977, p.41.

斯坦顿出生在纽约州约翰斯顿的一个上层白人家庭，父亲丹尼尔·凯迪（Daniel Cady）是一位知名律师，曾作为联邦党人当选美国国会议员，后成为纽约最高法院法官。与其他早期的美国移民家庭一样，凯迪家族有着浓厚的宗教背景。他们经常去的教堂属于苏格兰长老会派，以保守、传统著称，宣称人的命运是由上帝安排的，自己是掌握不了的，死后进天堂还是下地狱早已预定。这样的宗教信仰和文化氛围给童年的斯坦顿带来的不是欢乐，而是恐惧。曾经有一天，她询问保姆："为什么所有我们喜欢的都是罪恶的，而我们不喜欢的都是上帝或世上某人的旨意？"[1]

斯坦顿从小耳濡目染了不少法学著作，也经常有机会跟父亲的助手们讨论法律问题，未成年就已经具备了很好的法学素养，而进入她幼小心灵的首先还是美国女性所蒙受的社会不公。她在自传中写道：

> 我父亲的办公室与家里房子毗连，我放学后的大部分时间是在那儿度过的，旁听客户们诉说他们的案情，与学生们交谈，阅读与妇女相关的法律。在我们的苏格兰邻居中，很多男人保持着关于女人和财产的封建思想。父亲死前要把家庭财产的大部分传给长子，条件是母亲要跟他一起生活。这样，常见的情况就是，将全部财产带到这个家庭的母亲的生活，却要依靠一个没有亲情的儿媳妇和浪荡儿子的施舍。那些来我父亲这里寻求法律咨询的女人们的眼泪和怨声触及我的内心，将我的注意力很早就引向法律的不公和残酷。既然我父亲以律师为业，我无法准确理解为什么他不能减轻这些女人的痛苦。[2]

---

[1] Harriet Sigerman, *Elizabeth Cady Stanton*, *The Right is Ours*, Oxford: Oxford University Press, 2001, p. 15.

[2] Theodore Stanton and Harriot Stanton Blatch, *Elizabeth Cady Stanton: As Revealed in Her Letters, Diary and Reminiscences*, Volume One, NewYork: Harper & Brothers Publishers, 1922, p. 33.

家庭环境的熏陶，让斯坦顿很早就注意到，美国在制度和法律设计上存在重男轻女的偏向，尤其对已婚女性更为不公，后者在法律上实际是处于无财产、无收入、无职业状态，甚至连对子女的监护权都没有。这种意识促使她很早就投身于争取人类平等权利的活动。

除了关注女性在家庭、社会中所忍受的不平等待遇，斯坦顿还是废奴运动的重要参与者。在废奴运动中，她不仅结识了卢克丽霞·莫特等志同道合的女权主义者，也遇见了她的意中人，同为废奴主义活动家的亨利·斯坦顿（Henry Stanton）。亨利比伊丽莎白年长10岁，他们相遇时前者已经是小有名气的废奴主义活动家，曾经在全国巡回演讲，不仅口才出众，而且仪表堂堂，加上两人在价值观上趋于一致，令年轻美丽而又带有几分叛逆精神的斯坦顿很快坠入爱河。

然而，伊丽莎白要嫁给亨利·斯坦顿，面临的却是来自父亲的强烈阻挠。作为一名带有联邦主义倾向的法官，丹尼尔·凯迪的思想代表的是当时的主流意识形态，对废奴主义运动本来就很反感，加上知道亨利·斯坦顿出身卑微，这门亲事门不当户不对，就更加反对了。他警告自己的女儿说，亨利·斯坦顿是无力养家的，而在纽约州，结婚的女人不能继承娘家的财产，不能拥有自己的收入，不能独立签订合同、提起诉讼，不能继承超过1/3的丈夫的财产，也不能保证对自己子女的监护权。[①] 这些警告让斯坦顿陷入深深的困惑之中，一度疏远了跟亨利·斯坦顿的关系，并更深切地体会到身为女性在美国地位的卑微。

幸运的是，1840年在伦敦举行的世界反奴隶制大会不仅挽救了伊丽莎白与亨利·斯坦顿的婚约，也把前者带入一个新的人生境界。当亨利·斯坦顿作为美国反奴隶制组织的代表接到邀请将赴会伦敦时，伊丽莎白毅然决定临行前举办婚礼。1840年3月12日，这对新婚夫

---

① Harriet Sigerman, *Elizabeth Cady Stanton*, *The Right is Ours*, Oxford: Oxford University Press, 2001, p. 27.

妇踏上赴英国的航船，经过两个多月的航行，于同年 5 月到达伦敦。在伦敦期间，斯坦顿不仅目睹了欧洲各国的反奴隶制潮流，更结识了一批志同道合的改革精英，其中最为重要的是前文中提到的卢克丽霞·莫特。身材娇小的莫特比斯坦顿年长 22 岁，当时已经是全国知名的废奴主义者和致力于社会平等的女改革家。斯坦顿在其自传中曾谈及见到莫特时的印象："她那娇小的身躯中蕴含的意志的力量和睿智的气场足以让她指点江山。"① 在伦敦期间，斯坦顿抓住一切机会与莫特接触、交流，深为莫特的清晰思维和坚韧意志所折服。

在伦敦的会议上，斯坦顿她们遭遇的首先是当时发达国家中仍然顽固存在的性别歧视。会议还没有开始，与会人员就围绕美国女性参会者的代表身份产生争论，莫特、斯坦顿等人因为其女性身份而不被确认为正式代表，只能坐在旁听席上。根据斯坦顿后来回忆，"虽然妇女们是美国全国反奴隶制协会成员，也习惯于在其集会中发言和投票，在整个反奴隶制斗争中与男人并肩作战，在那里不仅作为她们自己性别的协会组织的代表，而且作为男女共同组成的协会的代表，却因为她们是女人而被一概拒之门外。在当时英国基于《圣经》而形成的偏见之下，妇女在所有改革协会中是不能与男人享有平等尊严和权威的，因此在英国人观念中，妇女被接受为世界大会的平等成员是特别不合适的"②。

漂洋过海到伦敦赴会的女性废奴主义者被她们的男性同志以投票表决的方式拒之于代表座席之外，这一不愉快的插曲促使莫特和斯坦顿等人意识到，她们在关心黑人奴隶的同时，也不能忽视对自身权利的争取。休会时她们手挽手走到休息室，迅速达成共识：回到美国，她们要尽快组织妇女大会，推动以争取妇女平等权利为目标

---

① Harriet Sigerman, *Elizabeth Cady Stanton, The Right is Ours*, Oxford: Oxford University Press, 2001, p. 32.
② Theodore Stanton and Harriot Stanton Blatch, *Elizabeth Cady Stanton: As Revealed in Her Letters, Diary and Reminiscences*, Volume One, NewYork: Harper & Brothers Publishers, 1922, p. 76.

的社会改革。①

然而，回到美国之后，至少在七八年的时间里，斯坦顿所承担的传统女性角色压倒了她作为新女性的改革雄心，成为新婚妻子的欢乐还未褪尽，又被初为人母的幸福所淹没，从1842年到1845年，斯坦顿四年生了三个孩子，饱尝了一个家庭主妇的喜怒哀乐，虽然仍能经常参加波士顿的大学课程和思想聚会，却难以分心去实现她与莫特在伦敦的约定。

1848年7月11日，从波士顿搬到纽约西部塞内加瀑布的斯坦顿拜访了居住在附近的莫特，后者是因为到滑铁卢（Waterloo）开会而顺道来妹妹家小住。同时到访的还有另外几位女权主义者：玛莎·赖特（Martha Wright）、简·亨特（Jane Hunt）和玛丽·麦克林托克（Mary McClintock）。几位女权主义者坐在一起一拍即合，决定马上召开全国妇女大会，而32岁的斯坦顿作为最年轻的一员，也是其中最活跃的人物，以其思想见识很快成为女权运动的核心人物。

作为行动的第一步，她们在当地的《塞内加信使报》（Seneca County Courier）下午版上刊登了一则声明，号召召开一个全国性会议，"讨论社会、民权和宗教形势以及妇女权利问题"。会议计划于7月19—20日在塞内加瀑布的一间卫理公会派教堂举行，这样她们有五天的时间准备日程和宣言。应该说，她们的女权思想并不是靠闭门造车形成的，而是综合了此前女权主义先驱们的思想成果。早在1792年，玛丽·沃尔斯通克拉福特（Mary Wollstonecraft）就在其著名的《为妇女权利辩护》（A Vindication of the Rights of Woman）中列举了阻碍妇女获得与男人平等权利的种种障碍，尤其是社会习惯和法律设置方面的桎梏。1845年出版的玛格丽特·富勒（Margaret Fuller）所著

---

① Theodore Stanton and Harriot Stanton Blatch, *Elizabeth Cady Stanton: As Revealed in Her Letters, Diary and Reminiscences*, Volume One, NewYork: Harper & Brothers Publishers, 1922, p. 79.

的《十九世纪的妇女》(*Woman in the Nineteenth Century*) 中明确提出应该拒绝任何对妇女行动范围的限制，鼓励妇女寻求她们需要的教育和工作。而她们反奴隶制运动的同道者萨拉和安吉丽娜·格里姆克为主张她们在废奴运动中公开演讲的权利而从道德和社会责任角度为妇女平等权利辩护。萨拉在其出版的系列通信《性别平等与妇女状况》中强调："男人女人生来平等，他们都是道德的负责任的人类，男人能做的女人同样能做。"① 这样一些思想准备加上斯坦顿过去的法律训练和思想积累，为一份具有划时代意义的妇女宣言的横空出世创造了条件。

斯坦顿回到家中继续准备宣言，她学着建国之父们的口气，在宣言的序言中历数妇女们的不平等遭遇："一般认为男人与女人是生而平等的。但人类的历史却是一部男人对女人不断伤害与篡夺的历史，直接目标就是建立男人对女人的绝对专制。"② 宣言分成"控诉"与"改革"两部分，"控诉"部分列举了十八条妇女受压迫的事实：首先是"他从未允许她行使其不可剥夺的选举权"，其他还包括男人拒绝给予女人在大学、商场和职场平等的权利，拒绝与女人分享政治职务和荣誉，拒绝婚姻和监护子女上的男女平等，拒绝在拥有财产和工资收入上的平等，拒绝女人签约权、诉讼权和作证权，等等。因此，宣言坚持认为，妇女"应马上被赋予她们作为美国公民的所有权利和优惠"③。十二条改革建议的第一条就是选举权："这个国家的妇女应将争取神圣的选举权视为自己的任务。"当其他与会人员，包括莫特担心这一激进要求会分化妇女运动时，斯坦顿毫不妥协，认为"选择统治者和立法者的权利在重要性上超过了其他所有权利，因为通过这

---

① Harriet Sigerman, *Elizabeth Cady Stanton, The Right is Ours*, Oxford: Oxford University Press, 2001, pp. 45 – 46.
② Elmer C. Adams and Warren Dunham Foster, *Heroines of Modern Progress*, New York: Sturgis & Walton Company, 1913, p. 73.
③ Ibid., pp. 73 – 74.

一权利可以取得其他权利,而没有这一权利,妇女只能仰仗男人施舍"①。

根据《塞内加信使报》的广告,妇女大会的"第一天只有妇女才能参加,她们受到热诚邀请。公众被邀请参加第二天的会,届时费城的卢克丽霞·莫特和其他女士们、先生们将会发言"②。可会议开幕时,很多男性来到会场,强烈表达了参与这一盛事的愿望。组委会不得不临时开会,变更日程:由詹姆斯·莫特主持会议,玛丽·麦克林托克任大会秘书,卢克丽霞·莫特致开幕词,斯坦顿、麦克林托克和玛莎·赖特做主题发言,其中最核心的部分还是被称为情感宣言的大会宣言。共68位女士和32位男士签署了塞内加会议宣言与决议,莫特第一个签字,斯坦顿紧随其后,签字名单分男女两栏。③

第一届妇女权利大会产生的最重要成果之一就是《情感宣言》(Declaration of Sentiments),又称《权利与情感宣言》(Declaration of Rights and Sentiments)。斯坦顿作为宣言的主笔,模仿的是《独立宣言》的口吻:"我们认为这些真理是不言而喻的:所有的男人和女人生而平等;造物主赋予他们若干不可剥夺的权利;其中包括生命、自由和追求幸福的权利。"在申明这些基本原则之后,宣言话锋一转接着指出:"人类历史是一部男人对女人不断伤害和侵夺的历史,其直接目标就是建立一个统治她们的绝对专制。"④ 宣言历数人类历史上男人对女人的伤害和侵夺:男人不让女人去投票,迫使她屈从于她没有任何发言权的法律,阻止她出席任何选举产生的机构,为婚姻立法使

---

① Elmer C. Adams and Warren Dunham Foster, *Heroines of Modern Progress*, New York: Sturgis & Walton Company, 1913, p. 74.
② Anna Davis Hallowell, *James and Lucretia Mott: Life and Letters*, Boston: Houghton Mifflin and Company, 1884, p. 300.
③ Theodore Stanton and Harriot Stanton Blatch, *Elizabeth Cady Stanton: As Revealed in Her Letters, Diary and Reminiscences*, Volume One, NewYork: Harper & Brothers Publishers, 1922, p. 147.
④ Sally G. McMillen, *Seneca Falls and the Origins of the Women's Rights Movement*, Oxford and New York: Oxford University Press, 2008, pp. 237 – 238.

她处于"民事死亡"状态,剥夺妻子对财产和工资的拥有权,设立离婚法使她失去对其子女的监护权,迫使妻子承诺服从丈夫,允许政府对其财产征税,阻挡她加入大多数赚钱的职业如法律和医药,给她付的工资低于男人,剥夺她进入高校的机会,强调她在教会中的从属角色,为男人和女人构建不同的道德标准,声称将妇女置于特别的、家庭的领域是男人的权利。宣言认为男人应该为这些不公平负完全责任。[1] 宣言主要站在白人中产阶级妇女的立场上谴责男人的侵害,将自由男性黑人和男性新移民作为参考群体,认为前者政治和社会地位高于后者,因此应该获得更多的政治权利。[2]

女权主义领袖们在1848年的《塞内加瀑布宣言》中宣布:"我们要雇佣中介、广散传单,向州和国家立法机构陈情,使讲坛和传媒为我所用。"然而,她们很快发现,推动她们自身的解放比推动黑人奴隶的解放更为艰难。她们创办的几份报刊很快因为经费不足而夭折;她们其他说服各大报刊关注妇女权利问题的努力也大多以失败告终;她们曾为废奴运动做出很出色的募捐工作,而为她们自身事业的募捐工作却步履维艰,要唤醒男性社会对妇女权益问题的关注并非易事。[3]

美国内战将奴隶制问题和黑人权利问题推到了风口浪尖,成为社会上多数正义之士关注的对象。当人们的情感无法平均分配的时候,突出重点就意味着或多或少地要忽略非重点问题。内战和重建时期,美国的废奴运动达到高潮,一些著名废奴主义者如威廉·劳埃德·加里森、温德尔·菲利普斯(Wendell Phillips)等乘势为刚刚解放的男

---

[1] Sally G. McMillen, *Seneca Falls and the Origins of the Women's Rights Movement*, Oxford and New York: Oxford University Press, 2008, p. 91.

[2] Lisa Tetrault, *The Myth of Seneca Falls: Memory and the Women's Suffrage Movement, 1848 – 1898*, Chapel Hall: University of North Carolina Press, 2014, p. 48; Sally G. McMillen, *Seneca Falls and the Origins of the Women's Rights Movement*, Oxford and New York: Oxford University Press, 2008, p. 91.

[3] Faye E. Dudden, *Fight Chance: The Struggle over Woman Suffrage and Black Suffrage in Reconstruction America*, New York: Oxford University Press, 2011, pp. 16 – 17.

性黑人争取到公民权利,积极推动国会出台了"宪法第十四、十五条修正案"。当斯坦顿和苏珊·安东尼试图借机为女性公民权利疾呼,争取女性权利与黑人权利获得同时解放的时候,却发现自己被她们在废奴运动中的同道背弃了。

1865年5月,林肯被刺后不久,"美国反奴隶制协会"(American Anti-Slavery Society)集会讨论其自身存废问题,主席加里森以奴隶制已被废除为理由提出解散该会的动议,却被温德尔·菲利普斯联合斯坦顿、安东尼等女性废奴主义者推翻。在加里森退出后,菲利普斯顺利当选为新一任主席。

温德尔·菲利普斯出身于波士顿上流社会,其父是一位成功的律师。菲利普斯从小就接受良好的教育,1833年从哈佛法学院毕业后,翌年即被接受加入律师业。1835年10月,威廉·劳埃德·加里森因为支持"波士顿女性反奴隶制协会"的集会、公开谴责奴隶制而遭到亲奴隶主势力绑架和凌辱,目睹这一切丑行的菲利普斯从此放弃了前途远大的律师业,投身反奴隶制运动。他同时也是女权主义运动的支持者,在女权运动和废奴运动中与著名女权主义领导人露西·斯通(Lucy Stone)保持着良好的合作关系。然而,在触及黑人权利与妇女权利孰先孰后或者能否并行问题时,菲利普斯却与斯坦顿和安东尼等女权运动领袖们产生了分歧。在就任"美国反奴隶制协会"主席之后,菲利普斯在讲话中明确否认黑人选举权与妇女选举权之间有任何联系:"如亚伯拉罕·林肯所称,'一个时间只能打一次战争'。我要说的是,'一个时间只能解决一个问题,这个时间是属于黑人的'。"[1]

从1865年底到1866年初,斯坦顿与菲利普斯在他们分别发表在《全国反奴隶制旗帜》(National Anti-Slavery Standard)的公开信中就女权与黑人权利问题进行了交锋,当斯坦顿认为应该在推动黑人公民

---

[1] Faye E. Dudden, *Fight Chance*: *The Struggle over Woman Suffrage and Black Suffrage in Reconstruction America*, New York: Oxford University Press, 2011, p. 62.

权利的行动中加入妇女权利时,菲利普斯回应说:"我们不能同意将妇女选举权与黑人选举权等量齐观,或者在这一时刻为二者付出同等的努力。"他还从当时美国国会的形势来做出判断,认为争取妇女选举权不仅无望,还可能有害。① 让斯坦顿等女权主义者无法容忍的是,菲利普斯不仅在口头上强调"属于黑人的时间",而且在实际活动中削减妇女权利运动的经费支持,迫使斯坦顿等人另起炉灶。1866年年中,斯坦顿和安东尼创建了一个新的组织,"美国平权协会"(The American Equal Rights Association),旨在同时为黑人和妇女争取公民权利。因为不能苟同将妇女权利排斥在外的"黑人的时间",斯坦顿和安东尼不仅跟菲利普斯这样的废奴主义领袖分道扬镳了,也与支持黑人选举权优先的昔日女权主义者露西·斯通割席绝交了。在意识到获得解放的广大黑人男性并不会转过头来支持妇女的选举权之后,斯坦顿收回了她对黑人男性公民权利的支持。面对"宪法第十四、十五条修正案"承诺给成年黑人男性的选举权,斯坦顿的反应不是欢欣鼓舞,而是坚决抵制。她反对给予非裔美国男人投票权,原因是这样的权利并没有同时承诺给黑人和白人妇女。②

重建时期在社会改革主流中形成的黑人权利优先或者说妇女权利被忽视的政治氛围,成为导致女权组织分裂的主要原因。到1869年,美国出现了两个以争取选举权为目标的妇女组织:一个是露西·斯通领导的"美国妇女选举权协会"(The American Woman Suffrage Association,AWSA),支持"宪法第十五条修正案",即禁止各州基于种族原因拒绝选举权,并认为该修正案是向妇女选举权方向迈出的重要一步。该组织要求追随她们的妇女心无旁骛,专心致力于选举权。而另一个组织"全国妇女选举权协会"(The National Woman Suffrage Asso-

---

① Faye E. Dudden, *Fight Chance: The Struggle over Woman Suffrage and Black Suffrage in Reconstruction America*, New York: Oxford University Press, 2011, pp. 70–71.
② Ibid., pp. 165–166.

ciation，NWSA)，则在斯坦顿和安东尼的领导下拒绝支持"宪法第十四、十五条修正案"。该组织不仅追求妇女选举权，而且也致力于在教育、就业以及婚后财产等方面维护女性权利。两个妇女权利组织在宗教信仰、道德改革、结婚离婚以及性解释等很多重大问题上存在分歧，这种分歧一直延续到1890年二者合并。①

斯坦顿毕生都在为美国妇女的平等权利而奋斗，"她把自己的大部分生命献给了美国法律和文化的改革，目标是结束妇女的被压迫状态"②。在《伊丽莎白·凯迪·斯坦顿的政治思想》(*The Political Thought of Elizabeth Cady Stanton*) 一书中，作者苏·戴维斯对斯坦顿一生的政治思想做了全面总结，认为斯坦顿思想的形成，受到美国多种政治和文化传统的影响：既有《独立宣言》那样的自由主义思想，也有社会达尔文主义阴影下的种族主义和排外主义。她的思想在内战前后的变化十分明显：内战前受到废奴主义运动的影响，将人类社会的不平等现象看作与美国《独立宣言》相悖的历史遗留问题，需要全面清除；内战后则更多地服膺于社会达尔文主义，在强调人类应该为其社会行为承担责任的同时默认了种族、文化上的差异和等级。她对个人主义的重视在19世纪80年代将她推向"社会达尔文主义影响下的极端个人主义"③。戴维斯在书中承认斯坦顿是一位种族主义者（racist)，但同时又强调说"种族主义是19世纪一种根深蒂固的、历久不衰的传统"，她"实际上只是分享了绝大多数思想家和活动家们的种族观罢了"。④ 最后，戴维斯总结说："伊丽莎白·凯迪·斯坦顿的种族主义，像她的自由主义，她的共和主义，以及她的激进主义一样，共同造就了她作为美国政治思想家的重要地位。"⑤

---

① Sue Davis, *The Political Thought of Elizabeth Cady Stanton*: *Women's Rights and the American Political Traditions*, New York: New York University Press, 2008, p. 28.
② Ibid., p. 220.
③ Ibid., pp. 221–222.
④ Ibid., p. 225.
⑤ Ibid..

四 苏珊·安东尼与妇女选举权

经历了内战洗礼和围绕宪法修正案而展开的争论、分裂之后,能够始终与伊丽莎白·斯坦顿站在一起的激进妇女改革家已寥寥无几,其中最为坚定的女权主义者当属苏珊·安东尼。信念、毅力加上与前几位女权主义者相比明显的年龄优势使安东尼成为后来妇女选举权运动的领袖。

与莫特夫人相似,苏珊·安东尼也是出生在一个追求社会平等的教友派家庭,17 岁就投身反奴隶制运动。她的父亲丹尼尔·安东尼(Daniel Anthony)属于较早投资水利纺织厂的中小企业家,因为娶了她非教友派成员的母亲露西·安东尼(Lucy Anthony)而被教会开除,尽管他依然参加教友派的聚会,却越来越倾向于自由思想。后来,在妻子的恳求下,他甚至允许了在他们夫妇为村镇孩子建立的学校中增加舞蹈课,即使再次受到教友派教会惩罚也不为所动。苏珊·安东尼就是在这样一个有着平等、自由思想的家庭中成长起来的。[1] 父亲在实业上的成功保证了她和几位姐妹都能获得当时女孩子所能期望的最好教育,毕业后顺利地找到了一份教师工作,让她年纪轻轻就可以实现经济独立。她曾经从报纸上读过塞内加瀑布妇女大会的报道,有关妇女权利的内容顶多让她感到好奇,还谈不上为之神往。但是,当她休假回到家乡,却惊奇地发现第二届妇女大会已经在罗切斯特的一神论派教堂召开,她的父母、姐妹和众多教友派朋友不仅参加了会议,而且在《情感宣言》上签名支持。[2]

从大的环境来说,19 世纪 40 年代苏珊·安东尼所在的纽约州在

---

[1] Alma Lutz, *Susan B. Anthony Rebel, Crusader, Humanitarian*, Boston: Beacon Press, 1959 (Release Date: January 25, 2007), p. 12.

[2] Ibid., p. 18.

女权主张上走在了全国的前面，1848年即通过了《结婚妇女财产法》（Married Women's Property Law），据此已婚妇女可以以她自己的名义拥有财产，而不必将其财产置于父兄或丈夫的名下。但这条法律通过的动机是为了保护妇女自身权益还是为了维护娘家的财产不被女婿侵吞尚难分辨，因为当时的纽约州与美国的其他州一样，在整体上还没有接受妇女独立的社会地位。不过，至少安东尼家是欢迎这样的法律的，从此母亲露西·安东尼所继承的在罗切斯特的农场不用再挂在其兄弟的名下了。[1]

安东尼小姐工作伊始就参与了禁酒、废奴等改革派组织的活动，并开始在罗切斯特的妇女禁酒组织中崭露头角。1851年春在去塞内加瀑布筹办人民学院（People's College）[2]的旅行中，她与另外两位杰出的妇女运动领袖伊丽莎白·斯坦顿和露西·斯通第一次相遇，并从此开始了她与斯坦顿的终生友谊。她们不仅在共同致力的妇女权利运动中互相支持，而且在后来女权运动出现分歧后始终坚定地站在一起。有学者认为，"没有安东尼的帮助，斯坦顿就不能在1850年代的改革中保持主动"。安东尼优秀的组织能力可以让斯坦顿腾出时间集中写作。"斯坦顿写出了宣言，并借助于安东尼的号召力和组织能力向公众发布。"[3]

尽管安东尼小姐从读书到工作都不同程度地参与了一些社会改革运动，但一般认为，她作为妇女改革家的公共生活开始于1852年。这一年，纽约州的"禁酒之子"（Sons of Temperance）倡议在奥尔巴

---

[1] Alma Lutz, *Susan B. Anthony Rebel, Crusader, Humanitarian*, Boston: Beacon Press, 1959 (Release Date: January 25, 2007), p. 17.

[2] 在该学院的筹备过程中，伊丽莎白·斯坦顿、露西·斯通和苏珊·安东尼都主张学院不仅要对男生开放，还要对女生开放。这一要求让学院的主要筹办人霍拉斯·格里利（Horace Greeley）左右为难。学院还没成立就被合并到康奈尔大学了。参见 Ida Husted Happer, *The Life and Work of Susan B. Anthony*, Volume One, Indianapolis and Kansas City: The Bowen-Merrill Company, 1899, p. 64。

[3] Lisa Tetrault, *The Myth of Seneca Falls: Memory and the Women's Suffrage Movement, 1848–1898*, Chapel Hall: University of North Carolina Press, 2014, p. 14.

尼召开一个包含各个支派的禁酒组织大会,邀请"禁酒之女"(Daughters of Temperance)派代表参加,安东尼被罗切斯特分会推举为代表。开会时,安东尼站起来发表动议,却被主持人通知说"姐妹们被邀请到那里是去聆听和学习的,不是去讲话的"。安东尼和几位女性代表当场离会以示抗议,而多数女性代表选择了容忍,"在兄弟们赞赏的眼光中留在了会场"①。安东尼和其他女性代表在哈德森街的一家长老会教堂另开会场,并在安东尼的提议下设立一个委员会,组织全州妇女禁酒大会,女性禁酒运动走上了独立道路,安东尼也以其组织才能和激进态度在运动中崭露头角。②

1852 年,在苏珊·安东尼的精心组织下,纽约州的女性禁酒主义者在罗切斯特成立全州妇女禁酒大会(Woman's State Temperance Convention),斯坦顿当选为主席,安东尼当选为秘书长。在主席致辞中,斯坦顿提出了当时最为激进的并引发争议的禁酒主张:"不让任何女人与一位确认的醉汉保持夫妻关系。不让任何一个醉汉充当她孩子的父亲……让我们请求州政府修改影响婚姻和孩子监护权的法律,让醉汉们无权拥有老婆和孩子。"③ 通过类似于禁酒这样的社会运动,斯坦顿和安东尼等女权主义者将女性的诉求和事业从男人的影响下独立出来。

如果说斯坦顿主要是在思想和理论上领导了美国早期女权主义运动的话,安东尼则是从组织工作上推动了运动的发展。"所以说,第一届全州妇女禁酒大会的组成主要归功于苏珊·安东尼,归功于她要求独立行动的勇气和她为召集成立大会做出的成功努力。"④ 她也因此被妇女代表们推出来委以重任,进而成为全国女权运动的领袖

---

① Ida Husted Happer, *The Life and Work of Susan B. Anthony*, Volume One, Indianapolis and Kansas City: The Bowen-Merrill Company, 1899, p. 65.
② Ibid., p. 66.
③ Ibid., p. 67.
④ Ibid., p. 68.

之一。

　　与莫特、斯坦顿等女权主义者一样，安东尼也很早就投身反奴隶制运动。1856年，36岁的安东尼成为美国反奴隶制协会（American Anti-Slavery Society）中的纽约州代表。1860年前后，反奴隶制运动成为美国改革派关注的首要问题，其他诸如妇女权利运动之类的社会改革不免要为其让路。内战以后，共和党为了巩固对民主党的政治胜利，积极在南方推动黑人的投票权，温德尔·菲利普斯等废奴派也认为应该趁势为黑人赢得选举权，因而提出"属于黑人的时间"，号召主张平等权利的改革者们集中火力，修正宪法，一举实现黑人的政治解放。菲利普斯的这种提法触痛了斯坦顿、安东尼等白人中产阶级妇女改革家们敏感的神经。应该承认，无论是华盛顿、杰斐逊等建国之父们解放自家奴隶的举措，还是内战前白人中产阶级社会改革家们的废奴主张，其首要动机是维护自由、平等的理想和白人在道德上的纯洁性，其次才是对黑人悲惨境遇的同情。而中产阶级改革派的社会地位决定了他们只能以拯救者的姿态居高临下地去为黑人这样的弱势群体争取权益。内战后的政治形势将南方黑人男人的投票权问题突出出来，在共和党和很多社会改革派中成为优先于白人妇女的政治考量，这就不可避免地造成白人中产阶级妇女改革派巨大的失落感：她们多年来要去解放的黑人成年男性就要取得投票权了，而她们自己的投票权还遥遥无期，这是她们在理性和情感上都难以接受的。同时，共和党将巩固自身地位的政治考量置于《独立宣言》所昭示的自由、平等理念之上的倾向也引起女权主义者们的警觉。

　　在美国历史上，无论是《独立宣言》的自由、平等原则还是宪法第一条修正案的权利观念从来都不是面向所有人的。作为这两份文件的主要受益者的白人成年男性公民，就像殖民地时代的清教徒教会成员一样，享受的是充分的公民权利，因此也可以被称为充分公民（full citizen），在一个标榜自由、平等的社会中占据优越的政治地位，也因此比其他社会成员更具有自豪感和责任感。在面对社会变动和其他社会成员提出加入的诉求时，维护自身地位就成为这个群体成员的本能，由此而形成的社会舆论左右着政治家们的改革选择。苏珊娜·马里雷注意到，重建时期的公共舆论左右着共和党领袖和改革派的政治取舍。改革家们要面对的舆论现实是，"全国的本土出生的白人男性投票人都在抵制自由黑人（black men）或白人妇女（white women）加入充分公民。代表着包容性平等的知识精英和激进共和党人在改变公共意识或激发大众良心方面显得无能为力"[1]。这种舆论氛围或许是菲利普斯等改革家们将男性黑人的公民权利放在首位，选择逐步消除美国社会不平等障碍的重要原因。

历史学者注意到苏珊·安东尼在黑人选举权问题上的思想纠结："苏珊像共和党一样主张黑人的公民权、选举权、接受教育和拥有农场的机会，但她不能忽视南方在军管状态下滋长起来的腐败，她觉察到共和党人在南方坚持黑人选举权并非只是出于高尚的原则，而且出于确保他们的政党在即将到来的选举中获胜的普遍愿望。"[2] 因此，她与斯坦顿一起反对菲利普斯等人提出的"属于黑人的时间"的提法，认为应该将争取妇女的选举权放在同等重要的位置。当她们的建议被拒绝后，安东尼和斯坦顿等女权主义者转向本土主义，认为黑人和新移民都是低等社会群体。[3] 围绕"宪法第十四、十五条修正案"产生的分歧和争论扭曲了部分女权主义者的价值观，在一定程度上将她们推向种族主义一边。

对于在反奴隶制和争取黑人选举权运动中如何安放妇女的选举权问题，女权运动领袖们内部也产生了分歧，从而直接导致美国女权运动的分裂：1868 年 11 月，支持"宪法第十四条修正案"的一部分女

---

[1] Suzanne M. Marilley, *Woman Suffrage and the Origins of Liberal Feminism in the United States, 1820–1920*, Cambridge: Harvard University Press, 1996, p. 67.

[2] Alma Lutz, *Susan B. Anthony Rebel, Crusader, Humanitarian*, Boston: Beacon Press, 1959 (Release Date: January 25, 2007), p. 84.

[3] Suzanne M. Marilley, *Woman Suffrage and the Origins of Liberal Feminism in the United States, 1820–1920*, Cambridge: Harvard University Press, 1996, p. 68.

权主义者，包括阿比和斯特芬·福斯特（Abby and Stephen Foster）、托马斯·温特沃斯·希金森（Thomas Wentworth Higginson）等人组织了新英格兰妇女选举权协会（New England Woman Suffrage Association，NEWSA），"以抵消斯坦顿和安东尼的政治倡议"，并获得著名妇女运动领袖斯通和布莱克威尔的支持。[1] 斯通等女权主义者试图弥合这个组织与斯坦顿和安东尼之间的裂痕，把黑人和女人的平权主义者们团结到一条战线上来，但在两边都得不到配合而被迫放弃。1869年5月，斯坦顿等人组织了全国妇女选举权协会。同年11月，支持黑人选举权和"宪法第十五条修正案"的斯通等人在原来的新英格兰妇女选举权协会的基础上又组织了美国妇女选举权协会，作为全国性女权组织，总部设在波士顿。两支女权主义队伍分道扬镳，对美国女权运动产生的影响持续数十年之久。

19世纪后半期，一些美国社会改革家们创办报刊以推行他们的改革主张。这些报刊大多存活不久，后来人很少听说，但在当时的影响力却不容低估。在19世纪女权运动中，两支争取妇女选举权的全国性组织都创办了自己的报刊。苏珊·安东尼创办的《革命》周刊就是这样一份致力于争取妇女权利的改革报纸。该报创刊于1868年1月8日，到1872年2月关停，仅存活了四年零一个月。从名称可以看出，该报是以战斗的姿态出现在世人面前的。安东尼是该报的管理者，伊丽莎白·斯坦顿与另一位废奴主义者同时也是女权主义者帕克·皮尔斯伯里（Parker Pillsbury）担任共同主编。该报经营了29个月之后，因财务负债过重，安东尼被迫将其转手给劳拉·柯提斯·布拉德（Laura Curtis Bullard），一位有钱的女权活动家，后者接手后报纸的激进风格有所收敛。从创办时间上可以大致判断出，该报的出现与女权运动的内部分歧有关，斯坦顿和安东尼以此为平

---

[1] Suzanne M. Marilley, *Woman Suffrage and the Origins of Liberal Feminism in the United States, 1820–1920*, Cambridge: Harvard University Press, 1996, p. 76.

台,充分阐述她们的女权主张,回应和质疑菲利普斯等人的"属于黑人的时间",将妇女选举权作为女权运动的主要目标。既然主张黑人选举权的改革者们不支持妇女选举权,安东尼等人也收回了她们对黑人权利的支持,而专注于妇女自身权利。一方面揭露违反妇女意志的风俗和法律,另一方面宣传妇女选举权对于美国社会进步的重要性。她们在其主办的《革命》周刊上指出北方的康涅狄格、密歇根、明尼苏达、俄亥俄以及宾夕法尼亚尚且没有给予州内黑人选举权,为什么要在黑人选举权在北方被接受之前先在南方实现?如果说安东尼等人对"宪法第十四条修正案"的质疑多少有些强词夺理,那么她们对妇女权利的主张从来都是义正严辞的。《革命》周刊讨论了当时美国妇女所面临的众多权利和地位的问题,诸如结婚、离婚、妓女和溺婴等问题。[1]

1870年,露西·斯通也创办了一份期刊,命名为《妇女杂志》(*The Woman's Journal*),作为美国妇女选举权协会的机关刊物,在宣称妇女选举权方面取得了巨大成功。《妇女杂志》为协会公布会议日程、讨论选举权问题以及为赢得选举权需要采取的策略。[2] 无论在内容上还是在经营上,《妇女杂志》显然要比《革命》成功一些,一直存在到1931年,见证了"宪法第十九条修正案"的通过和美国妇女权的实现。

1871年夏,安东尼和斯坦顿一起经历了一趟以太平洋沿岸加利福尼亚为终点的巡回演讲。安东尼在5月底离开罗切斯特,在芝加哥与斯坦顿汇合,开始了她们的太平洋沿岸之旅。作为全国知名的女权运动领袖,她们沿途受到各地政要和名人的接待,赶来听她们演讲的听众动辄上千人。巡回演讲的效果总的来说是好的。"她们在沿途的很

---

[1] Alma Lutz, *Susan B. Anthony Rebel, Crusader, Humanitarian*, Boston: Beacon Press, 1959 (Release Date: January 25, 2007), p. 84.

[2] Suzanne M. Marilley, *Woman Suffrage and the Origins of Liberal Feminism in the United States, 1820–1920*, Cambridge: Harvard University Press, 1996, p. 77.

多城市发表了演说,参加了很多荣誉性接待。在丹佛,她们受到麦克库克州长和州长夫人的款待。她们的听众不仅数量多而且充满热情,媒体也表达了她们的尊敬、热情和欣赏。"① 她们不仅向广大女性听众传播她们主张妇女权利的理念,而且还不失时机地借助当地报纸宣传她们的女权思想。在科罗拉多州、犹他州、俄勒冈州和加利福尼亚州,她们都是当地媒体追逐的热点。当然,并非所有听众和媒体都是友好的,当安东尼在犹他州访问了一位杀夫女犯人并做了"女人决不能依靠男人"的演讲之后,第二天当地报纸即谴责她企图为杀人犯辩护,一时间她成为全国媒体攻击的对象。② 尽管承受了巨大压力,安东尼还是以冷静的态度迎接了挑战,在发现自己不被当地的某些媒体欢迎时,她就暂时停止了自己的发言,全力安排好斯坦顿的演讲。在8月22日斯坦顿启程返回东部以后,安东尼又继续在加州和俄勒冈州做了一系列演讲,在那里她受到当地媒体和听众的欢迎:安东尼女士受到俄勒冈媒体的友好接待。她被当地各主要报纸深度采访,并以赞美的口吻加以报道。《俄勒冈人》在报道末尾总结说:"主要由我们的知识型市民构成的听众,专注地聆听了演讲,明显表现出强烈的兴趣,安东尼女士讲得十分清楚,比一般演讲人讲得更为简明易懂,有条有理。必须承认,她的观点很有说服力,虽然我们很难说它是结论性的。她是一位流利的演说家,成功地支持了她所倡导的事业。"《先驱报》在对安东尼进行了长篇采访报道后称她"表述完整""言必有据"。杜尼威太太的报纸《新西北》(*The New Northwest*)称"安东尼女士是一位有鼓动性的充满活力的工作者,渊博而富有逻辑的演说家,对其听众有真实的相当的影响,所到之处无不为之倾倒"③。通过巡回演讲,斯坦顿和安东尼将妇女权利运动从东部向西海岸推进。

---

① Ida Husted Happer, *The Life and Work of Susan B. Anthony*, Volume One, Indianapolis and Kansas City: The Bowen-Merrill Company, 1899, p. 387.
② Ibid., p. 392.
③ Ibid., p. 398.

"宪法第十四条修正案"获得通过以后,美国妇女争取投票权的运动采用了一种新的策略,她们声称该修正案既然肯定了"所有出生或归化爱美国,以及受美国司法管辖的国民都是美国和所居各州公民"[1],那么该修正案应该也将保证每个公民平等的投票权利,基于这一理解,安东尼等女权主义者开始在一些地区大胆地实验这些权利。1872年11月的选举是一个好的机会,美国的总统、副总统和国会议员都要在这一年经过选举产生。在纽约州的罗切斯特,包括苏珊·安东尼在内的14位妇女注册了投票权,领取了选票。她们根据"宪法第十四条修正案"赋予美国公民的权利要求投票,三位监督员按照多数原则同意接受她们的投票,而当她们按期投出她们的选票之后,等待她们的却是一起被逮捕。法院依据1870年5月30日的《国会法》(Act of Congress)指控她们犯了"明知无权投票却投了票"的罪行,安东尼一人被交付审判。三位监督员也因此被逮捕,罪名是"明知并有意接受无权投票的人的投票"[2]。

1873年6月,安东尼案在位于卡南代瓜市(Canandaigua)纽约州北区巡法庭开庭审理,控方认为该案事实与相关法律都很清楚,而被告方辩护律师指出,法院为安东尼定罪的唯一原因是她是一位妇女,"这是一位妇女仅仅因为她的性别而被送上刑事法庭的首例"。他进一步陈述说:"对于建立和维护一个好政府,女人与男人有着同样的利益;她们与男人在遵从法律方面的程度是一样的;对于坏的法律,她们与男人的受害程度是一样的,对于好的法律,她们与男人的受益程度也是一样的;基于法律面前人人平等的原则,在选择立法者和统治者上妇女应与男人一样平等地表达她们的意愿。"[3]

---

[1] Susan B. Anthony, *Account of the Proceedings of the Trial of Susan B. Anthony, on the Charge of Illegal Voting at the President Eclection in Nov.*, 1872, Rochester, N. Y.: Daily Democrat and Chronicle Book Print, 1874, p. 34.

[2] Ibid., p. v.

[3] Susan B. Anthony, *An Account of the Proceedings of the Trial of Susan B. Anthony, on the Charge of Illegal Voting at the President Eclection in Nov.*, 1872, pp. 17 – 18.

法官强调辩护应局限于法律范畴，意愿不能成为辩护理由，并拒绝将该案交付陪审团去决定是否有罪，直接指示书记员做了定罪处理，对安东尼罚款100美元。安东尼拒绝支付罚款，并坚持认为，法院的诉讼程序违反了刑事诉讼法的基本原则，即除非故意，没有犯罪；诚实的错误不是犯罪。此外，法院拒绝将案子交付陪审团决定是否犯罪的做法，剥夺了被告的基本权利。[①]

在美国历史上，最能代表一个时期社会公正水平的可能就是美国法院的判例。包括安东尼的自我陈述在内的听证会内容被印成小册子散发，无论是当时人还是后来人均可以了解到当时代表着社会公正的美国法院的判断标准。尽管斯坦顿、安东尼等争取将妇女选举权加入"宪法第十四、十五条修正案"的努力没有成功，但她们仍然认为可以利用修正案中对公民成分的界定和对公民投票权的保障，因为修正案通过后，在一些人看来的确存在着一定的模糊空间："很多共和党领导人承认这些修正案可以被诠释为包括妇女，却在'党派私利'口号的压制下保持沉默。担心争取有色男性选举权失败，他们不敢把'性别'一词加进十五条修正案，那样不仅可以使这类问题无可争议，而且也可以结束这种三十年来持续不断的鼓动。"[②] 然而，"宪法第十五条修正案"在保证公民选举权时只提到"不能因为种族、肤色或者过去处于奴隶状态"，而没有提及"性别"，因此立法者主观上是将妇女排斥在该修正案的保护范围之外的。亨特法官对于安东尼女士一案的陈述和判决反映了司法部门对于宪法修正案和女性选举权问题的理解：

根据1870年国会法被告方被指控在1872年11月投票选举国

---

① Susan B. Anthony, *An Account of the Proceedings of the Trial of Susan B. Anthony, on the Charge of Illegal Voting at the President Eclection in Nov.*, 1872, p. vi.
② Ida Husted Happer, *The Life and Work of Susan B. Anthony*, Volume One, Indianapolis and Kansas City: The Bowen-Merrill Company, 1899, p. 409.

会议员。该法令将任何无权投票的个人的公开投票选举众议院的行为确定为违法。被告被控进行了这次投票,而她不具备投票的权利,因为她是一位妇女。被告坚持认为她有权投票;本州宪法条文将投票权限于男性违反了美国宪法第十四条修正案,因而无效……

纽约州立法机构,可以这么说,投票选举权是限制给男性的。这一陈述,根据我的判断,并没有违反第十四、十五条修正案中的文字和精神……

第十四条修正案没有授权妇女投票,因而安东尼女士的投票是违法的。①

从文字和逻辑上看,亨特法官的解释并没有错,美国"宪法第十四、十五条修正案"无论是立法意图还是司法解释都没有将因性别而被剥夺了选举权的美国妇女包括在内。安东尼等人实际上是不甘心她们的妇女选举权主张在共和党控制的国会中受到冷落,想在模糊地带寻求突破,也想借此引起人们对妇女投票权问题的关注。从该案的审判及其后果来看,要实现妇女投票权在美国还有很长的路要走,19世纪70年代的政治和社会环境都不成熟。事实证明温德尔·菲利普斯等人的判断是正确的,当时的确是"属于黑人的时间"。妇女权利之受到普遍关注,要等到政治和文化氛围转向19世纪最后20年进步主义与科学主义登堂入室,甚至种族主义回潮以后。

苏珊·安东尼一生致力于妇女权利运动,在全国乃至欧洲巡回演讲,每年发表75—100场演说,将自己的收入所得用来支持《革命》周刊和其他女权活动,为实现妇女权利解放可谓鞠躬尽瘁。安东尼不仅是一位社会改革的鼓动家,而且具有卓越的组织才能。她在致力于

---

① Susan B. Anthony, *An Account of the Proceedings of the Trial of Susan B. Anthony, on the Charge of Illegal Voting at the President Eclection in Nov.*, 1872, p. 64.

禁酒的纽约全州妇女禁酒协会、致力于废奴的妇女忠诚国家联盟、致力于妇女权利的美国平等权利协会和全国妇女选举权协会中都发挥了组织和领导的作用。安东尼还曾接受美国劳工组织的倡议，推动建立一个劳动男人、女人和黑人的联合组织，但因为她更强调妇女的权利和机会而难以与劳工组织协调斗争目标，最后只好放弃合作。

男权社会在人类历史上持续了数千年，其所赖以存在的基础是根深蒂固的。今天看似简单的妇女选举权在19世纪的美国还是一个大多数人不能接受，或者即便是表面接受而内心也十分抵触的变革。杜波依斯曾注意到美国内战前后白人对黑人态度的变化，发现"白人并不认为黑人跟他们是平等的，直到后者愿意去战斗"。他写道："虽然对黑人或者任何人来说，不愿杀戮是个优点，但取人性命的能力和勇气一直是男子气概的证明，即便在那些自由派男人的心中也是如此。"因此关于黑人解放问题，他的结论是："解放在美国之所以可能，黑人作为公民之所以能够被接受，没有什么比黑人士兵作为战士的记录更重要了。"[1] 能否履行一个公民包括为国战斗在内的全部义务是很多美国男人衡量一个人是否有资格投票的基本标准。

女权运动的收获季节是19世纪后期。这一时期美国社会的舆论氛围与内战和重建时期相比发生了巨大转变，历史的钟摆摆向了保守的一边。得益于现代化进程中科学主义的甚嚣尘上，社会达尔文主义和种族主义理论在知识界占据了很广泛的市场，遮蔽了平等主义。从19世纪80年代后期，直到1920年"宪法第十九条修正案"通过，妇女选举权派（suffragists）为了投票权提出很多带有种族主义和本土主义的观点，认为黑人和大多数新移民是能力低下的。[2] 这样的机会主义取向今天看来显然属于政治不正确，是美国女权运动的一大污

---

[1] Suzanne M. Marilley, *Woman Suffrage and the Origins of Liberal Feminism in the United States, 1820 - 1920*, Cambridge: Harvard University Press, 1996, p. 70.

[2] Ibid., pp. 161, 162.

点。然而在当时确实迎合了美国为社会达尔文主义和种族主义所主导的公共舆论,具有较强的实用性。单一的妇女选举权目标将原来分裂的女权主义者重新团结起来,1890年2月,在苏珊·安东尼的推动下,全国妇女选举权协会与美国妇女选举权协会合并成一个统一的女权组织——全美妇女选举权协会(NAWSA)。与坚持激进立场的斯坦顿不同,选择包容与妥协的安东尼试图通过联合背景不同的各派妇女,将目标锁定在单一的选举权诉求上,一起推动一项保障妇女选举权的宪法修正案。[1]

斯坦顿等早期的女权领袖退休后,苏珊·安东尼成为全国最具影响力的女权运动领导人。1900年安东尼因身体原因退出政治活动,居住在纽约州罗切斯特的家中。安东尼没能看到"宪法第十九条修正案"通过,她于1906年3月13日在罗切斯特去世。她去世前已经看到了妇女选举权运动成功的希望,20世纪初,美国妇女选举权首先在西部几个州获得突破,怀俄明、犹他、科罗拉多、爱达荷等州的妇女纷纷获得了选举权。安东尼去世14年后,她毕生追求的妇女选举权才通过"宪法第十九条修正案"得以实现,美国妇女在国家独立近一个半世纪以后才获得充分的公民权利。

小　结

一个社会对妇女权利的尊重经常被看作衡量其文明的尺度。一向被认为是现代民主标杆的美国在妇女选举权问题上却相对滞后,对妇女选举权的认可甚至比英国还落后了两年,足以说明男权文化在19世纪的美国社会中仍然根深蒂固。冲破性别藩篱的妇女选举权抗争经历了一个世纪之久才最终取得胜利,这场胜利是几代美国女权主义者

---

[1] Suzanne M. Marilley, *Woman Suffrage and the Origins of Liberal Feminism in the United States, 1820–1920*, Cambridge: Harvard University Press, 1996, pp. 159–160.

接力奋斗的结果。当我们回顾美国女权运动的光辉历程时，不难发现我们在其他几章中观察到的类似问题，那就是美国各社会群体充分公民权利的争取，并不是齐头并进的。不仅如此，不同群体在争取各自公民权利时存在相互之间的倾轧。以中产阶级白人妇女为主力的妇女选举权运动，取得实质性成果的阶段并不是重建时期，而是美国种族主义占据主流意识形态和舆论氛围的19世纪末20世纪初。很多美国白人中产阶级妇女，尤其是在南方"吉姆·克罗"州，在如愿取得投票权和政治地位提升的同时，却积极地投身于种族隔离运动。伊丽莎白·吉莱斯比·麦克雷在其近著中揭露了美国中产阶级白人妇女在种族隔离运动中发挥的主力作用。在20世纪初期那些种族科学家（race scientists）的眼中，白人妇女是实现种族纯洁的关键群体。他们认为，"在种族纯洁的要求下，白人妇女不仅构成种族完整（racial integrity）的主要对象，而且还是其劳动力"。如果能防止她们的"跨种族联系，白人妇女就能够纯洁并激励这个民族"；反之，她们就会导致"民族的堕落"。[①] 在种族科学家们的鼓励下，很多南方的白人妇女充当了种族隔离政策的排头兵。

[①] Elizabeth Gillespie McRae, *Mother of Massive Resistance: White Women and the Politics of White Supremacy*, Oxford: Oxford University Press, 2018, p. 25.

第十章 从奴隶到公民：美国黑人权利与地位的变化

美国史学界关于奴隶制、废奴运动、内战、重建以及民权运动的研究可谓汗牛充栋，中国的美国史研究领域近年来也涌现出不少与黑人权利相关的高质量作品。本章不打算全面介绍美国黑人的血泪史或者黑人民权运动发展史，而是准备集中讨论两方面问题：一是美国建国后是怎样在制度设计和国家机器运转上忽视甚至践踏黑人应该享有的基本人权的；二是美国从精英到一般民众是怎样看待奴隶制问题和黑人权利问题的，前后有什么样的变化。

一 早期的黑人奴隶制问题

非裔美国人是最早到达新大陆的族群之一。1619年8月20日，一艘荷兰船在弗吉尼亚的詹姆斯敦靠岸，将20名从非洲掳获和贩运来的黑人卖给了英国殖民者。起初他们并未被当作终身奴隶对待，而是像殖民地初期的白人契约奴一样，为殖民者工作一段时间以后可以获得自由。尽管如此，这20名黑人通常被认为是来到新大陆的第一批非自愿的移民，因而也是北美大陆黑人奴隶制的开端。

在北美殖民地早期，也有一部分白人是以契约奴的身份到达的，只不过他们不像非洲黑奴一样是被绑架、贩卖而来，而是自愿以劳务换取来美的船票，他们往往经历4—7年的服务，在完成服役契约后，最终转化为自由人。理论上黑人也应该有这样的选择，早期有少数黑奴可能通过一段时间服役或其他原因而获得人身自由。1661年弗吉尼亚殖民地通过一项法律，认可某些黑人要终身服侍他们的主人。该州翌年又通过一项法律，规定子女的身份由母亲身份决定，从而将一个人的奴役地位继承化了。其他各殖民地也纷纷效尤，黑人奴隶制在北美殖民地被法律确定了下来。1619—1661年，北美黑人的状况逐步发生改变，由原来的契约劳工转变为奴役劳工。[1] 但随着北美大陆的进一步开发，殖民者所需的劳动力日益增加，逐渐将黑人的奴隶身份终身化，也埋下北美种族问题的种子，并在现代世界结出奴隶制恶果。

17—18世纪的欧洲启蒙运动很快波及北美大陆，也影响到殖民地精英对北美大陆奴隶制的看法。1775年4月14日，宾夕法尼亚和弗吉尼亚等地一批崇尚自由、平等的教友派信徒组织了协会，旨在解救被非法强占为奴的自由黑人。本杰明·富兰克林和本杰明·拉什等后来成为美国建国之父的社会精英加入了这个组织。该组织被认为是美国最早的反奴隶制组织。[2] 1776年1月16日，第二届大陆会议通过了乔治·华盛顿的政策建议，接受自由黑人加入大陆军，黑人为美国的独立革命做出了贡献。然而，美国赢得独立战争以后，黑人的地位、处境并没有多少改善。不仅如此，由于宪法事实上认可了南方的奴隶制，广大黑人的奴隶地位在这个新国家中反而得到强化，因而非裔美国人争取平等权利的努力贯穿了整个共和国的发展史。

不管怎样，美国建国的时候，这个新国家被形容为"一半奴隶，一半自由"（Half slave and half free）。作为最早接受启蒙思想并将其付诸实践的一批政治家，美国建国之父们需要面对的最大道德挑战

---

[1] Junius P. Rodriguez, *Slavery in the United States, A Social, Political, and Historical Encyclopedia*, Volume One, Santa Barbara, C. A.：ABC Clio, 2007, pp. 4 – 5.

[2] Ibid., p. 21.

可能不外乎如何对待殖民地时期遗留下来的黑人奴隶制问题。他们在《独立宣言》中标榜这个新国家将服膺于那些不言而喻的真理："人人生而平等；造物主赋予他们若干不可剥夺的权利，其中包括生命、自由和追求幸福的权利。"如果无视这个国家存在的丑恶的奴隶制度，如果不能将理想付诸实践去根除这样的制度，那只能说明他们的创建者是一批虚伪的人。众所周知，身为弗吉尼亚奴隶主的杰斐逊在建国时是明确反对奴隶制度的，他的出发点可能与后来人理解的人道主义和种族主义没有多大关系，他所顾虑的是美国作为一个民族和社会如何消除其道德缺陷问题。在其撰写于1781年的著名的《弗吉尼亚笔记》中，杰斐逊在介绍弗吉尼亚风俗人情时提到："存在于我们当中的奴隶制毫无疑问给我们人民的风俗习惯带来不愉快的影响。主人与奴隶之间的整体关系，在一方永远是一种最暴躁的激情和最不懈的专制，在另一方则是有辱人格的屈从。"[1] 杰斐逊担心的是"我们的孩子看到这些，就会学着模仿它"。道德堕落导致勤勉的丢失，因为能让人为其劳动自己就不愿动手了。因此，他期望奴隶制能够自然衰落消亡："主人的精神在消减，奴隶从尘埃中站起，他的境况在改善，我希望以这种方式，辅以天助，准备一场全面的解放。"[2] 然而，历史学家们也注意到，美国建国以后，"即使不是在原则上，至少在实践上，杰斐逊对奴隶制的反对随时间流逝而淡化。他在1826年去世时拥有的奴隶数量多于他约五十年前写作《弗吉尼亚笔记》时"[3]。

如果说华盛顿、杰斐逊等政治家们会顾忌到南部种植园奴隶主的分裂势力而有所妥协的话，新教徒中的道德派对这样明显违反道德伦

---

[1] Thomas Jefferson, *Notes on the State of Virginia*, Boston: Wells and Lilly, 1829, pp. 169 – 170.

[2] Ibid., pp. 170 – 171.

[3] Ira Berlin, *The Long Emancipation: The Demise of Slavery in the United States*, Cambridge, M. A.: Harvard University Press, 2015, p. 21.

理的现象却难以熟视无睹。独立战争即将结束时,来自新泽西的教友派反奴隶制人士戴维·库珀(David Cooper)首次提出,奴隶制的存在将威胁到这个国家的完整:"不要让这个世界有机会指责她的行为与她庄严并不断重复的宣言相悖;或者说他们的子孙并非真正的自由之友,驱使他们加入这场可怕争夺的也并不是什么高尚的动机,而是自私和利益。"①

这里首先需要拷问的是,《独立宣言》中所指的人与这个新国家、新社会中具体的人是不是同一类人?从美国建国初期的政治实践上看,能够享受充分政治权利的只是拥有一定财产的成年男性白人,其他没能享受这样的政治权利的妇女、有色人种和未成年人都不能站在与前者平等的位置,而奴隶制的存在,成为美国建国后进步人士的一块心病,与其说是制度上的障碍,不如说是道德上的缺陷。由教友派发起的废奴运动到19世纪四五十年代已经汇集了各界反奴隶制人士的力量,最终加入内战中对南方奴隶主势力的军事斗争。1863年元旦,美国总统亚伯拉罕·林肯终于公布了解放奴隶宣言。随后几年,非裔美国人问题在共和党控制的国会推动下获得了法律上的解决。1866年6月,"宪法第十四条修正案"在国会两院通过,给予所有黑人公民权,并规定,任何一州,如果拒绝21岁以上男子选举权,将会被剥夺按人口比例选派国会代表的权利。1869年2月,国会通过"宪法第十五条修正案",并在翌年3月获29个州批准生效。该修正案保证"合众国或任何一州不得以种族、肤色及前此受奴役状态为理由,剥夺合众国公民的选举权"。这样,随着南方种植园奴隶制的毁灭,美国黑人遭受的制度压迫在国家层面得以终结。但要彻底根除道德层面的种族问题,这个国家还有很长的路要走。

---

① Patrick Rael, *Eighty-Eight Years: The Long Death of Slavery in the United States, 1777–1865*, Athens: The University of Georgia Press, 2015, p. 63.

二 重建后南方黑人的困境

19世纪末20世纪初的进步时代，在美国历史上一直以进步和改革著称。在这场为后世广为称道的进步主义运动中，19世纪美国现代化过程中的诸多问题，包括联邦政府职能、联邦与各州的关系、政党关系、工农和城乡关系以及大型工商企业与联邦和各州政府之间的关系等，都得到了一次大调整，让美国资本主义制度渡过了一场因其固有社会矛盾造成的全面危机。然而，无论是西奥多·罗斯福总统的"公平施政"还是威尔逊的"新自由"，抑或是社会各界推动的公平公正改革，都没有给"镀金时代"陷入困境的美国黑人带来任何福音。相反，南方在重建之后迅速抬头的种族主义与全国性排外势力结合在一起，给进步时代蒙上阴影。

"宪法第十四、十五条修正案"通过以后，黑人作为美国公民的社会地位和政治权利有了法律保障。然而，在实际生活中，刚刚获得解放的南方黑人面对的是一个既熟悉又陌生的社会。这是他们祖祖辈辈生活的地方，这里的一草一木、一砖一瓦都凝结着他们的劳动汗水，他们不可能不熟悉；然而，当他们以自由人的身份走向社会的时候，迎接他们的却是一个陌生的社会环境。过去的主人不会再打骂压榨他们，也不会再管理他们的衣、食、住、行。他们需要自己去应付各种改变了的社会关系，独立面对生活中的压力。他们需要了解，作为美国公民，他们可以享受哪些权利，如何保护这些权利不受侵犯，以及对于保护公民的正当权利，联邦政府负有哪些责任。然而，白人主导的社会并没有打算接纳他们成为享有充分政治权利的美国公民，内战后南方各州的黑人不仅要面对充满隔离、歧视的"吉姆·克劳法"的打压，还要承受"三K党"的不断侵扰、迫害甚至私刑谋杀。

19世纪70年代初，国会通过一系列强制法案，旨在保护黑人免受南方猖獗的"三K党"侵扰。1875年，针对南方各州"三K党"

的横行和"吉姆·克劳法"的猖獗,共和党控制的国会为巩固重建成果而通过了一项民权法案,将旅馆、剧场和铁路上的种族歧视列为非法。[①] 但是,如果在这些公共场合出现了种族歧视怎么办?谁来鉴定、惩处?谁来为受害者主持正义?履行权利的责任往往落在个人身上,即所谓"民不告,官不究",受害者需要告到法院,形成诉讼,法院才能判定某些企业或政府机构是否违法。而要让法院受理一个案件,首先要支付律师费、诉讼费等,对于大多数一文不名的黑人来说,这些费用不是他们能够负担得起的。而且后来几项重要的案例也证明,即使有敢于挑战的黑人站出来,对于白人控制并为种族主义所笼罩的司法系统来说无异于以卵击石,注定要失败的。对于"三K党"控制南方各州司法系统的现象,即使联邦政府也无可奈何。[②]

共和党国会领导的重建结束于1877年。这一年,完成军管任务的联邦军队撤出了南方,在内战中失势的民主党重新恢复了他们在南方的统治,包括对立法和执法机构、政府部门、民兵和媒体的控制。此外,还有准军事化的"白人团"(White League)和"红衫军"(Red Shirts)维护着民主党对南方各州的统治。所以,1877年是已经获得解放的南方黑人命运的转折点,这一年,在南方与北方白人的和解中,黑人被他们在政治上长期依靠的共和党抛弃了。

经济上,原来的种植园主摇身一变成为新式地主,穷苦白人和黑人奴隶成为佃农,收获的大部分要交给前者。在这样的形势下,获得解放的黑人奴隶如果不愿意背井离乡移民到陌生的地方,就要忍受原奴隶主们建立的新式经济剥削。对于重建后南方黑人的经济地位,美国史学家罗斯·埃文斯·保尔森(Ross Evans Paulson)有过一段精辟的分析:

---

① Ross Evans Paulson, *Liberty, Equality, and Justice: Civil Rights, Women's Rights, and Regulation of Business, 1865–1932*, Durham, N.C.: Duke University Press, 1977, p. 36.
② Patrick Rael, *Eighty-Eight Years: The Long Death of Slavery in the United States, 1777–1865*, Athens: The University of Georgia Press, 2015, p. 316.

在一个农业为主的社会，对土地的拥有权仍然是维护个人独立的关键。但南方白人土地拥有者与"提供信用装饰"的商人一起设法维护着他们的控制地位。他们所要保护的是他们自己每天需要的可靠劳动力供应的自由。非裔美国人要维护的自由和自主是对他们自己家庭劳动力的控制权，有人说是针对作物、奖酬比例的管理权。但缺少信用、缺少交通选择、合同法的政治结构、抵御诱惑制度（antienticement enactments）、劳动定罪制度（convict labor system）严重制约了他们。具有讽刺意味的是，重建时期所建立的"自由劳动力"制度，经过复辟政府（the redeemer governments）的修改，留给黑人的自由选择，除了为别人劳动以及定期更换的自由，其他乏善可陈。租佃农业或谷物分成可能保留了非裔美国人对家庭劳动力一定程度的控制权，但购买这种相对的自主性一来价格不菲，二来机会有限。[1]

也有少数黑人选择离开原来的州，到一个没有白人的地方，建立一个新的独立社区。1877年，一群黑人男女在堪萨斯州建立了尼科戴姆斯（Nicodemus）镇，一个全部由黑人组成的小镇。虽然从1878年就有人提出向非洲利比亚的移民计划，但能够成行的毕竟是少数，多数人选择移往临近的北部州。据统计，临近南方的堪萨斯州在整个70年代接受的黑人数量不超过25000人，大多来自周边的肯塔基、田纳西和密苏里，而非距离稍远的"深南部"（Deep South）。[2]

重建的结束和联邦军队的撤出也意味着南北方白人对立状态的结束。南北战争是迄今为止美国历史上最为残酷的战争，伤亡人数超过一百万。内战及其后联邦军队对南方的军管给双方带来的伤痛折磨着一代

---

[1] Ross Evans Paulson, *Liberty, Equality, and Justice: Civil Rights, Women's Rights, and Regulation of Business, 1865-1932*, Durham, N.C.: Duke University Press, 1977, p.39.

[2] Ibid., p.37.

美国人，在美国历史上留下难以抹平的烙印。同样值得关注的是，曾经是仇敌的南北双方在战争结束十余年后终于实现了和解。一国之内交战双方能够化敌为友，在较短的时间内就实现了从战场上你死我活的仇敌到社会上和平交往的公民的转换，一直是世界历史上值得称道的事。这种和解与其说是联邦与联盟两大对立阵营、共和党与民主党两大对立政党之间的妥协，不如说是南北方白人兄弟之间相逢一笑泯恩仇。战争结束后，以罗伯特·李将军为代表的南方联盟军政领导人并没有被当作卖国者而受到惩罚，有些战犯在解甲归田后还担任了重要职务。战后数十年里，人们对这场残酷战争的回忆被赋予了更多的温情，浪漫化的战争记忆消解了过去的宿怨。1870年9月，担任西弗吉尼亚州华盛顿大学校长的李将军因中风去世，10月这所大学就更名为华盛顿—李大学。在19世纪余下的30年里，作为昔日奴隶主和奴隶制度维护者的李将军在人们的怀念中被塑造成了民族英雄，新奥尔良、达拉斯等地建起了纪念馆让其得享殊荣，南方很多地方竖起了李将军的雕像。

　　南方白人与北方白人的和解，让刚刚解放的黑人在美国社会中陷入孤立无援的境地。刚刚进入80年代，最高法院就将重建时期通过的几项旨在保护黑人基本权利的法案宣布为违宪。1882年对"美国诉哈里斯案"的判决中，最高法院认为国会在1871年通过的第三个强制法令违宪。该法律旨在对非法密谋及其他违反"宪法第十四条修正案"从而侵犯黑人权利的行为进行惩罚。1883年最高法院法官约瑟夫·P. 布莱德利（Justice Joseph P. Bradley）裁定1875年《民权法》违宪。该法案由著名反奴隶制共和党参议员查尔斯·萨姆纳提出，旨在保证黑人对剧院、旅馆、公共娱乐场所以及水陆运输工具享有平等的使用权。最高法院的一系列判决让重建时期建立的保护黑人措施化为泡影。[①]

[①] Ross Evans Paulson, *Liberty, Equality, and Justice: Civil Rights, Women's Rights, and the Regulation of Business, 1865–1932*, Durham & London: Duke University Press, 1997, pp. 37–38.

然而，美国白人种族主义势力的联合反扑才刚刚开始。19世纪后期在民权问题上的反动和倒退是以"普莱西诉弗格森"为里程碑的。在曾经的奴隶州路易斯安纳，1890年的一项新立法将乘坐火车的白人和黑人隔离开来，黑人在当地的火车中只能坐肮脏的煤灰车。1892年6月7日，具有1/8黑人血统、7/8白人血统的霍默·普莱西（Homer Plessy）决定挑战这项当地法律，故意登上东路易斯安纳一辆专门为白人服务的列车，并拒绝列车管理人员让他转到黑人车厢的要求，结果则是普莱西以违反"列车隔离法"（Separate Car Act）的罪名被逮捕、关押。他随后以违反宪法第十三、十四条修正案为根据将路易斯安纳州政府告上法庭，但法官约翰·F. 弗格森（John H. Ferguson）裁决州政府没有错。普莱西向路易斯安纳最高法院控告弗格森法官的裁决，却又在路易斯安纳最高法院败诉。普莱西上诉至美国最高法院。1896年5月，最高法院以7∶1票做出对普莱西不利的判决，认为路易斯安纳州"隔离但平等"的州法并不违反宪法第十四条修正案。

大法官亨利·比灵斯·布朗（Henry Billings Brown）来自新英格兰的马萨诸塞，耶鲁大学毕业后曾先后在耶鲁法学院和哈佛法学院接受法律训练。他在判决书中写道：

> 我们认为原告的观点基于潜在的谬误，即设定两个种族的强制隔离就给有色人种打上了低人一等的标签。如果这样，那并不是出于行为上的某种原因，而仅仅是因为有色人种选择了这样的解释。
>
> 如果两个种族要以社会平等（social equality）的方式相处，那一定是自然亲近的结果，是因为对彼此优点的相互欣赏，是个人的自愿行为。
>
> 如果两个种族的公民和政治权利都是平等的，在民事和政治上一个就不会比另一个低贱。如果一个种族在社会上比另一个低

贱，那么美国宪法也不能将他们放在同一水平上。①

在最高法院的多数大法官看来，法律已经给了黑人与白人平等的政治权利，如果他们在社会上遭受不公平的待遇，如果他们在与白人的交往中受到歧视，那不是法律可以解决的。"宪法第十四条修正案"目标无疑是强制实行两个种族在法律面前绝对平等，但并非要取消基于肤色的区分，或者强制实行两个种族不同于政治平等的社会平等，或者将双方以任何一方都不会满意的形式混合到一起。②

当然，即使存在南北方联合助推种族主义的大环境，我们仍能看到那一票反对的声音。大法官约翰·马歇尔·哈兰（John Marshall Harlan）针对普莱西案判决，发出了孤立但足以穿透古今的声音：

> 在这个国家白人被认为占据了统治地位，现在也的确如此，不论是在声誉上、成就上、教育上、财富上还是在权力上。所以我也不怀疑这样的格局将会永远延续下去。……但是根据宪法，在法律面前，这个国家没有优越的、支配的、居于统治地位的公民阶级。这里没有种姓制度。……我们的宪法是色盲的，既不知道也不允许在公民中间有阶级。③

这说明，能够让最高法院大法官们做出正确判决的常识和理性并非不存在，只是甚嚣尘上的种族主义让这些最应该服从理性的大法官们迷失了方向，做出违心之论，肯定了强词夺理的"隔离但平等"之说。有意思的是，与布朗的北方背景相反，哈兰法官实际上来自南

---

① Paul Finkelman, ed., *Millstone Documents in American History: Exploring the Essential Primary Sources*, Dallas: Schlager Group, 2010, p.841.
② Gloria J. Browne-Marshall, *Race, Law, and American Society: 1607 to Present*, New York: Routledge, 2007, p.12.
③ Paul Finkelman, ed., *Millstone Documents in American History: Exploring the Essential Primary Sources*, Dallas: Schlager Group, 2010, p.841.

方，内战之前还是一位奴隶主，原来也不主张废除奴隶制。但在内战前夕，哈兰改变了他对奴隶制的看法，加入了共和党，并在内战中参加了联邦军队，战后力主黑人与白人的真正平等。这说明内战后美国人在奴隶制问题上已模糊了南方与北方之间的分界线。

最高法院在普莱西案中的判决，成为种族主义的保护伞，原来还有所收敛的"吉姆·克劳法"现在可以堂而皇之地出现在南方各州的立法日程上。"宪法第十三、十四、十五条修正案"给黑人承诺的权利急剧缩水，白人至上论（white supremacy）在南方重新夺回了失去的地位。该判决给美国社会投下的阴影一直延伸到20世纪50年代。

三 达尔文主义与科学种族主义

在美国，进步时代也是科学主义崛起、社会达尔文主义流行的时代。根据学者的观察，"在达尔文和斯宾塞的影响下，进化论成为19世纪后期伟大的组织原理，广泛应用于科学的各个领域"[1]。一般认为，进化论出现于达尔文之前。早在19世纪初，法国博物学家拉马克（Jean-Baptiste Lamarck）就在他的《动物学哲学》（1809）一书中系统地阐述了他的进化学说，提出"用进废退"和"获得性遗传"的进化观："首先，一切生命都具有一种内禀的趋于向高级（结构复杂）的进化趋势……其次，生命诞生之后可通过用进废退和获得性遗传促使生物从简单向复杂进化。"[2] 达尔文的贡献在于将自然选择（natural selection）与物种进化结合在一起。19世纪30年代，达尔文就已经形成了他"自然选择"的进化观："首先，各个物种内部的生

---

[1] John P. Jackson, Jr., Nadine M. Weidman, *Race, Racism, and Science: Social Impact and Interaction*, Santa Barbara, C.A.: ABC-CLIO, 2004, p.62.

[2] 谢平：《生命的起源——进化理论之扬弃与革新》，科学出版社2014年版，第123页。

物在资源竞争能力上是有差异的；其次，生物为稀有资源而竞争；最后，具有较强的生存和再生能力的生活将击败没有这些能力的生活。"① 1859 年，达尔文发表了《物种的起源》（Origin of Species）一书，将他的发现公之于众。差不多在同一时间，一位叫阿尔弗雷德·拉塞尔·华莱士（Alfred Russel Wallace）的年轻人向皇家学会提交了相同的观点。华莱士进一步发展了达尔文的自然选择观点，在他发表于 1864 年的一篇文章中明确指出：种族的身体差异在人类获得他们各具特点的社会性、道德性和智识性之前很早就发生了，当时自然选择仍然作用于人的身体。② 而达尔文在其 1871 年出版的《人类的由来》（Descent of Man）一书中，将全部的人类归于一个共同的源头，而不同的种族则处于人类进化的不同阶段，即从高级动物到野蛮人，再从野蛮人到文明人。③

达尔文主义为镀金时代各种社会不公和残酷竞争找到了科学借口。根据罗伯特·班尼斯特（Robert Bannister）的观察，在达尔文主义甚嚣尘上的 19 世纪后期，首先是改革家们意识到他们的道德诉求不得不让位于更具权威性的科学主义。亨利·乔治（Henry George）在他的《进步与贫困》（Progress and Poverty）中抱怨说，马尔萨斯主义（Malthusianism）现在得到了新科学的支撑，哀叹"一种心存侥幸的宿命论充斥于当前的著作中"。爱德华·贝拉米（Edward Bellamy）写道："在这些日子里，任何形式的暴行的最后托词都通向适者生存。"④ 在科学、理性的旗帜下，阶级压迫、种族歧视、性别歧视似乎都成了现代化进程中成长的烦恼而得到很多知识分子的默认。

达尔文主义经赫伯特·斯宾塞进一步发展而成为系统影响社会科

---

① John P. Jackson, Jr., Nadine M. Weidman, *Race, Racism, and Science: Social Impact and Interaction*, Santa Barbara, C. A.: ABC-CLIO, 2004, p. 66.
② Ibid., p. 68.
③ Ibid., p. 71.
④ Robert C. Bannister, *Social Darwinism: Science and Myth in Anglo-American Social Thought*, Philadelphia: Temple University Press, 1979, p. 114.

学基本理念的社会达尔文主义。靠家庭教育和自学成才的斯宾塞从19世纪40年代开始发表他对政府与社会的独特见解,到50年代又将他的见解置于进化的框架中加以论证。他认为,社会进化与发展同义,是由简单到复杂,由差别不大的乌合之众经专业化分工而进化到复杂、有序的整体。① 斯宾塞相信,"他和他的大多数维多利亚同代人看到的种族等级是进化的等级。低级种族进化不大,专注于过去,与高加索人相比,他们在生理上和文化上都要简单一些"②。斯宾塞认为有些低级种族,如非洲人、波利尼西亚人、美洲印第安人都被困在了野蛮阶段,无外力直接干预很难将他们推出停滞的轨道。斯宾塞主义者甚至"怀疑亚洲人、非洲人和其他低级种族能否被带上进步的轨道"③。达尔文、斯宾塞的理论在内战前后的美国受到普遍欢迎。④ 美国著名古生物学家爱德华·德林克·科普(Edward Drinker Cope)很快接受了自然选择论,成为达尔文的支持者。维多利亚·伍德赫尔女士连续在《纽约论坛报》撰文介绍斯宾塞的进化文明观,推动科学主义的传播。⑤

达尔文主义或许在一定程度上增加了美国南北方白人的团结和凝聚力,甚至推动了妇女选举权运动的进步,却给美国黑人造成了长久的心理伤害,为进步主义的社会改革美誉罩上了阴影。一方面,我们看到不甘心失败的南方奴隶主势力在以各种方式迫害着刚刚获得自由的黑人;另一方面,被称为社会良心的知识分子,原来也可能是废奴主义者,在黑人获得解放以后,他们无法面对的现代文明的负疚感、罪恶感消失了,却服膺于进化论等代表着社会进步的新的意识形态,

---

① John P. Jackson, Jr., Nadine M. Weidman, *Race, Racism, and Science: Social Impact and Interaction*, Santa Barbara, C. A.: ABC-CLIO, 2004, p. 77.
② Ibid., p. 80.
③ Ibid., p. 82.
④ Mike Hawkins, *Social Darwinism in European and American Thought*, Cambridge: Cambridge University Press, 1997, p. 106.
⑤ Ibid., p. 105.

对南方黑人权利的再次被践踏采取漠视态度，因为这些"科学"理论，为他们获得道德解脱和心理平衡提供了逻辑上的支点。

20世纪后期的美国人很难理解为什么达尔文主义会在19世纪后期的美国甚嚣尘上。在一次美国中学生的全国历史统考中一位中学生写道："在（1880年代）一个号称机会之地的民主社会怎么会让贫穷、疾病和社会达尔文主义蔓延？"[1] 社会进化论给镀金时代的美国社会中存在的种种不公找到了合理的解释，让很多美国人以为族群的境遇和个人的遭际都是自然选择、优胜劣汰的结果。

何为科学种族主义？约翰·H. 摩尔（John Hartwell Moore）主编的《种族与种族主义百科》（Encyclopedia of Race and Racism）提供了权威解释："科学种族主义就是借助于科学来证明人类群体之间不平等的合理性。它是两种文化价值或者意识形态结合的结果：其一是人类物种存在或具有不同类别；其二是科学为权威知识提供了来源。"[2] 早在1874年，一些严肃的学术杂志就开始刊发一些以科学种族主义为题的文章，并提出："如果非裔美国人继续急切地追求基本的公民和政治权利，在大多数情况下等同于挑战南方白人的控制权，那么他们的灭亡将是不可避免的。在一个充斥着社会达尔文主义及其变种——盎格鲁—萨克逊主义和黑人恐惧症（Negrophobia）的氛围里，非裔美国人人口数量被有些人认为可以证实，被另一些人认为可以证伪其淘汰和退化。"[3] 尽管19世纪末的人口统计并未证实黑人人口将走向下降灭亡的预言，但科学种族主义并未就此罢休，而是变换角度演绎黑人在人种上的低劣。1896年，一位叫弗雷德里克·霍夫曼的保险公司统计人员出版了一本书，名为《美国黑人的人种特征与趋势》（Race Traits and Tendencies of

---

[1] Robert C. Bannister, *Social Darwinism: Science and Myth in Anglo-American Social Thought*, Philadelphia: Temple University Press, 1979, p. 3.

[2] John Hartwell Moore, *Encyclopedia of Race and Racism*, Volume Three, Detroit: Macmillan Reference USA, Thomson & Gale, 2008, p. 1.

[3] Stephen G. Hall, *A Faithful Account of the Race: African American Historical Writing in Nineteenth-Century America*, Chapel Hill: The University of North Carolina Press, 2009, p. 153.

the American Negro），针对黑人群体犯罪率偏高的现象断言，"来自黑人先天低劣条件的影响超过环境条件"。霍夫曼的研究激发了白人对黑人负面特征的全新关注。查尔斯·A. 卡罗尔（Charles A. Carroll）的《黑人：一种野兽》（*The Negro: A Beast*）（1900）、约瑟夫·蒂林哈斯特（Joseph Tillinghast）的《在非洲与美洲的黑人》（*The Negro in Africa and America*）（1902）以及 R. W. 舒菲尔茨（R. W. Shufeldt）的《黑人：对白人文明的威胁》（*The Negro: A Menace to White Civilization*）（1907）都从人种构成方面叙说了黑人的低等特征。[①]

在科学主义风靡世界的 19 世纪晚期，甚至一些非裔知识分子也被带入白人知识分子主导的科学语境，将进步看作种族歧视的解决办法，试图通过科学证明自己的优秀和种族歧视的荒谬：如果非裔美国人能够证明他们是一个进步的种族，他们就可以摆脱加给他们的种族歧视。[②] 由此可见，进步主义与科学化潮流反而将非裔美国人的处境推入泥潭。

四 进步与公正

学术界一般认为，19 世纪末 20 世纪初的进步时代是美国资本主义制度走向成熟的时期。在进步主义的旗号下，美国政府推出一系列改革措施，抑制了资本主义的恶性膨胀，工业化和城市化造成的诸多社会问题得到不同程度的解决，社会基本矛盾有所缓和。然而，诚如谢国荣所指出的，"进步运动是白人社会主导的改革运动，关注的只是白人在工业化中面临的问题"，"并没有将黑人包括在社会改进计划之中"。[③] 获得解放的黑人在美国只是二等公民，生活在白人优越论的阴影里。不仅如此，在达尔文主义的影响下，黑人的困境和灾难成了

[①] Stephen G. Hall, *A Faithful Account of the Race: African American Historical Writing in Nineteenth-Century America*, Chapel Hill: The University of North Carolina Press, 2009, p. 154.

[②] Ibid., p. 155.

[③] 谢国荣：《美国进步运动时期黑人问题边缘化初探》，《求是学刊》2007 年第 2 期。

自然选择的结果，在白人心目中被合理化了。

20世纪美国黑人地位的提高在很大程度上得益于国际大气候的影响。在两次世界大战中，黑人士兵被编入美国的陆海军，能够与白人士兵并肩作战，向美国人民证明了他们能够履行公民的义务，也进一步确定了自身的公民地位。更为重要的是，黑人士兵在欧洲服役期间，目睹没有种族隔离的欧洲各国少数民族所享受的公民权利，国外的经历成为他们在战争结束后推动美国民权运动的动力。正是由于两次世界大战期间和第二次世界大战后20世纪五六十年代广大黑人在民权运动中前仆后继的不断抗争，才有了罗斯福新政和第二次世界大战后四部《民权法案》的出台，内战后长达一个世纪之久的种族隔离问题才从法律上被清除。

回望美国历史，我们不难得出这样的判断，即美国社会的进步是与其公正程度与范围的拓展密切相关的，至少在全球史的视野下应该作如是观。然而，何以进步时代的美国人会将社会公正的应用范围收缩到仅仅属于成年白人男性公民的这个小范围内？我们应该如何看待进步时代的种族问题？如何解释通过牺牲黑人和亚洲移民而换来的白人社会团结？从这一历史现象中我们既可以看到殖民地时期"山巅之城"及其所代表的具有强烈的种族、文化排他性的清教主义传统所投下的长长阴影，也能够感受到进步时代美国主流意识形态的导向作用，不仅滋生出进步历史学派这样的精英文化，也在多方面左右着包括黑人在内的各个社会群体所享有的大众文化。进步的观念撑起了对人类未来的乐观主义愿望，让人们满足于局部的进步而将普遍的公正寄希望于未来；进步意识也在一定程度上麻痹了知识分子的良知，分化了种族、性别和阶级地位各不相同的社会公众。

19世纪末20世纪初知识界对进步主义的理解，我们可以从1920年出版的剑桥大学教授约翰·伯瑞（John Bury）的《进步的观念》一书中略窥端倪。伯瑞在引论部分开宗明义地指出："如果说观念支配世界，或者在历史上起着决定的作用，那么我们一般会想到这样一些观念，诸如自由、忍耐、机会均等、社会主义等，它表达了人类的目标，其实现则依赖于人类的意志。……但是，尚有另外一类观念，它们在决定和指引人类实施行为的过程中发挥着重要作用，但并不取决于人类的意志——这些观念与生命的神秘性有关，诸如命运、天意或个人不朽。……人类的进步的观念即属于此类。"① 在伯瑞看来，人类由低级和野蛮状态到高级、文明状态是一个逐渐发展的过程。"随着理性主义进入社会领域，自然而然地出现了智力进步观拓展为人类的普遍进步观。"而这种过渡则需要"对蒙昧进行启蒙和对错误加以纠正"②。1931年《进步的观念》在美国出版时，著名进步派史学家查尔斯·A. 比尔德为这本小书写了一篇很长的引言，他首先阐明了进步的观念作为一种理想对现实社会进步的推动作用，并举例说："杰斐逊曾经写道：'人人享有天赋的平等权利。'当时的批评者可以轻而易举地指出人们在身体和智力天资以及社会地位方面的诸多差异。然而，杰斐逊的观念为人类精神创造了一个广阔的世界，对社会制度（social system）的解放做出了贡献，而且已经成为一种事实，因为在法律面前，所有男人（和女人）在理论上是平等的。"③ 这句话清楚地表明了以比尔德为代表的美国进步派知识分子所持守的追求进步的理想与正视差异的现实这样一个基本立场，也道出了进步时代各界精英普遍漠视黑人疾苦的根本原因：既然科学证明黑人与白人在身体、智力和社会地位上存在着差距，追求不加隔离的平等对美国人来说就是不现实的。在科学和理性的导向下，进步时代的种族问题就成了美国人必须容忍的现实。

比尔德曾强调说："在过去两百年内对大众和个人事务产生影响的那些观念中，任何一个都不会像进步这一观念那样具有更加重大的

---

① ［英］约翰·伯瑞：《进步的观念》，范祥涛译，上海三联书店2005年版，"引言"第1页。
② 同上书，第65页。
③ ［美］查尔斯·A. 比尔德：《引言》，载约翰·伯瑞《进步的观念》，范祥涛译，上海三联书店2005年版，"比尔德引言"第1页。

意义，也不太可能像进步这一观念对未来产生更大的影响。"比尔德的观点在很大程度上代表了那个时代的知识分子正在形成的现代意识，即进步主导着现代化进程，是现代社会的主旋律。"意见气候"（climate of opinion）的改变要等到差不多三十年以后，正应了中国人常说的"三十年河东，三十年河西"。1971年，约翰·鲍德利·罗尔斯（John Bordley Rawls）发表了他的经典著作《正义论》，引发了国际学术界持续至今的关于公平正义的大讨论，扭转了过去唯进步是从的舆论导向，将人们的注意力吸引到对社会公正的关注。罗尔斯在强调公正对于一个社会的重要性时指出："公正是社会机构的第一美德，就像真理在思想体系中的地位一样。一个理论不管多么动听和划算，如果不真实就要被拒绝或者修正；与此相似，法律和制度不管多么有效，安排多么周密，如果它们不是公正的，就要被改革或者废除。每个人都具有基于公正的不可侵犯性，即使是以整个社会福利的名义也不能践踏。出于这一原因，正义拒绝牺牲某些人的自由来成全其他更多人的福利。它不允许以可以给很多人带来更多的好处为由将牺牲强加给一小部分人。因此，在一个公正社会，平等的公民的自由是先决条件；以公正获得的权利不能让渡给政治谈判和社会利益算计。"[①]

迟来的公正改变不了从重建之后到进步时代美国黑人所遭遇的历史悲剧，但我们还是要为美国社会公正观念在演变中的"进步"感到欣慰。文明的演进如历史的钟摆，尽管经常会从一个极端走向另一个极端，呈现螺旋式的上升，但总的发展趋势还是朝着人类共同向往的理想主义的方向发展的。

小 结

以我们今天的眼光来看，社会公正主要包含以下几个方面：第一

[①] John Rawls, *A Theory of Justice*, Cambridge, M. A.: Harvard University Press, 1999, pp. 3–4.

是政治公正，包括如何保障政治参与的公正、权利分配的公正和对政治活动的有效监督；第二是经济公正，包括建立和健全一个公平合理的游戏规则；第三是法律公正，保持司法独立，保证法律面前人人平等；第四是教育公正，保证每个人有平等的受教育机会；第五是媒体的公正，保证社会的透明度以及对公共权力和资源使用的有效监督；第六是如何建立一个社会财富的再分配机制，以争取社会最终分配成果的公正。然而，处于不同历史阶段的不同社会阶层对社会公正的理解是不尽相同的，实现上述社会公正内涵的程度自然也存在着很大差异，如果我们对不同历史阶段社会公正的范围进行横向考察，这种历史性差异就更加明显。

对社会公正的横向考察是要对社会各阶层在政治参与、法律保障、经济规则、教育机会、媒体关注以及社会福利等方面是否获得公正待遇加以考察。这些阶层包括在工业革命中受益的少数上层大资产阶级和迅速崛起的中产阶级，在人数上迅速扩大而待遇不断恶化的产业工人队伍，因利益受损而心怀不满的农民及其他依附于传统经济的人，为争取自身选举权而奔走呼号的美国妇女，因信仰不同而遭到排斥的犹太人和天主教徒，长期忍受着种族歧视的黑人，以及因工业革命吸引而接踵而至的新移民。

工业化和城市化在很大程度上颠覆了美国人原有的某些观念，如美国农民的生产主义和政治民主的"农业神话"、工商业中的工匠观念以及性别观念、家庭观念和种族观念，给原来的共和理念和公正观念带来很大挑战。镀金时代美国农民、工人、少数民族和新移民等各种社会群体将他们对公正的诉求付诸行动，举行了不同形式的社会抗议，推动了一场以追求公正为总体目标的进步主义运动。在这场运动中最为引人注目的是代表着知识分子追求和社会良知的黑幕揭发运动，一批关注官场腐败和社会不公的新闻记者和作家围绕《麦克卢尔杂志》等新闻媒体展开以调查新闻为主要形式的揭丑行动，他们也因而被称为"扒粪者"。但也正是因为他们的行动，美国人才充分认识到他们自己生存的社会中存在的种种不公，才呼唤一场政府与社会、精英和大众共同参与的进步主义运动。

进步主义首先将"公平""关爱"和"分享"这些诉求引入美国主流话语，在这样的口号下，以后的几次改革都以谋求多数人的政治平等、司法公正、经济均衡、媒体透明和教育普及为目标，从而实现了有限的社会和谐。在充分肯定进步运动等社会改革取得的丰硕成果的同时，我们也应该清醒地看到，前期的一些改革运动，常常是在忽视黑人基本人权的情况下实现的白人的"和谐"，是在忽视新移民基本人权的情况下实现的早期移民的"和谐"。而社会改革的局限性形成的一个重要原因就是早期美国政府和民众对社会公正概念理解上的偏差。

基于对美国农民、工人等社会弱势群体在工业化时代生存状况的考察，本研究可以得出如下结论：（1）进步运动以来的社会改革往往是美国朝野各种力量在对社会公正的追求中形成的平行四边形合力推动的结果，而不是由某个单一阶层决定的；（2）改革运动中所体现的社会公正观念在美国历史上是一个动态的和相对的概念；（3）局部社会公正的成熟可能是全面社会公正实现的条件。

通过观察美国历史上社会公正观念在不同历史时期所具有的不同内涵，探索其文化渊源、演变的原因及其与美国社会改革历程的关系，有可能使我们的研究突破美国学者对于自身文化的先入之见，成为可以攻玉的他山之石，为相关研究做出中国学者应有的贡献。通过追踪美国社会公正观念的演进过程，可以帮助我们了解美国社会转型时期所遇到的各种问题及其解决方式，为我们正确认识当前中国社会面临的类似问题，找出适当的解决方案，建立稳定社会提供借鉴。

主要参考文献

一 中文文献

（一）中文著作

《马克思恩格斯全集》第 36 卷，人民出版社 1975 年版。

《马克思恩格斯选集》第 1 卷，人民出版社 1972 年版。

李剑鸣编：《世界历史上的民主与民主化》，上海三联书店 2011 年版。

李剑鸣：《大转折的年代：美国进步主义运动研究》，天津教育出版社 1992 年版。

李剑鸣：《美国的奠基时代（1585—1775）》，中国人民大学出版社 2011 年版。

钱满素：《美国自由主义的历史变迁》，生活·读书·新知三联书店 2006 年版。

王希：《原则与妥协：美国宪法的精神与实践》，北京大学出版社 2000 年版。

王晓德：《文化的他者：欧洲反美主义的历史考察》，中国社会科学出版社 2017 年版。

王旭：《美国城市史》，中国社会科学出版社 2000 年版。

谢平：《生命的起源——进化理论之扬弃与革新》，科学出版社 2014 年版。

杨生茂编：《美国历史学家特纳及其学派》，商务印书馆1984年版。

张友伦、陆镜生：《美国工人运动史》，天津人民出版社1993年版。

张友伦：《美国西进运动探要》，人民出版社2005年版。

资中筠：《20世纪的美国》，生活·读书·新知三联书店2007年版。

［奥］弗里德里希·希尔：《欧洲思想史》，赵复三译，广西师范大学出版社2007年版。

［德］马克思：《资本论》第1卷，人民出版社2004年版。

［法］雷蒙·阿隆、［美］丹尼尔·贝尔编：《托克维尔与民主精神》，陆象淦、金烨译，社会科学文献出版社2008年版。

［美］埃里克·方纳：《美国自由的故事》，王希译，商务印书馆2003年版。

［美］艾伦·布林克利：《美国史（1492—1997）》，邵旭东译，海南出版社2009年版。

［美］方纳：《美国工人运动史》第2卷，唯成译，生活·读书·新知三联书店1963年版。

［美］林肯·斯蒂芬斯：《美国黑幕揭发报道经典作品集》，展江、万胜主译，海南出版社2000年版。

［美］托马斯·潘恩：《常识》，何实译，华夏出版社2004年版。

［美］约翰·罗尔斯：《作为公平的正义：正义新论》，姚大志译，中国社会科学出版社2011年版。

［英］霍布斯：《利维坦》，黎思复、黎廷弼译，杨昌裕校，商务印书馆1985年版。

［英］约翰·伯瑞：《进步的观念》，范祥涛译，上海三联书店2005年版。

［英］詹姆士·哈林顿：《大洋国》，何新译，商务印书馆1981年版。

（二）中文期刊报纸

毕健康：《清教对殖民地初期马萨诸塞政治的影响》，《世界历史》

1991 年第 5 期。

董爱国：《清教主义与美国民主》，《世界历史》2000 年第 1 期。

何怀远：《"生产主义"概念的多种语境及其义域》，《河北学刊》2004 年第 5 期。

黄仁伟：《论美国人民党运动的历史地位》，《世界历史》1989 年第 1 期。

李剑鸣：《"共和"与"民主"的趋同——美国革命时期对共和政体的重新界定》，《史学集刊》2009 年第 5 期。

李剑鸣：《"人民"的定义与美国早期的国家构建》，《历史研究》2009 年第 1 期。

李剑鸣：《英国的殖民地政策与北美独立运动的兴起》，《历史研究》2002 年第 1 期。

李庆余：《试论美国农场主对工业化的反应》，《南京社会科学》2002 年第 2 期。

林广：《论美国平民党运动的两重性》，《历史教学问题》1993 年第 3 期。

秦晖：《公平竞争与社会主义》，《战略与管理》1997 年第 6 期。

谢国荣：《美国进步运动时期黑人问题边缘化初探》，《求是学刊》2007 年第 2 期。

薛涌：《美国为什么能保证老百姓的生活底线？——自耕农主义，生产主义者和共和主义》，《经济随想》2008 年 2 月 22 日。

原祖杰：《1840—1850 年天主教爱尔兰移民及其在美国的政治参与》，《世界历史》2007 年第 4 期。

原祖杰：《从上帝选民到社区公民：新英格兰殖民地早期公民意识的形成》，《中国社会科学》2012 年第 1 期。

原祖杰、邓和刚：《重新认识"世界产联"和美国工人阶级激进主义》，《天津师范大学学报》2007 年第 1 期。

原祖杰：《对美国平民党运动的再思考》，《美国研究》2009 年第

4 期。

原祖杰、秦珊、张聚国、杨令侠：《做两代学人之桥梁，立承前启后之功勋——张友伦教授的学术道路与成就》，《社会科学论坛》2011年第 7 期。

张孟媛：《关于美国民主的清教起源》，《世界历史》2007 年第 6 期。

二　英文文献

（一）基本史料

An Editorial Sketch, "G. R. Spencer: A Cartoonist of Progressive Democracy and Aggressive Honesty", *The Arena*, Vol. 36, No. 203 (October 1906).

An Englishwoman, *Views of Society and Manners in America*, New York: Printed for E. Bliss and E. White, 1821.

Anna Davis Hallowell, *James and Lucretia Mott: Life and Letters*, Boston: Houghton Mifflin and Company, 1884.

Benjamin Colman, "Government, The Pillar of the Earth: Sermon Preached at the Lecture in Boston", August 13th, 1730, in Ellis Sandoz, ed., *Political Sermons of the American Era, 1730 – 1805*, Volume one, Indianapolis: Liberty Fund, 1998.

Charles Chauncy, "Civil Magistrates Must Be Just Ruling in the Fear of God", in Ellis Sandoz, ed., *Political Sermons of the American Founding Era, 1730 – 1805*, Volume one, Indianapolis: Liberty Fund, 1998.

E. H. Chapin, *Moral Aspects of City Life: A Series of Lectures by Rev. E. H. Chapin*, New York: Kiggins & Kellogg, 1854.

Elmer C. Adams and Warren Dunham Foster, *Heroines of Modern Progress*, New York: Sturgis & Walton Company, 1913.

Frances Wright, *Course of Popular Lectures*, New York: The Office of the

Free Enquirer, 1829.

George FredWilliams and Winston Churchill, "In the Mirror of the Present", *The Arena*, Vol. 36, No. 203, October 1906.

Ida Husted Happer, *The Life and Work of Susan B. Anthony*, Volume One, Indianapolis and Kansas City: The Bowen-Merrill Company, 1899.

J. Hector St. John de Crèvecoeur, *Letters from an American Farmer*, New York: E. P. Button & Co., 1912.

John Cotton, "Letter to Lord Say and Seal, 1636", in George M. Waller, ed., *Puritanism in Early America*, Lexington: D. C. Heath and Company, 1973.

John Greenleaf Whittier, *Lucretia Mott, 1793 – 1880*, Philadelphia: Office of the Journal, 1880.

J. Warner Mills, "The Economic Struggle in Colorado, Part 3: Eight-Hour Agitation, Strikes, and Fights", *The Arena*, Vol. 36, No. 203, October 1906.

Lincoln Steffens, "The Shame of Minneapolis", *McClure's Magazine*, Vol. 20, No. 3, January 1903.

Lincoln Steffens, *The Shame of the Cities*, New York: McClure, Philips & Co., 1904.

McClure's Magazine, Vol. 4, No. 3, July 1897.

New-York Tribune, February 16, 1903.

Robert Cushman, *Sin and Danger of Self-Love: Described in a Sermon Preached at Plymouth, in New England, 1621*, Boston: Charles Ewer, 1846.

Robert C. Winthrop, *Life and Letters of John Winthrop*, Volume Two, Boston: Little, Brown, and Company, 1864.

Samuel Gompers, *Labor and the Employer*, New York: E. P. Button & Company, 1925.

Susan B. Anthony, *Account of the Proceedings of the Trial of Susan B. Anthony, on the Charge of Illegal Voting at the President Election in Nov.*, 1872, Rochester, N. Y.: Daily Democrat and Chronicle Book Print, 1874.

TheodoreStanton and Harriot Stanton Blatch, *Elizabeth Cady Stanton: As Revealed in Her Letters, Diary and Reminiscences*, New York: Harper & Brothers Publishers, 1922.

ThomasJefferson, *Notes on the State of Virginia*, Boston: Wells and Lilly, 1829.

William Macdonald, ed., *Selected Charters and Other Documents Illustrative of American History, 1606 – 1775*, New York: The Macmillan Company, 1899.

(二) 研究性论著

1. 英文著作

A. E. Zucher, *The Forty-Eighters: Political Refugees of the German ReVolution of 1848*, New York: Russell & Russell, 1967.

Alden T. Vaughan, ed., *The Puritan Tradition in America, 1620 – 1730*, New York: Harper & Row, Publishers, 1972.

Alexi de Tocqueville, *Democracy in America*, New York: Vintage Books, 1945.

Alma Lutz, *Susan B. Anthony Rebel, Crusader, Humanitarian*, Boston: Beacon Press, 1959 (Release Date: January 25, 2007).

Anne Huber Tripp, *The IWW and the Paterson Silk Strike of 1913*, Urbana: University of Illinois Press, 1987.

Arthur M. Schlesinger, Jr., *The Almanac of American History*, New York: Barnes & Noble Books, 1993.

Avihu Zakai, *Exile and Kingdom: History and Apocalypse in the Puritan*

Migration to America, Cambridge: Cambridge University Press, 1992.

Brian Lamb, *Book Notes: Stories from American History*, New York: Public Affairs, 2001.

Brian N. Fry, *Nativism and Immigration: Regulating American Dream*, New York: LFB Scholarly Publishing LLC, 2006.

Bruce Palmer, *Man Over Money: The Southern Populist Critique of American Capitalist*, Chapel Hill: The University of North Carolina Press, 1980.

Carleton Putnam, *Theodore Roosevelt*, Volume One, New York: Charles Scribner's Sons, 1958.

Catherine Drinker Bowen, *Miracle at Philadelphia: The Story of the Constitutional Convention, May to September 1787*, Boston: Little, Brown and Company, 1986.

ChipBerlet and Matthew N. Lyons, *Right-Wing Populism in America*, New York: The Guilford Press, 2000.

Daniel J. Boortin, *The Americans: The National Experience*, New York: Random House, 1965.

Daniel Wait Howe, *The Puritan Republic of the Massachusetts Bay in New England*, Indianapolis: The Bowen-Merrill Company, 1899.

David Brody, ed., *American Labor Movement*, Lanham: University Press of America, 1971.

David Chidester, *Patterns of Power: Religion and Politics in American Culture*, Englewood Cliffs: Prentice-Hall, Inc., 1988.

David C. Whitney, *Founders of Freedom in America: Lives of the Men Who Signed the Declaration of Independence and So Helped to Establish the United States of America*, Chicago: J. G. Ferguson Publishing Company, 1964.

David J. Rothman and Sheila M. Rothman, *Sources of the American Social*

Tradition, Volume One, New York: Basic Books, 1975.

David McCullough, *John Adams*, New York: Simon & Schuster Paperbacks, 2001.

David Montgomery, *The Fall of the House of Labor*, Cambridge and New York: Cambridge University Press, 1989.

Douglass C. North, *The Economic Growth of the United States, 1790 – 1860*, New York: W. W. Norton & Company, 1966.

E. Digby Baltzell, *Puritan Boston and Quaker Philadelphia: Two Protestant Ethics and the Spirit of Class Authority and Leadership*, Boston: Beacon Press, 1979.

Edward Countryman, *Americans: A Collision of Histories*, New York: Hill and Wang, 1996.

Edwin S. Gaustad and Mark A. Noll, eds., *A Documentary History of Religion in America to 1877*, Grand Rapids, MI: William B. Eerdmans Publishing Company, 2003.

Elizabeth Gillespie McRae, *Mother of Massive Resistance: White Women and the Politics of White Supremacy*, Oxford: Oxford University Press, 2018.

Ellis Sandoz, ed., *Political Sermons of the American Founding Era, 1730 – 1805*, Volume One, Indianapolis: Liberty Fund, 1998.

Eric Arnesen, et al., eds., *Labor Histories: Class, Politics, and the Working Class Experience*, Urbana: University of Illinois Press, 1998.

Eric Foner, *A Short History of Reconstruction, 1863 – 1877*, New York: Harper & Row Publishers, 1990.

Eric Foner, ed., *The New American History*, Philadelphia: Temple University Press, 1997.

Eric Foner, *Voice of Freedom: A Documentary History*, Volume Two, New York: W. W. Norton & Company, 2005.

Eric H. Monkkonen, *Police in Urban America*, *1860－1920*, Cambridge: Cambridge University Press, 2004.

Faye E. Dudden, *Fight Chance: The Struggle over Woman Suffrage and Black Suffrage in Reconstruction America*, New York: Oxford University Press, 2011.

F. L. Riley, *Colonial Origins of New England Senates*, Baltimore: The John Hopkins Press, 1896.

Francisco Panizza, ed., *Populism and the Mirror of Democracy*, London and New York: Verso, 2005.

Francis F. Bremer and Lynn Botelho, eds., *World of John Winthrop: England and New England*, *1588－1649*, Charlottesville: University of Virginia Press, 2005.

Francis J. Bremer, *John Winthrop: America's Forgotten Founding Father*, Oxford and Now York: Oxford University Press, 2003.

Gary B. Nash, et al., *The American People: Creating a Nation and Society*, Volume One, New York: Harper Collins College Publishers, 1994.

George B. Tindall, et al., *The Essential America*, Volume Two, New York: W. W. Norton & Company, 2001.

George Lowell Austin, *The History of Massachusetts*, Boston: B. B. Russell, 1876.

George M. Fredrickson, *White Supremacy: A Comparative Study in American & South African History*, Oxford: Oxford University Press, 1981.

George M. Waller, ed., *Puritanism in Early America*, Lexington: D. C. Heath and Company, 1973.

G. H. Hollister, *The History of Connecticut: From the First Settlement of the Colony to the Adoption of the Present Constitution*, Volume one, New Haven: Durrie and Peck, 1855.

Glenna Mathews, *The Rise of Public Woman: Woman's Power and Woman's

Place in the United States, 1630 – 1970, New York and Oxford: Oxford University Press, 1992.

Gloria J. Browne-Marshall, *Race, Law, and American Society: 1607 to Present*, New York: Routledge, 2007.

Ira Berlin, *The Long Emancipation: The Demise of Slavery in the United States*, Cambridge: Harvard University Press, 2015.

James Youngdale, *Populism: A Psychohistorical Perspective*, Port Washington: Kennikat Press, 1975.

John A. Garraty, ed., *The Transformation of American Society, 1870 – 1890*, New York: Harper & Row, 1968.

John Demos, *A Little Commonwealth: Family Life in Plymouth Colony*, Oxford and New York: Oxford University Press, 2000.

John D. Hicks, *The Populist ReVolt: A History of the Farmers' Alliance and the People's Party*, Minneapolis: University of Minnesota Press, 1931.

John Fiske, *The Beginning of New England: The Puritan Theocracy in Its Relation to Civil and Religious Liberty*, Boston and New York: Houghton Mifflin Company, 1889.

John Hartwell Moore, *Encyclopedia of Race and Racism*, Volume Three, Detroit: Macmillan Reference USA, Thomson & Gale, 2008.

John Highm, *Strangers in the Land: Patterns of American Nativism 1860 – 1925*, New York: Atheneum, 1975.

John Lukacs, *Democracy and Populism: Fear and Hatred*, New Haven & London: Yale University Press, 2005.

John Mack Faragher, et al., *Out of Many: A History of the American People*, Volume Two, Upper Saddle River, N. J.: Prentice Hall, 2000.

John P. Jackson, Jr. and Nadine M. Weidman, *Race, Racism, and Science: Social Impact and Interaction*, Santa Barbara: ABC-CLIO, 2004.

John Rawls, *A Theory of Justice*, Cambridge: Harvard University

Press, 1999.

Joseph G. Rayback, *A History of American Labor*, New York: Free Press, 1966.

Julie Greene, *Pure and Simple Politics: The American Federation of Labor and Political Activism, 1881 – 1917*, Cambridge and New York: Cambridge University Press, 2004.

Junius P. Rodriguez, *Slavery in the United States, A Social, Political, and Historical Encyclopedia*, Volume One, Santa Barbara: ABC Clio, 2007.

Kaethe Schirmacher, *The Modern Woman's Rights Movement: A Historical Survey*, New York: The Macmillan Company, 1912.

Kevin Hillstrom, *Defining Moments, Workers Unite!: The American Labor Movement*, Detroit: Omnigraphics, 2011.

Kim Voss, *The Making of American Exceptionalism: The Knights of Labor and Class Formation in the Nineteenth Century*, Ithaca and London: Cornell University Press, 1993.

Laurie Collier Hillstrom, *Defining Moments: The Muckrakers and the Progressive Era*, Detroit: Omnigraphics, 2010.

Lawrence Goodwyn, *The Populist Movement: A Short History of the Agrarian ReVolt in America*, Oxford, London and New York: Oxford University Press, 1978.

Lisa Tetrault, *The Myth of Seneca Falls: Memory and the Women's Suffrage Movement, 1848 – 1898*, Chapel Hall: University of North Carolina Press, 2014.

Lloyd C. Hare, *The Greatest American Woman: Lucretia Mott*, New York: American Historical Society, 1937.

Malcolm J. Rohbbough, *The Trans-Appalachian Frontier, People, Societies, and Institutions: 1775 – 1850*, New York: Oxford University

Press, 1978.

Matthew Mason, *Slavery and Politics in Early American Republic*, Chapel Hall: The University of North Carolina Press, 2006.

Melvyn Dubofsky, *Industrialism and the American Worker, 1865 – 1920*, Arlington Heights: Harlan Davidson, 1985.

Melvyn Dubofsky, *We Shall Be All*, Urbana: University of Illinois Press, 1988.

Michael Kammen, ed., *The Origin of the American Constitution: A Documentary History*, New York: Penguin Books, 1986.

Michael McGiffert, ed., *Puritanism and the American Experience*, Reading, MA: Addison-Wesley Publishing Company, 1969.

Michael Zucherman, *Almost Chosen People: Oblique Biographies in the American Grain*, Berkeley: University of California Press, 1993.

Mike Hawkins, *Social Darwinism in European and American Thought, 1860 – 1945: Nature as Model and Nature as Threat*, Cambridge: Cambridge University Press, 1997.

Nancy Hewitt, ed., *A Companion to American Women's History*, Malden, M. A. : Blackwell Publishing Ltd. , 2002.

Nick Salvatore, *Eugene V. Debs: Citizen and Socialist*, Urbana: University of Illinois Press, 1982.

Norman C. Pollack, *The Populist Response to Industrial America: The Midwestern Populist Thought*, Cambridge: Harvard University Press, 1962.

O. Gene Clanton, *Kansas Populism: Ideas and Men*, Laurence: University Press of Kansas, 1969.

Oscar Handlin, *The Uprooted: The Epic Story of the Great Migrations That Made American People*, Boston: Little, Brown & Company, 1973.

Patrick Rael, *Eighty-Eight Years: The Long Death of Slavery in the United States, 1777 – 1865*, Athens: The University of Georgia Press,

2015.

Paul Boyer, *Urban Masses and Moral Order in America, 1820 – 1920*, Cambridge: Harvard University Press, 1978.

Paul Buhle and Alan Dawley, eds., *Working for Democracy: American Workers from the ReVolution to the Present*, Urbana and Chicago: University of Illinois Press, 1985.

Paul C. Violas, *The Training of the Urban Working Class: A History of 20th Century American Education*, Chicago: Rand McNally College Publishing Company, 1978.

Paul Finkelman, ed., *Millstone Documents in American History: Exploring the Essential Primary Sources*, Dallas: Schlager Group, 2010.

Perry Miller, *Errand into the Wilderness*, Cambridge: The Belknap Press of Harvard University Press, 1956.

Perry Miller, *The New England Mind: From Colony to Province*, Cambridge: Harvard University Press, 1962.

Philip S. Foner, *History of the Labor Movement in the United States: The Industrial Workers of the World*, New York: International Publication, 1965.

Ray Allen Billington, *The Westward Movement in the United States*, Princeton: D. Van Nostrand, 1959.

Richard Hofstadter, *The Age of Reform: From Bryan to F. D. R.*, New York: Vintage Books, 1955.

Richard L. Bushman, *From Puritan to Yankee: Character and the Social Order in Connecticut, 1690 – 1765*, New York: W. Norton & Company, 1967.

Richard Middleton, *Colonial America: A History, 1565 – 1776*, Malden, M. A.: Blackwell Publishers, Ltd., 2002.

Robert C. Bannister, *Social Darwinism: Science and Myth in Anglo-Ameri-*

can Social Thought, Philadelphia: Temple University Press, 1979.

Robert C. McMath, Jr., *American Populism: A Social History, 1877 – 1898*, New York: Hill and Wang, 1993.

Ronald Takaki, *A Different Mirror: A History of Multicultural America*, Boston and New York: Little, Brown and Company, 1993.

Ross Evans Paulson, *Liberty, Equality, and Justice: Civil Rights, Women's Rights, and the Regulation of Business, 1865 – 1932*, Durham & London: Duke University Press, 1977.

Sally G. McMillen, *Seneca Falls and the Origins of the Women's Rights Movement*, Oxford and New York: Oxford University Press, 2008.

Sam Bass Warner, Jr., *The Urban Wilderness: A History of the American City*, Berkeley: University of California Press, 1995.

Sean Wilentz, *Chants Democratic: New York City and the Rise of the American Working Class, 1788 – 1850*, Oxford and New York: Oxford University Press, 2004.

Sean Wilentz, *The Rise of American Democracy: Jefferson to Lincoln*, New York: W. W. Norton & Company, 2005.

Stanley B. Parsons, *The Populist Context: Rural versus Urban Power on a Great Plains Frontier*, West Port, CT: Greenwood Press, 1973.

Stephen Foster, *The Long Argument: English Puritanism and the Shaping of New England Culture, 1570 – 1700*, Chapel Hill: The University of North Carolina Press, 1984.

Stephen G. Hall, *A Faithful Account of the Race: African American Historical Writing in Nineteenth-Century America*, Chapel Hill: The University of North Carolina Press, 2009.

Steward Bird, Dan Georgakas and Deborah Shaffer, *Solidarity Forever: An Oral History of the IWW*, Chicago: Lake View Press, 1985.

Sue Davis, *The Political Thought of Elizabeth Cady Stanton: Women's*

Rights and the American Political Traditions, New York: New York University Press, 2008.

Suzanne M. Marilly, *Woman's Suffrage and the Origins of Liberal Feminism in the United States, 1820 – 1920*, Cambridge: Harvard University Press, 1996.

The Federalist Papers (Edited with an Introduction and Notes by Lawrence Goldman), Oxford and New York: Oxford University Press, 2008.

Theodore Saloutos, *Populism: Reaction or Reform?* New York: Holt, Reinhart and Winston, 1968.

THE WORLD BOOKENCYCLOPEDIA (c) 2004 World Book, Inc., *About America: The Constitution of the United States of America with Explanatory Notes*.

Thomas Goebel, *A Government by the People: Direct Democracy in America, 1890 – 1940*, Chapel Hill: The University of North Carolina Press, 2003.

Tim McNeese, *The Labor Movement: Unionizing America*, New York: Chelsea House Publisher, 2008.

Vernon Louis Parrington, *Main Currents in American Thought*, Volume one, Norman: University of Oklahoma Press, 1987.

Vincent P. De. Santis, *The Shaping of Modern America: 1877 – 1916*, Orange Country: Forum Press, 1973.

Werner Sombart, *Socialism and the Social System*, trans. M. Epstein, New York: Dutton and Sons, 1896.

William E. Forbath, *Law and the Shaping of American Labor Movement*, Cambridge: Harvard University Press, 1991.

2. 英文论文

Bernard Mandel, "Samuel Gompers and the Negro Workers, 1886 – 1914", *The Journal of Negro History*, Vol. 40, No. 1, January 1955.

Clifford K. Shipton, "Authority and the Growth of Individualism", in George M. Waller, ed., *Puritanism in Early America*, Lexington: D. C. Heath and Company, 1973.

Francisco Panizza, "Introduction", in Francisco Panizza, ed., *Populism and the Mirror of Democracy*, London and New York: Verso, 2005.

Fred Greenbaum, "The Social Ideas of Samuel Gompers", *Labor History*, Vol. 7, No. 1, 1966.

Gene Clanton, "Populism, Progressivism, and Equality: Kansas Paradigm", *Agriculture History*, Vol. 51, No. 3, July 1977.

Gus Tyler, "The Gompers Heritage", *New Republic*, May 1950.

Howard Kimeldorf, "Historical Studies of Labor Movements in the United States", *Annual Reviews of Sociology*, Vol. 18, 1992.

Irwin Yellowitz, "Samuel Gompers: A Half Century in Labor's Front", *Monthly Labor Review*, July 1989.

Jack N. Rakove, "Creating the Constitution", in Brian Lamb, *Book Notes: Stories from American History*, New York: Public Affairs, 2001.

Jan E. Lewis, "A Revolution for Whom? Women in the Era of the American ReVolution", in Nancy Hewitt, ed., *A Companion to American Women's History*, Malden, M. A.: Blackwell Publishing Ltd., 2002.

John Allen Krout and Dixon Ryan Fox, "The Completion of Independence", in Arthur M. Schlesinger, Dixon Ryan Fox, eds., *A History of American Life*, Volume Five, New York: The Macmillan Company, 1944.

Mark Feldstein, "A Muckraking Model: Investigative Reporting Cycles in American History", *The International Journal of Press/Politics*, Vol. 11, No. 2, April 2006.

Mark Peterson, "The Practice of Piety in Puritan New England: Contexts and Consequences", in Francis F. Bremer and Lynn Botelho, eds.,

World of John Winthrop: England and New England, 1588 – 1649, Charlottesville: University of Virginia Press, 2005.

Melvyn Dubofsky, "The Origin of Western Working Class Radicalism", in David Brody, ed., *American Labor Movement*, Lanham: University Press of America, 1971.

Michael Magliari, "American Populism: A Social History, Review", *The Journal of American History*, Vol. 80, No. 3, December 1993.

Norman C. Pollack, "Hofstadter on Populism: A Critique of 'The Age of Reform'", *The Journal of Southern History*, Vol. 26, No 4, November 1960.

Perry Miller, "The Puritan State and Puritan Society", in Michael McGiffert, ed., *Puritanism and the American Experience*, Reading, MA: Addison-Wesley Publishing Company, 1969.

Perry Miller, "The Puritan Way of Life", in George M. Waller ed., *Puritanism in Early America*, Lexington: D. C. Heath and Company, 1973.

Philip D. Morgan, " 'To Get Quit of Negroes': George Washington and Slavery", *Journal of American Studies*, Vol. 39, No. 3, December 2005.

Richard L. McCormick, "Public Life in Industrial America, 1877 – 1917", in Eric Foner, ed., *The New American History*, Philadelphia: Temple University Press, 1997.

Rodney Welch, "The Farmer's Changed Condition", in John A. Garraty, ed., *The Transformation of American Society, 1870 – 1890*, New York: Harper & Row, 1968.

Shelton Stromquist, "Class Wars: Frank Walsh, the Reformers, and the Crisis of Progressivism", in Eric Arnesen, et al., eds., *Labor Histories: Class, Politics, and the Working Class Experience*, Urbana: University of Illinois Press, 1998.

W. E. B. Du Bois, "A Negro Nation within a Nation" (1935), in Eric Foner, *Voice of Freedom: A Documentary History*, Volume two, New York: W. W. Norton & Company, 2005.

William Godwin Moody, "Bonanza Farming (1883)", in John A. Garraty, ed., *The Transformation of American Society, 1870–1890*, New York: Harper & Row, 1968.

后　　记

　　对美国社会公正观念的历史演变的关注，如果从形成思路、准备项目算起，迄今正好十年。所谓"十年磨一剑"，多指沉潜已久、打磨精深的学术大作，于我却未必尽然。心无旁骛、专心致志于打磨一剑，应该是学术研究的理想境界，也是一位学者应该追求和维护的精神状态，但这样的状态对我来说却稍纵即逝。回顾自己的学术生涯，除了回国初期独居川大的五六年能够享受恬淡的生活，有较多的时间可以神交古人、心游世界，在精神上接近于这种状态之外，后来近十年的教学、科研则经常为俗务所扰。无休止的事务性工作自然占用了大量时间，而对近年来铺天盖地的学术活动的参与也因主题不断变换而分散了注意力。没有了整块的时间，也就难以专心铸剑，研究与写作的效率因而也大打折扣。

　　当然，拉长专题研究时间也带来了一些客观上的好处。一般说来，一种思想和观点是否能站得住脚，一项研究是否翔实、充分，大多需要经过时间和空间的检验。时间能够纠正和丰富原来不成熟的想法，让思想得到充分地发酵和升华。不仅如此，随着时间的推移，人类信息化水平在不断提高，原来在国内稀缺的原始材料因为数据库的广泛使用变得唾手可得。犹记十年前曾经为查阅19世纪美国某场罢工在民众中的反应而在明尼苏达大学的威尔逊图书馆阅读了几天缩微胶卷，头晕目眩却所获寥寥。如今单是免费的网络资源就足以让我们美不胜收，更何况一些有远见的大学图书馆已经通过购买数据库为研究人员提供了接近于世界一流的研究环境。因此，对出版拖延症患者的最大慰藉，是可以受惠于迟到的资料、作品等研究资源。

从空间角度来看，个人的研究，只有走出狭小的书斋，在各种学术交流环境下经历批评、质疑，才能扩大视野，强化论证。正如铸剑需要锻打、淬火一样，著作也需要在思想的交流和碰撞中得到打磨、完善。本书研究的一些视角和观点曾在项目论证和学术会议上进行过多次讨论，感谢李剑鸣、王希、王晓德、王立新、梁茂信和邓和刚等同行好友在不同场合提出的宝贵意见。四川省社会科学院副院长、原四川大学社会科学研究处处长姚乐野教授从教育部项目申请到本书出版协商给予多方支持，中国社会科学出版社赵剑英社长、王茵主任为本书出版提供了各种方便，王琪编辑对书稿进行了仔细校阅、查漏补缺，书稿整理和编排过程中还得到内子周薇薇和学生许镇梅、任姝欢的协助，在此一并致谢。

原祖杰

2019.10